江戸時代の罪と罰

氏家幹人

草思社文庫

罪と罰の「展示会」へ、ようこそ

二〇一四年の十一月から十二月にかけて、都内の小さな展示ホールで、著者が企画担当した展示会が催された。テーマは江戸時代の「罪と罰」。江戸時代を中心に明治十年代までを対象とした、犯罪と刑罰に関する展示会である。

展示資料は五十点足らずの古い文献や古文書類。迫力あふれる絵図やモノ（捕物道具・拷問道具などの実物やレプリカ）が展示されていないにもかかわらず、会場は連日混雑し、私は熱心な来館者からさまざまな質問や意見をぶつけられた。

いくら入場無料とはいえ、その反響の大きさは予想外だった。もっとも、冤罪《えんざい》や少年犯罪など今日につながる問題や江戸の牢獄のリアルを取り上げた展示会が、さし障りのない歴史バラエティー番組や痛快時代劇に飽き足らない人々を惹き付けることはなんとなく予期していた。歴史に名を刻まれた英雄偉人ではなく、暴力や犯罪の犠牲者と加害者に注目した企画に心をゆさぶられる人がすくなくないことも。

本書は、この展示会の内容を大幅にふくらませたものである。ふくらませた一方で、『鬼平犯科帳』で知られる「鬼平」こと長谷川平蔵や人足寄場《にんそくよせば》等のテーマには触れていない。長谷川平蔵と人足寄場については、すでに滝川政次郎『長谷川平蔵―その生涯と人足寄場』ほか、すぐれた書物が編まれているからである。

おもに加筆したのは、江戸時代前期の武士たちの人殺し慣行や残虐な刑罰について。これら理不尽な慣行や極端に残虐な（理不尽といい残虐といい、いずれも後世の感覚なのだが）処刑はやがて抑止され、寛刑化《かんけい》されていく（刑罰を軽くする）流れが具体的にたどられる。

残虐から寛刑化そして近代化の歴史（流れ）をたどる――。といっても本書はアカデミックな法制史や重厚な歴史叙述のように理論的で系統的な構成にはなっていない。二十六の場面（シーン）が、必然的な関係もなく、展示ケースの中の資料のように並んでいるだけである。読者には、それぞれの場面から江戸時代の罪と罰の世界をおぼろげに感じ取っていただければと思う。あたかもぶらりと展示会場を訪れ、とりあえず順路に従って資料をながめるように、この本をご覧いただきたい。心をゆさぶられたケース内はじっくりと、それほどでもなければ適当に流しながら。

テーマは重くて暗い。しかし重くて暗い問題だからこそ、光を当てなければならない。

　十九世紀初期の日本のさまざまな社会問題をとりあげた『世事見聞録《せじけんもんろく》』の著者武陽《ぶよう》隠士《いんし》は、同書の序でこう述べている。「静謐《せいひつ》の御代なれば、善き事もあり、行状穏和なるもあるべけれども、その善きはいふに及ばざれば、ひたすらに当時の悪しき事のみを記すなり」。今は天下泰平の世で素晴らしいこともたくさんあるけれど、それはあらためて言うまでもないので（現実を称賛し満足していたら世の中は改善されないので）、私はあえて現在の社会の悪しき点だけを記したというのだ。

　安政二年（一八五五）三月、『世事見聞録』をひもといた吉田松陰は、「時弊《じへい》を論ずること痛切」と評している（『野山獄読書記』）。

「ひたすらに当時の悪しき事のみを記す」。武陽隠士の批判精神に倣《なら》いながら、さあ、展示ケースに資料を並べていこう。並べる資料は江戸時代のものがほとんどだが、内容が理解しやすいように、できるだけ意訳や解説を添えるつもりである。

目次

第二部　将軍吉宗の改革　119

第三部　冤罪　203

第四部　地獄の慈悲——小伝馬町牢屋敷　241

第一部

残酷時代——人命の軽さと過酷な刑

一 人斬りと追腹

鈴木正三、人斬りを叱る

鈴木正三《しょうさん》から話を始めよう。

徳川方の武士として大坂の陣に加わったのち、出家して僧侶となった鈴木正三（一五七九―一六五五）は、江戸初期の宗教者として著名なばかりでなく、『二人比丘尼《ににんびくに》』『因果物語』ほか仮名草子の作者として文学史にその名が刻まれている。

その思想はすでに幾多の研究者によって論じられ、伝記も著されている（三浦雅彦『鈴木正三研究序説』等）。文学史上の位置や個別の作品については、ここで紹介するまでもない。

ならばなぜ正三なのか。それは、武士がむやみに人の命を奪うことに対する正三の説諭（お説教）の言葉に、彼が生きた時代を痛いほど感じるからだ。「軽々しく人を殺してはいけない」という当然のことが、どうやら当時の武士の世界には浸透していなかったようなのである。

弟子の恵中《えちゅう》が書きとめた正三の語録集『驢鞍橋《ろあんきょう》』（一六六〇年刊）をひもとくと、次のような問答が。

紀州ニ某《なにが》シト云《いう》強者《つわもの》アリ　国中《こくちゅう》ニ聞《きこ》エタル人切《ひときり》ニテ　内ノ者トモニ手モ不見《みせず》少ノ事モ不許《ゆるさず》切ナリ　此人《このひと》一日我所《わがところ》ニ来リ　某《それが》シハカクレナキ人切也　是《これ》悪業トヤ成ベキと云

このまま原文を引用し続けると、ほとんどの読者はうんざりするに違いない。というわけで引用はこの辺で打ち切り、以下、話の内容を意訳することにしよう。

紀伊国のある武者は〝人切り〟として知られていた。家内で召し使う者にわずかでも誤りがあれば、有無を言わせず斬り殺したからである。ある日、この武者が私（正三）のもとを訪れ、二人の間で左のようなやりとりがあった。

武者「拙者は誰もが知る〝人切り〟です。きっと悪い報いがあるでしょうね」

正三「そんなことはありません。貴殿が斬るのは、盗みや無礼をはたらいた者でしょう。罪がない者は殺さぬはず」
武者「そのとおりですが……」
しばらくして、
正三「家内の者だけでなく、傍輩《ほうばい》（同僚）その他にも無礼な者はいますか」
武者「います」
正三「貴殿は彼らも斬り殺しますか」
武者「いいえ」
正三「それはそれは。同僚や他所の無礼者は斬らずに、貴殿を主人と仰ぐ無抵抗な家内の者だけを斬り殺すとは、卑怯千万《ひきょうせんばん》」
「卑怯」という言葉は武者の胸にグサリと突き刺さり、反省をうながした。「もう人を斬らない」と誓いを立てた武者は、はたしてその後、死ぬまで人を斬らなかった。
『太平記』第二十巻に、常に死人の生首を見ていないと気分が晴れないので、男女僧俗を問わず、日々二、三人の首を斬って目の前に懸けさせた結城道忠《ゆうきどうちゅう》というとんでもない武士が登場するが、どうやら紀伊国の武者はそこまで病的な殺人鬼ではなかったようだ。

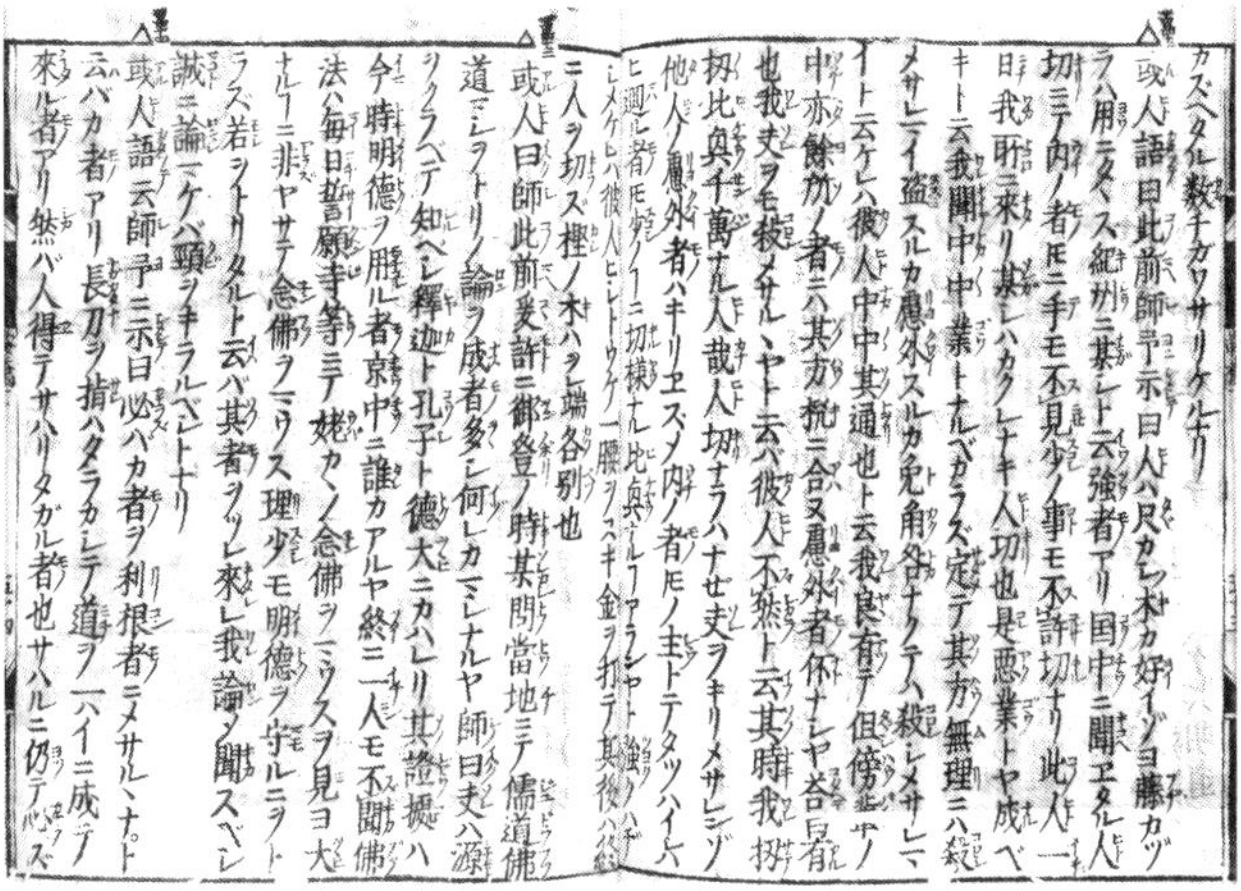

カズヘタル数ナカヲサリケルナリ
一或人語曰此前師ヲ示曰人ハ尺カレ木カ好イゾヨ藤カヅ
ラハ用ニタヽス紀州ニ某レト云強者アリ国中ニ聞エタル人
切ニテ内ノ者ドモニ手モ不見少ノ事モ不許切ナリ此人一
日我所ニ来リ某レハタクレナキ人切也是悪業トヤ成ベ
キト云我聞中中業トナルベカラズ定テ其方無理ニハ殺ジ
メサレマイ盗スルカ慮外スルカ免角各ナクテハ殺レメサレマ
イト云ケレハ彼人中中其通也ト云我良有テ但傍輩ナノ
中亦飲力ノ者ニハ其方抛ニ合又慮外者体ナレヤ答曰
也我丈ヲモ殺メサルヽヤト云ハ彼人不然ト云其時我扨
扨此與千萬ナル人哉人切ナラハナセ丈ヲキリメサレジゾ
他人ノ慮外者ハキリエズノ内ノ者ドモノ主トテタツハイ六
ヒ廻ル者ドモ少ノ事ニ切様ナル此與ナルアラシヤト強ノハヂ
シメケレハ彼人モトウケ一腰ヲヌキ釦ヲ折テ其後ハ役
ニ人ヲ切ズ捏ノ木ハタヽ端各別也
一或人曰師此前受許ニ御登ノ時某問當地ニテ儒道佛
道ニヨラトリノ論ヲ成者多シ何レカミレナルヤ師曰丈ハ源
ヲタクラベテ知ベシ釋迦ト孔子ト徳大ニカハレリ其證據ハ
今時明徳ヲ用ル者京中ニ誰カアルヤ終ニ一人モ不聞佛
法ハ毎日誓願寺等ニテ姥カヽノ念佛ヲミヲスヲ見ヨ大
ナルヿニ非ヤサテ念佛ヲミヲス理少モ明徳ヲ守ルニヲト
ラズ若ヲトリタルト云バ其者ヲツレ来レ我論ノ聞スベレ
誠ニ論ニケバ頭ヲキラルベヒトナリ
一或人語云師ヲ示曰世ハカ者ヲ利根者ニメサルヽナト
云バカ者アリ長刀ヲ指ハタラカレテ道ヲ一ハイニ成テノ
来ル者アリ然バ人得テサハリタカル者也サハルニ仍テ必ズ

図1　驢鞍橋

国立公文書館蔵

武士として幾多の修羅場を体験した鈴木正三だったが、むやみに人を殺害する武士たちに対して、殺してはいけないと説き続けた。

「太閤の時代」（豊臣政権）までは、喧嘩や横死、死罪で毎年三千人ほどの命が奪われたが、徳川の時代になって千人ほどに減少したという話を耳にした正三は、仏法の力で仕置を行えば、五百、六百人まで減らせるだろうと豪語している。仏法をただの宗教ではなく幕府の政策や刑政に積極的に取り入れるべきだと主張した彼は、政治的実践的な人物でもあった。臨終を間近にして、正三は「仏法世法一枚ノ道理、終《つい》ニ公儀へ申達セズシテ打腐ル事哉」と毎暁《まいぎょう》慨嘆したという（『反故集』）。

正三の口調を味わってもらうために、家内の者〈下僕〉は斬っても傍輩〈武士〉は斬らないと答えた武者を叱責するくだりの原文をご覧いただこう。

扨扨《さてさて》比興《ひきょう》千万ナル人哉《かな》　人切ナラハナゼ夫《それ》ヲキリメサレンゾ　他人ノ慮外者《りょがいもの》ハキリエズシテ内ノ者トモノ主《しゅう》トテタツハイ〈答拝〉シハ〈這〉ヒ廻ル者トモ少ノコトニ切様ナル比興ナルコトアランヤ

——たとえ身分が低い無抵抗な従者であっても、些細な理由で殺してはならない。相手が武士の場合は殺さないのは卑怯者だ——。

誰を辻斬りするのか

「人切《ひときり》」〈人を常習的に斬り殺す者〉を叱った正三は、「辻切《つじぎり》」〈辻斬り。刀の切れ味を試すために往来の人に斬り付ける行為〉を行う武士に対しても、同様に厳しい言葉を浴びせている。

正三が「俗ノ時」〈出家前〉だというから、元和《げんな》九年〈一六二三〉より前、まだ幕府の旗本で鈴木正三〈または九大夫〉重三と称していた頃のことだという。恵中は、ある人から聞いたこんな話を伝えている〈意訳〉。

師（正三）と親しい者の中に「辻切」をする某がいた。あるとき、

師「其方《そのほう》は辻斬りをすると言うがウソだ。辻斬りなどできるものではない」

某「ウソではない（「如何《いか》ニモ切也」）」

師「いやいや辻斬りはできまい」

某「さらば辻斬りをご覧に入れよう」

そこで二人は人気のない所に出かけ、身を潜めた。町人が二人でやって来るのを見て……。

某「彼らを斬って見せよう」

師「斬ってはならぬ。拙者が斬れと言う者を斬るように」

しばらくすると立派な武士（「千石計《ばかり》取風情ノ人」）がやって来た。

師「さあ、あの者を斬れ」

某はあきれて、師が出ようとするのをとめ、

某「（あの武士を斬ろうとするなんて）まったく粗忽《そこつ》な（愚かな）人だ」

師「さてさて、なんという腰抜だ。拙者が斬れと言ったのに、其方が腰を抜かしたので斬れなかった。腰が抜けては辻斬りはできぬ」

さらに正三は「あのような武士は斬れないと言うなら、今後辻斬りは止めるべきだ。町人を斬るのは、比丘尼《びくに》や法師を斬るも同然」と言い、最後に「侍タル者ガ加様ノ者切物《きるもの》カナ」（原文）と大いに某を戒めた。

その言葉に某は痛烈に反省し、「一腰ヲ抜《ぬぎ》カネウツテ　フツ、ト辻切ヲヤメラレタル」。刀を抜き金打《きんちょう》して、辻斬りを止めると誓ったのである。

処刑する側の心を問う

『驢鞍橋』には、死罪になる女性を救った話も載っている。

正三が大坂の三郎九郎《さぶろくろう》（弟で旗本の鈴木重成《しげなり》）のもとにいた折だという（神谷満雄『鈴木正三』によれば、寛永八年〈一六三一〉のことで、当時重成は上方代官で大坂在住だった）。無実の罪で人を陥れようとした庄屋の悪だくみが露顕し（神谷前掲書によれば、庄屋の「隠田の罪」が発覚し）、庄屋一門の男女が死罪になろうとしているのを知った正三は、女性だけは命を助けたい（死罪にすべきではない）と行動を起こした。

権現様《ごんげんさま》（家康）以来このような事件に連座《えんざ》して女性までが死刑に処された例はない（「権現様以来終《つい》ニ加様ノコトニ女人迄《まで》殺給ヒタルコトナシ」）。ぜひ彼女たちを救わなければ、というのだ。

当時畿内の仕置を担当していた小堀遠江守《こぼりとおとうみのかみ》（名は政一《まさかず》。伏見奉行で五畿内郡代を兼帯）

に問合わせると、死刑は明日執行されるとのこと。時間がない。正三は大坂から小堀遠江守がいる伏見まで、町ごとに人を立たせて遠江守あての書簡を順送りし、夜中に幾度も説得して、ついに多くの女性の命を救ったという。

　殺してはいけない。正三は繰り返し安易な処刑を戒めた。

――どんな罪人でも命を助けようと思えば、死刑以外の刑で苦しみを負わせ、命を救う方法はある（「イカナル咎人《とがにん》ニテモアレ　助度《たすけたし》トサエ思エバ　殺シタル同前ニ　法度《はっと》ニモ成迷惑ヲモサセテ　助ケヤウハ如何程《いかほど》モ有也」）。

どのような理由であれ、人ひとりを殺すのはとても重いことなのだ（「如何ナル事ニモ　人ヲ一人殺スト云ハ大分ノ事也」）――。

とはいえ罪人の処刑を否定し、死刑廃止を唱えたわけではない。

悪人を磔《はりつけ》にすれば、それを見て人々は自戒し悪心を去るだろうし、磔になった者も後悔して悪心の根を絶つに違いない。その場合は処刑も「大慈大悲」であり、「慈悲ヲ以テセバ罪トモ成べカラズ」（慈悲の心で処刑すれば、罪にはならない）とする（『驢鞍橋』）。

　すぐれて現実的だ。しかしその一方で、「科人《とがにん》ヲ成敗スルハ罪ニ非ズ」（罪人を処刑するのは罪ではない）、「人ヲ斬ニ非ズ　只咎ヲ斬也」（人を斬るのではない。罪を斬るのだ）、「我ハ不殺　咎ガ殺ス也」（私が殺すのではない。犯した罪が殺すのだ）などともっともらしく言う人を、正三は「是出来口《できぐち》ト云者也」と批判せずにはいられなかった。それは処刑を正当化するための〝思いつきのきれいごと〟に過ぎないというのだ。

正三がこだわったのは、処刑の正当性ではなく、処刑する（殺す）側の心だった。

「若《も》シ殺サズシテ叶ハザル者有則《あるときん》バ　不便《ふびん》千万ナレドモ　法度ノ為ナレバ　助ル事難成《なりがたし》　是非ニ不及《およばず》ト　慈悲心ヲ以テ可殺ト也」（『反故集《ほうぐしゅう》』）。不憫《ふびん》だが法にしたがって仕方なく処刑しなければならない。処刑する側には、そんな慈悲の心が不可欠だというのである。

追腹は「阿呆腹」

人を殺すだけでなく、正三は病死した主君の跡を追って切腹する「追腹《おいばら》」の慣行も激しく非難している。

殉死としての追腹。古くは明徳三年（一三九二）、細川頼之《よりゆき》の死後、三島外記《げき》が追腹を切った例があるが、その〝流行〟は江戸時代に入ってから。寛永十三年（一六三六）に伊達政宗が没したときは十五人の家臣が追腹を切り、慶安四年（一六五一）に三代将軍家光が亡くなると、堀田《ほった》正盛《まさもり》や阿部重次《しげつぐ》などの老中も殉死（追腹）を遂げた。

主君から特別の恩顧を受けた者は殉死を強要される場合もあったが、戦乱が終息した十七世紀前期には、死んで主君の恩に報いる行為は総じて賛美の対象となり、日本各地で追腹を切る武士が後を絶たなかった。

忠義の極み。とはいえ追腹によって幕府や藩の人材が失われたことも事実。そうでなくても血なまぐさい追腹に否定的な大名もすくなくなかった。幕府は寛文三年（一六六三）に諸大名に対して、殉死禁止令を発し、天和《てんな》三年（一六八三）の『武家諸法度』で、殉死の禁止が明記された。

この間、寛文八年（一六六八）に下野《しもつけ》国宇都宮藩主奥平忠昌《おくだいらただまさ》の没後、家臣の杉浦右衛門兵衛が禁令を破って殉死し、幕府が厳しい処分（二万石減封ほか）を下した結果、追腹は行われなくなった。正三が七十七歳で没した明暦元年（一六五五）は、幕府が殉死禁止令を出す八年前。彼は〝殉死流行時代〟を生きたと言っても過言ではない。

正三は追腹についてどう述べているだろうか。まずは『驢鞍橋』から。

ある長老（住持《じゅうじ》）と「追腹切者」（追腹を切ろうとしている某）との間で次のようなやりとりが。

長老「死後のことはご安心なさい。拙僧が厚く弔《とむら》ってさしあげよう」

某「それはご無用に。拙者は地獄であろうと極楽であろうと、亡君のお供をする所存です」

長老は言葉に詰まってしまった。

この話を聞いた師（正三）は、

師「私なら『そのような愚かなことを。道理で追腹なんていう馬鹿をするのだ』と答えるだろう。『死後も主君と一所にいると思っているのか。人は死後それぞれの業に応じて善処へも悪趣《あくしゅ》（地獄・餓鬼・畜生）へも往くのだ』と」

正三の発言は、「我ナラバ云ベシ　ソノツレノバカヲ云カ　道理デアホウバラヲ切ル也」で始まる。某を「バカ」と罵《のの》り、追腹を「アホウバラ（阿呆腹）」と決めつけている。

『反故集』では、追腹を切って主君の死出の供をするのは、三界から出離しようとする主君の首枷《くびかせ》となる所業であり（「主君ノ枷鎖《くびかせ》ト作ノ仕業也」）、不忠そのものではないか（「大ナル不忠ニ非ヤ」）とも述べている。

正三はさらに「謀反逆心ノ罪ハ　今生一世ノ不忠　追腹ノ罪ハ多生ノ不忠也」と口を極めて追腹を非難する。主君を裏切り謀反を企てたとしても、それは今生の「不忠」に過ぎない。しかし追腹によって死後も主君に付きまとおうとするのは、輪廻によって繰り返される多くの生死（多生）において主君を苦しめる不忠であり、その罪は比較にならないほど大きいというのである。

十七世紀前期の武士の間で蔓延していた理不尽な殺人（人斬り・辻斬り）、安易な処刑そして殉死（追腹）という人命軽視の風潮を、武士出身の宗教者鈴木正三は、「卑怯」「臆病」「不忠」という武士にとって最大の罵言《ばげん》で糾弾した。流血の修羅場をくぐり抜けてきた正三の口から吐き出されただけに、これらの言葉は、武士たちの胸に深く突き刺さったに違いない。

人命重視といっても、仏教者としての正三は人間の身体を「糞袋《くそぶくろ》」「腐レ肉」「蛆袋《うじぶくろ》」と呼び、汚濁にまみれ悪業煩悩の塊であるとしていた。だから身を捨て、死ぬことを学べと繰り返し説いていた。そんな彼にも、同時代の武士たちの残忍な気風は許しがたいものだったのである。

二　辻斬り

浅漬の一切れと「人切」

幕末維新期の日本に滞在し、『ジャパン＝ガゼット』『日新真事誌』の創刊で知られる英国人ジャーナリスト、ブラック（John Reddie Black　一八二七―八〇）は、その著『みかどの都』の中で、幕末の江戸の物騒さを次のように伝えている。

夜になって彼ら（氏家注・「ある藩の男」）がたらふく酒を飲んだとき、通りでかれらに出会うのは危険であった。というのは、さやに刀が入っていると、彼らは道行く人々を相手に試し斬りがしたくなるらしかったからである。市内にいる無数の犬のうち、これら酒に酔い元気のついた者に傷つけられなかった犬を一匹たりとも見ることは実際珍しいことであった。

（金井圓・広瀬靖子編訳）

「ある藩の男」たちとは尚武《しょうぶ》の気性の激しい薩摩藩士などを指すのだろうか。彼らは酒が入ると、通り掛かった人を試し斬りしたくなり、辻斬りの衝動に駆られたという。とはいえ罪もない人に斬り付けるのはさすがにためらわれたのか、とりあえず犠牲になったのは江戸市中の犬たちだった。哀れ多くの犬が、乱暴な藩士の刃《やいば》にかかって殺傷されたというのである。

なんと残忍な動物虐待。はたして当時の江戸でこんな光景が頻繁に見られたのだろうか。

ブラックの記述はどうやらウソでも誇張でもないらしい。なぜなら正岡子規の感化を受けた俳人内藤鳴雪《めいせつ》も、同様の話を（しかもより活き活きと）語っているからだ。弘化四年（一八四七）に伊予国松山藩の江戸藩邸（三田にあった中《なか》屋敷）で松山藩士内藤房之進の子として誕生した彼は、後年『鳴雪自叙伝』で幕末の江戸や藩邸の様子を伝えている。その中にこんな記述が。

正月の中旬になると、甲冑《かっちゅう》のお鏡開きがあった。武門では年始に甲冑を祭り鏡餅を供えたので、それをお鏡開きの時に割って汁粉にして食べるのだ。（中略）汁粉の膳には浅漬を唯一つ大きく切ってつけた。『ひときれ』という武門の縁起で、斧を以って割るという事も陣中のかたみである。

松山藩邸では、甲冑（具足）に供えた鏡餅を割って汁粉に入れて食べる鏡開きの際に、汁粉に浅漬を一切れ添えるのが恒例となっていた。なぜ一切れなのか。それは「一切」は「人切《ひときれ》」（人斬れ）に通じ、武門にとって縁起が良いからだという。「一切」は出羽国米沢藩（上杉家）でも添えられていた。松浦静山《まつらせいざん》『甲子夜話《かっしやわ》』に「上杉家、年始祝膳に、大根漬を大く一切にして設るを、重き祝とすることの由。これ音通《おんつう》にて、人切《ひときれ》の香物と云とぞ」とある。人斬れに音が通じる一切れの大根漬は、正月の祝いの膳に欠かせない縁起物だったというのだ。

人斬りといっても、ここまでは語呂合わせに過ぎない。続いて鳴雪が述べるのは、ブラックの記述を上まわる幕末江戸の危険な実態である。

『ひときれ』といえば、その頃江戸では『辻斬』が実に頻繁に行われた。これは多く田舎出の侍が新身《あらみ》の刀を試すとか、経験のために人を斬るので、夜中人通りの淋しい処に待ち構えて通行人を斬った。斬られるのは大抵平民であった。私が小さい頃稀《まれ》に邸外へ出たのでも、よくその死骸を見た。斬られた死骸は、しばらく菰《こも》を着せてその場に置いて、取引人《(ママ)》が引取って行くのを待った。直に引取人が出ないと、桶に入れて葭簀《よしず》で巻いて置いたものである。

右によれば幕末の江戸では辻斬りが頻繁に行われたが、斬り手の多くは地方から江戸に出て来た侍（藩士）だった。彼らは新たに鍛えた刀の切れ味を試すため、あるいは生きた人を斬る経験を積むために辻斬りをしたという。斬られたのはほとんどが庶民で、鳴雪は子どもの頃（嘉永安政年間であろう）、外出するとしばしば辻斬りの犠牲者の死骸を目にしたと回顧している。

教養人も千人斬り

幕末は、江戸時代の中でも、十七世紀前期（鈴木正三が生きた時代）に匹敵する血なまぐさい時期だったらしい。辻斬りのような今日の感覚では信じがたい無差別殺人が頻繁に行われたのも、テロと抗争が相次いだ激動の時代ならではかもしれない。

ところが常習的に辻斬りを行う武士は、江戸が泰平に浸っていた（あくまで幕末に比べればだが）十八世紀にもいた。

森鷗外『渋江抽斎《しぶえちゅうさい》』に登場する比良野貞彦《ひらのさだひこ》もその一人。渋江抽斎（一八〇五—五八）は、陸奥国弘前藩の医師で、比良野貞彦は抽斎の二人目の妻威能《いの》（弘前藩留守居役《るすいやく》比良野文蔵の女《むすめ》）の祖父である。貞彦について、鷗外はこう記している。

比良野氏は武士気質の家であつた。文蔵の父、威能の祖父であつた助太郎貞彦は文事と武備とを併《あわ》せ有した豪傑の士である。外濱《がいひん》又嶺雪《れいせつ》と号し、安永五年に江戸藩邸の教授に挙げられた。画を善くして、外濱画巻及善知鳥《うとう》画軸がある。

比良野貞彦は文武両道の「豪傑の士」で、安永五年（一七七六）に弘前藩江戸藩邸の教授を拝命した。同人はまた画技に長じ、外濱あるいは嶺雪と号し、「外濱画巻」「善知鳥画軸」などの作品がある、という。

補足をすれば――。比良野家は代々定府《じょうふ》（江戸藩邸勤務）の藩士で、貞彦はその五代目。通称は房之助（のち介〈助〉三郎、助太郎）。御徒頭《おかちがしら》、小姓組頭を経て、寛政十年（一七九八）五月に病死している。

天明八年（一七八八）から翌年にかけ、藩主の近習《きんじゅ》として国許《くにもと》に滞在した際に、津軽の庶民の生活を絵入りで紹介した『奥民図彙《おうみんずい》』を著した。同書は当時の津軽の風俗慣習（民俗）を伝える貴重な文献として知られている。貞彦はまた谷文晁《ぶんちょう》（画家）や伊勢貞丈《さだたけ》（故実家）とも親交がある教養人でもあった（松木明知「比良野貞彦と解剖図譜」）。

貞彦に関する鷗外の記述を続けよう。

図2　奥民図彙

国立公文書館蔵

辻斬りを繰り返し、罪もない庶民を殺害して憚《はばか》らなかった比良野貞彦は、同時に津軽の庶民の暮らしぶりに細やかな眼差しを注ぐ心優しさを兼ね備えていた。

図は幼子を連れた津軽の女性。その身なりや持ち物についても説明を添えている。同地の女性は老いても眉毛があり、頭部を図のように風呂敷で包んでいるとか。腰に火打ちを下げているのは煙草に火を付けるためで、男女同様であるとか。

このほか「イジメ」と呼ばれる藁《わら》で編んだ乳児用の育児籠《かご》や、さまざまな農具や漁具、さらには祭りの様子を描いた図も。比良野の津軽民俗に対する探求心と観察眼は、辻斬りという無惨な行為とどのように重なっていたのだろうか。

剣術は群を抜いてゐた。壮年の頃村正《むらまさ》作の刀《とう》を佩《お》びて、本所割下水《ほんじょわりげすい》から大川端《おおかわばた》辺《あたり》までの間を彷徨《ほうこう》して辻斬をした。千人斬らうと思ひ立つたのださうである。拙斎は此事を聞くに及んで、歎息して已《や》まなかつた。そして自分は医薬を以て千人を救はうと云ふ願《がん》を発《おこ》した。

貞彦は若い頃、(妖刀《ようとう》として嫌忌《けんき》されていた)村正の刀を帯びて本所割下水から大川端(隅田川下流の右岸一帯)までの間を彷徨して辻斬りをしたというのだ。「千人斬り」を目指したというから、犠牲者は数人ではなかったはず。村正の刀で突然斬り付けられ絶命した者の中には、夜鷹《よたか》(街娼)など女性もいたかもしれない。

それにしても後に藩邸の教授まで務めた貞彦が、いくら血気壮んな青年時代とはいえ、江戸の場末で辻斬りを繰り返したとは……。さすがに抽斎もその蛮行に歎息し、自分は医師として千人の命を救おうという願を立てたのだった。

辻斬りという異常嗜好

比良野貞彦だけではない。江戸時代の随筆類を読んでいると、辻斬りを試みた者や辻斬りの名人といった〝あぶない趣味〟(本人たちは剣術の鍛錬だと反論するかもしれないが)の持ち主に遭遇する。

出羽国秋田藩士の人見《ひとみ》蕉雨《しょうう》（名は藤寧《とうねい》。一七六一－一八〇四）は、東都（江戸）の住人で田熊某という「辻切の名人」がいたと書いているし（『藤寧君遺書』）、平戸藩の老公松浦静山（一七六〇－一八四一）も、『甲子夜話』に辻斬りを試みた御家人（御目見《おめみえ》以下の幕臣）の話を書きとめている。

田熊某が江戸時代のいつ頃の人だったかはさだかでない。ともあれ「今宵なん人数多くきりて遊ばん」と友人を誘って辻斬りに出かけた彼は、名人というよりマニアと呼ぶべきだろう。遊び感覚で辻斬り（人殺し）に出かけるところに嗜好の異常を感じる。

さて田熊は、暗夜小提灯で道を照らしながら通り掛かった者に「是をこそ」と斬り付けたが、倒れたのは意外にも田熊のほう。小提灯の男もまた「辻切の名人」だったというのである。

静山がその御家人の話を伝え聞いたのは、文政五年（一八二二）のことらしい。「辻切して見ん」と思い立って（してみると辻斬りのビギナーか）、ある夜（下谷の）広徳寺前に出かけた彼は、溝端《みぞばた》にかがんで小便をしている男を見つけ、放尿を終えて立ち上がるところを斬ろうとしたのだが……。そうとも知らず男が念仏を唱えたので、念仏を唱えているのを斬るのは酷《むご》いと感じ、思い止まったとか。御家人は、後日「切る人も丁度よきは無きものなり」と人に語ったという。これはという獲物（斬られ役）は容易に見つからないという意味だろう。

丹波国篠山《ささやま》の藩士で儒者の松崎観瀾《まつざきかんらん》（一六八二―一七五三）の随筆『窓のすさみ』にも辻斬りをした武士が登場する。美作《みまさか》国津山藩主の森家は、元禄十年（一六九七）に断絶。家臣のうち若者は江戸で辻斬りに興じたというのだ（「若き士はや、もすれは、夜行して辻切なとして興しける」）。

それは森家断絶後まもない宝永年間（一七〇四―一一）のことで、観瀾は、当時はまだ「古昔の遺風」があり、武術も盛んだったから（「武術甚《はなは》たはやり」）と評している。武者気質や武芸尊重が、禄を失った若者たちを辻斬りに駆り立てたというのである。

三　千人斬り

南方熊楠が記す千人斬りの歴史

津軽藩士の比良野貞彦《ひらのさだひこ》は、千人の辻斬りを目指したが、なぜ「千人」にこだわったのだろうか。

明治四十五年（一九一二）七月の『此花《このはな》』凋落号に掲載された南方熊楠《みなかたくまぐす》の「千人切りの話」は、辻斬りの歴史を振り返る基本文献である。「千人切り」は文字通り千人を辻斬り等の方法で斬り殺すこと。信じられない殺戮《さつりく》行為だが、比良野貞彦以前にもその成就を目指した者たちがいた。古今東西の文献に通じた熊楠は、豊かな仏典の知識を駆使して「千人切り」の歴史を照らし出す。引用される文献の中には、ほかに十六、十七世紀の史料も。その碩学《せきがく》には驚嘆のため息が出てしまう。

たとえば『群書類従』所収の「織田系図」には、織田信長の従弟で秀吉の臣だった津田信任《のぶとう》が、伏見、醍醐、山科の辺りで「千人剣《ぎり》」を繰り返す者たちの「棟梁」（親玉という意味か）であることが上聞《じょうぶん》に達して逮捕され、所領三万五千石を没収されたと記されている。本来なら死刑か流刑に処すべきところだったが、信任の亡父信勝が多年秀吉に仕えたのに免じて、刑を軽くされたという。信任はその後出家して長意と号し、加賀国金沢の地で没した。ちなみに信任が逮捕されたのは文禄二年（一五九三）だった。

熊楠はまた『宇野主水記《うののもんどき》』から、天正十四年（一五八六）二月二十一日頃、「千人切《ごろし》と号して」大坂で多数の人夫風情の者が殺害された記事を紹介している。巷では大谷紀之助という小姓衆が「悪瘡《あくそう》」の治療のために殺しているという噂も流れた（千人殺してその血を与えれば〈飲むのか患部に塗るのか〉治癒するというのだ）。どうやら千人切りは多人数による犯行だったようで、数多《あまた》の犯人が逮捕されたという。

熊楠はこれらについて、「武士跋扈《ばっこ》の世に、武勇を誇るのあまり、なるべく多人を殺せるなれば、千人切りとも言うべけれ」と述べている。

武勇を誇示するための大量殺戮。熊楠の論文には引用されていないが、西洞院時《にしのとういんとき》慶《よし》の日記『時慶記』の慶長十年（一六〇五）六月十五日の条にも、京都における千人斬りの記事が見える。すなわち「千人切仕者《つかまつるもの》三人被召取《めしとられ》、指ヲモキ被渡由《わたさるよし》也、雖然《しかりといえども》猶不止《なおやまず》」。千人斬りの犯人三名を捕えて指をもぎ取ったが、千人斬りの被害は止まない（ほかにも同様の辻斬りを行う者がいる）というのだ。三人の指がもがれたのは、凶悪獰猛《どうもう》で逃げ出す危険があったからか。

当時の京都では辻斬りが絶えなかったようで、翌六月十六日の条には「板倉伊賀守自身京中夜廻由也、辻切政道ノ為也」とある。京都所司代の板倉伊賀守勝重《かつしげ》が、夜中に自身で京都市内を巡回して辻斬りの撲滅に努めたというのである。さらに翌日にも勝重は辻斬りをしそうな不審者を召し抱えないように触れている（「辻切ニ付《つきて》而不審成者召仕間《まじき》敷事」）。

江戸での連続辻斬り事件

京大坂より遅れて、江戸でも千人斬りを思わせる無差別殺人があり、人々を恐れさせたと『江城年録《こうじょうねんろく》』は伝えている。

『江城年録』は、寛永元年（一六二四）から同十三年（一六三六）の間の江戸城中の事件を中心に記したもので、別名『寛永日記補闕《ほけつ》』。その寛永六年（一六二九）六月の記事の中に次のようなくだりが。

当巳年春の半《なかば》より江戸中端々にて白昼にも人を切り申事幾はくといふ数をしらす日暮方には町中にても人を切　其躰《そのてい》更に物取に切にもあらす　大形《おおかた》切捨也　老若をいわす　是《これ》か千人切といふものにて候哉　後には御城之内北の丸御門先にても

切申候　諸人往来待合大勢にて道をも通り申候

寛永六年の二月頃から、老若の別なく往来人が殺害される事件が相次いだ。犯人は無差別に斬り捨てるだけで、物取りが目的ではない。昼間は場末だけだが、日が暮れると市中でも同様の事件があった。犯行は次第に大胆になり、やがて江戸城内北の丸御門の辺りでも犠牲者が。人々は恐れて（一人歩きを控え）集団で道を歩くようになった。

「是か千人切といふものにて候哉」（これがあの千人斬りというものだろうか）とあるのを見ると、江戸では通常の辻斬りは珍しくなくても、このように短期間に多く犠牲者が出た〝連続辻斬り事件〟は初めてだったのかもしれない。

幕府はこの年、相次ぐ辻斬り事件で悪化した江戸の治安を維持するため、大名旗本の屋敷の辻々などに番所を設け、辻斬りやかぶき者・浪人たちの喧嘩刃傷沙汰を取り締まらせた。辻番《つじばん》の創設である。

その後、寛文三年（一六六三）八月二十四日の夜に、江戸で「千人切」があったことにも触れておこう。真《ま》柄《がら》新五郎という浪人が、夢の中で、今夜から「千人切」を始めれば所願成就と〝お告げ〟があったとして、芝から石町《こくちょう》にかけて、往来の男女十八人を殺傷（八人即死）したのである（『武門諸説拾遺』）。

千人斬りのルーツ

無差別に、多くの人を相次いで辻斬りする千人斬り。それにしてもなぜ、より現実的な十人斬りでも五十人斬りでもなく、千人斬りなのか。

千人斬りはたんに殺害する人数が多いからそう呼ばれたのではない。「千人」でなければならない理由があった。千人斬りのルーツは、釈迦の弟子アングリマーラの伝記にまでさかのぼる。

南方熊楠は「千人切りの話」で、『央掘摩羅経《おうくつまらきょう》』（『アングリマーラ経』の漢訳）にしたがって、千人斬りの原話を紹介している。大筋を要約すると。

貧女賢女（パードラ）が男子を出生し、世間現《せけんげん》と名づけた。十二歳にして聡明で弁舌の才があり、無垢賢（マニバードラ）という梵師（バラモン）に師事した。師の妻は、容姿端麗な世間現に恋慕して誘惑したが、世間現に拒まれる。逆恨みした彼女は、みずから身を縛り帰宅した夫に訴えた。世間現が私に迫ってこのようにしましたと。世間現が自分よりはるかにすぐれているのを恐れていた夫（マニバードラ）は、この機会に世間現を自滅させようと、世間現に「お前は悪人だ。千人を殺して罪を消せ」と命じた。師に命じられ、やむなく承諾した世間現。師はさらに「一人殺すごとに指を切り落とし、千人の指で首飾りにせよ。そうすればバラモンとなるだろう」と言った。

このことから、世間現は指鬘（アングリマーラ）と呼ばれ人々に恐れられるようになった。

千人を殺害すれば師の妻に乱暴した罪（事実無根の濡れ衣）が消えるという師の理屈は、（世間現を破滅させるためとはいえ）到底理解できない。殺害した千人の指で首飾りを作ればバラモン（カーストの最上位の司祭階級）になれるというのも。

ともあれアングリマーラ（世間現）は九百九十九人まで殺し、あと一人と血眼になっているときに現れた母（パードラ）を殺害しようとする。そのとき、世尊（釈迦）が現れ、アングリマーラを教化して残虐な行為を止めさせ、羅漢（聖者）にした。

牛若の千人斬りと母・常盤御前の言葉

残虐無比の殺人者から仏弟子へ。アングリマーラの故事は漢訳の仏典を通じてわが国に伝えられ、千人斬りは謡曲の曲名になるなど広く知られるようになる。

たとえば山形県の伝承芸能の黒川能《くろかわのう》の狂言や能の『千人切』。奥山けい子「「千人切」考」によれば、その筋は、大熊川（阿武隈川）の源左衛門が、何者かに討たれた親の供養のために千人斬りをしていたが、僧に論破されて弟子入りするというものである。黒川能の狂言には、千人斬りの目的が「今日より誓願をたて千人切を致し親けふよう（＝供養）の為に致そふとそんする」とあり、能には「行衛も知らぬ旅人に父を討せ、余りの無念さに科無き人を千人きらんと大願を立つる」とある（奥山論文から。表記を若干改めた）。

供養、大願。罪のない人々を千人殺害するのがどうして死者への「供養」になるのか。そもそも父を殺されて無念だからといって、どうして千人殺す「大願」を立てたのか。やはり理解を超えていると言わざるをえない。

同じ能でも、福王系能勢本『千人切』（田中允編『未刊謡曲集』続七所収）はわかりやすい。「何故千人斬を致され候ぞ」という僧の問いに対して、大熊川の源左衛門は「親の敵《かたき》を知らず候程に　千人斬（り）たらば其中に敵もや有（る）らんとの企《くわだて》にて候」と答えている。数撃ちゃ当たる？　千人も殺したらその中に親の敵がいるかもしれないからというのだ。この作者も、供養や大願では動機が説明しにくいと考え、このような理由をこじつけたのかもしれない。

日本古典文学における千人斬り。刺激的なテーマではないか。しかし著者の関心はあくまで近世日本の辻斬りで、この問題に深くわけ入っていくだけの知識はない。にもかかわらず文学や演劇に言及したのは、十七世紀に刊行された作品で気になる表現と出会ったからだ。

一つは延宝七年（一六七九）刊の浄瑠璃正本『牛若《うしわか》千人切』。

牛若（のちの義経）は、父義朝《よしとも》の十三回忌追善のために、夜な夜な鞍馬寺《くらまでら》を抜け出し、洛中で「つじぎり」を繰り返して人々を悩ませていた。その事実を知らされた母の常盤《ときわ》御前は、「なふうとましや」（まあ、いやなこと）と驚き、牛若丸をたしなめる。ところが牛若は、あと一人で千人に達するので今宵だけはお許しあれと母の言葉に従わない（「いや今一人きりぬれば　千僧《せんそう》くやうと承る　こよひ斗《ばかり》はおゆるしあれと詞《ことば》をかへし」）。

「千僧くやう」は、千人の僧を招いて食を供し法会《ほうえ》を営む千僧供養（千僧会《え》とも）のこと。たいそう功徳が大きいとされているが、千人斬りのどこが千僧供養に通じるかはさだかでない。

「気になる表現」とは、罪のない人々を殺《あや》め続けるわが子に向かって常盤が語った言葉である。「いつの間にかい〲しくかく人きるやうをならひしぞや　尤《もっとも》心ざしはさる事なれは　母をはゝと思ひなば左様の心をふりすてゝとかく出家に成《なり》てくれよ」。

大意は「亡き父へのせめてもの供養にというお前の気持ちはよくわかるが、（父だけでなく）母を大切に思うなら、そのような事はやめて、なにはともあれ僧侶になってほしい」ということだろう。

問題はその前の箇所。常盤は「この子はいつの間に、こんなに立派に（甲斐甲斐しく）人を斬れるようになった（武芸を習得した）のだろう」とわが子の成長に感嘆を隠さないのである。そこには罪のない人を九百九十九人も殺めたわが子に対する深い絶望も、殺された多数の人とその遺族への謝罪の気持ちも感じられない。

公平（金平）の千人斬り

殺戮の痛みの欠落は、元禄四年（一六九一）刊の浄瑠璃正本『公平千人きり《きんぴら》』ではさらに顕著である。

公平は金平《きんぴら》とも。坂田金時《さかたのきんとき》の息子ということになっているが、実在の人物ではない。十七世紀半ばに生まれた金平浄瑠璃の主人公で、気性は単純かつ粗暴だが、その超人的な武勇で次から次に凶悪な敵を葬る活躍で、観衆の喝采を浴びた。

『公平千人きり』においても、公平（金平）のキャラクターが炸裂する。

公平は、天下をくつがえそうとする下総《しもうさ》の大将「あくどみ」の家来「とぶくま」を生け捕って主君源頼義《よりよし》の御所に参上した。ところが頼義は、首を斬るかと思いのほか、天晴《あっぱ》れ惜しき強者かなと「とぶくま」の命を助けてしまう。公平は残念でならない。「とぶくま」は公平に、それほど無念ならば三河の「やはぎのはし」（矢作橋　現在の愛知県岡崎市のうち）で再会しようと捨て台詞をして東国へ。一方、気分を害した公平は、京都を去り、三河国の矢作橋の上で「とぶくま」に出会うまで千人斬りを始めるのだった。

なぜ千人斬りを。「とぶくまめに、めぐりあふその内は、千人きりを始」あるいは「しゆくくわんのしさいあつて、此はしにて、せん人のくひをきつて」とあり、「とぶくま」を討つ宿願を叶えるためと察せられるが、理由はいま一つはっきりしない。いや、人形浄瑠璃の作者としては、公平が（つまり公平の人形が）舞台で派手な立ち回りを演じるために、千人斬りという仕掛が必要なだけだったのかもしれない。

ともあれ公平は、「敵も身かたもいらばこそ、わうらいの者共を千人切」（敵味方関係なく、この橋を往来する者を千人まで斬り殺す）と書いた高札を立て、九百五十余人まで殺害する。生首は首壇に飾り、骸《むくろ》は山のように積み重ねられた。旅人は橋を渡れず足止めされ、「くにのなげきと成にける」。殺された者だけでなく国中の人々が恐れかつ嘆いた。

公平自身も罪な行為と知らなかったわけではない（「おもはぬつみをつくるかな」）。それでも念仏を唱えながら、千人斬りを続けた。『公平千人きり』にはその様子が次のように書かれている。浄瑠璃太夫の軽快な節に乗って往来人を次々に斬り倒す公平の人形が目に浮かぶ。

なむあみた仏と云ながら、とをりちがひのくるま切、むかふ者は大ゑのけさに、くるものはむけんのゐんだう、しゆらの道引、うしろけさ、よこさま、たてはり、くびをおとして、じゆずの玉ひとつ〳〵に、なむあみだ仏

結局千人目に悪の巨魁「あくどみ」の首を落として、千人斬りは成就。『公平千人きり』の芝居は、「かの金平が千人切、ぜんだいみもんの次第やと、きせん上下をしなへて、かんせぬものこそなかりけり」とめでたく幕を閉じるのである。

終わりよければすべてよし？　めでたく終わるのがこの種の演劇の約束事なのは承知している。承知はしているが、九百人以上の罪のない人々の命を奪いながら、貴賤上下おしなべて（身分の上下の別なくあらゆる人が）公平の武勇を賞賛するというのは、まったく変としか言いようがない。

『牛若千人切』には謡曲や御伽草子の『橋弁慶《はしべんけい》』の影響が指摘されている。

御伽草子『橋弁慶』（『室町時代物語大成』第十所収）でも、「御さうし」（牛若）は、父義朝の十三年忌の供養のために、五条の橋で「千人きり」を志す。当初は父の敵である平家の者だけを斬っていたが、さすがに七百人以上斬られると、平家の者は五条の橋を通ろうとしない。牛若はそれでも千人斬りを成し遂げようと、「せんもなし」

（しかたなく）、平家と無縁の通行人の命も奪い続けた。それは遠国から京に上り、知らずに橋を渡った人々だった。こうして九百九十九人の死骸を河原に積み重ねたところにやって来たのが武蔵坊弁慶。牛若に敗れた弁慶は主従の契約を結ぶ。

罪もない男女を無惨に斬り殺すのは、『牛若千人切』や『公平千人きり』の主人公と同じだが、大きな違いは、室町時代に成立した御伽草子『橋弁慶』では、千人斬りを〝卓越した武勇の証し〟という見地（なにはともあれ多くの人を斬り殺した武芸の力量は恐るべし、という見方）で賞賛していない点だろう。

十七世紀の後期や末期に刊行されたこれら人形浄瑠璃本には、十七世紀前半（江戸初期）の武士の気風が認められる。罪もない人を多数斬り殺しても、自責の念を抱かなかった気風の名残が。

徳川光圀の試し斬り

とはいえ時の政府が辻斬り（もちろんその極みである千人斬りも）を放置していたわけではない。もし完全に放置すれば、江戸であれ京大坂であれ、治安維持は困難となってしまうだろう。

江戸幕府成立前はどうであったか。東京大学史料編纂所作成の「大日本史料総合データベース」で「辻切」を検索してみよう。

天正十四年（一五八六）三月三日の条に、「是より先、宇喜多次郎九郎等、千人切と称し、大坂に於《お》いて、人を要殺《ようさつ》す、是日、秀吉、之を捕へ自殺せしむ」とあり、大坂で千人斬りと称して通行人を要殺（待ち伏せして殺す）した宇喜多次郎九郎らに秀吉が自害を命じたことがわかる。また文禄三年（一五九四）の条にも、「秀吉、千人斬り十六人を捕へ、之を処刑す」とある。やはり秀吉が千人斬りを試みた十六人の者を捕縛、処刑したというのである（出典は『多聞院日記』）。

次に幕府成立後。江戸初期に親子二代にわたって京都所司代を務めた板倉勝重（一五四五―一六二四）・重宗《しげむね》（一五八六―一六五六）が定めたと伝えられる「掟書」に、「成敗之事　山賊・夜討・強盗・辻切・放火人等之悪徒　於見出《みいだすにおいて》は速可遂殺害」とある。辻斬りは山賊・強盗・放火犯などと同様の悪党だから、速やかに殺害（成敗）せよというのであろう。

八代将軍吉宗のとき、寛保《かんぽう》二年（一七四二）に成立した『公事方御定書《くじかたおさだめがき》』の下巻『御定書百箇条』には、「辻切いたし候もの」は「引廻之上《ひきまわしのうえ》　死罪」と明記されている。市中引廻しのうえ、死罪に処すというのだ。

辻斬りは死刑に値する重罪。しかし斬り手が身分のある武士であった場合は事情が異なるようだ。

弘前藩江戸藩邸の比良野貞彦が、教養に富む都会人でありながら、武術鍛錬の名目で辻斬りを繰り返した意外な事実はすでに紹介した。しかし辻斬りを行った〝まさかの人物〟には、さらに大物がいる。
晩年の徳川光圀《みつくに》（一六二八―一七〇〇）に近侍した医師井上玄桐《げんとう》は、光圀の「御直話」（ご自身で語った話）であるとして、次のような逸事を伝えている（『玄桐筆記』）。

屋敷への帰途、夜がふけて、公（光圀）は友人の某と浅草で休憩していた。
某「この堂の縁の下に非人（乞食）が臥《ふ》せっているぞ。引きずり出して試し斬りしよう」
公「無益なことをおっしゃる。どうして哀れで罪もない者を斬ることができよう。それに非人の中にどのような（手強い）者がいるかもしれない。そもそも誰が縁の下に這入《はい》って引き出すというのか。おやめなさい」
某「臆されたのか（怖じ気づかれたのか）」（と公を嘲笑《あざわら》った）
公「そうおっしゃるなら、しかたがない。引きずり出してご覧にいれよう」
そう言って公は縁の下に這入り、暗中手探りで非人を捕らえようとした。縁の下には四、五人の非人が臥せていた。
非「私たちだって命は惜しい。なんて非情なふるまいを」
非人たちは奥へ奥へと逃げたが……。

公「私もそう思うが、連《つれ》の者が無理を言うのでしかたがないのだ。前生の業とあきらめて（斬られて）くれぬか」

公はとうとう一人の非人を引きずり出し、これを斬った。

名君の誉れ高い光圀もまた、若い頃は罪のない非人を斬り殺していたのである。ほかでもない、晩年本人がそう語ったのだから、まぎれもない史実である（ちなみに青年時代の光圀が奔放な「かぶき者」だったことはよく知られている）。

ところでこの逸事には続きがある。無惨なふるまいを悔い、わが身を恥じた光圀は、このような酷い男とは知らなかったと、某との交友を断ったというのだ。

さらに大物として青年時代の徳川家光の名も挙げるべきだが、すくなからぬ読者がご承知と思われるので割愛したい。繰り返そう。辻斬りは十七世紀前半の武士の世界で広く行われ、罪のない庶民を殺すことに対する罪の意識は、信じられないほど希薄だった。

主君でも神でも覆せない「武士の価値観」

なぜ罪もない人を殺しても痛みを感じなかったのか。この問題を考えるために、とりあえず小浜逸郎《こはまいつお》『なぜ人を殺してはいけないのか』をひもといてみよう。

なぜ人を殺してはいけないのか。試行錯誤の末（というかさまざまな理由を検討した末）に小浜氏がたどり着いた理由は、次のようなものだった。

私たちが、なるべくなら人を殺さないほうがよいと感じるかろうじての根拠は、私たち自身が共同体の一員として共有している利害に反する行為をすると共同体から排除されてしまうという「不安」や「恐れ」である。（中略）「人を殺してはならない」という倫理は、倫理それ自体としての絶対の価値を持つと考えるのではなく、ただ、共同社会の成員が相互に共存を図るためにこそ必要なのだという、平凡な結論に到達する。私はそれで十分だと考える。

「私たちが生きている共同体」（小浜氏によれば近代法治国家）において、その成員である私たちが相互に共存するためには、成員が他の成員を殺すことはあってはならない。それは共同体の利害に反する行為で、共同体から排除されなければならないという。

ひるがえって、辻斬りやその延長にある千人斬りをためらわなかった、主に十六世紀末から十七世紀前半の武士たちにとっての「共同体」とはどのようなものだったろうか。

この点について、『桃源遺事《とうげんいじ》』が伝える徳川光圀の逸事は示唆に富んでいる。それは光圀の父で初代水戸藩主の頼房《よりふさ》が死去した寛文元年（一六六一）のこと。光圀は追腹を切って頼房に殉死しようとしていた家臣たちに殉死を禁じた。

とりわけ当然追腹すべきとされていた眞木左京（「左京は追腹の筈《はず》に兼《かね》て極れるもの也」）については、光圀自身が左京宅に出向き、懇々と殉死の非を述べ、思い止まるよう説得した。「殉死は亡くなった父（頼房）に益なく、生存している私（光圀）に対しては不忠である。生き続けて忠義を尽くすことこそ亡君への忠義であり、武士の本懐である」と。光圀は続いて。

誰かそしらん　もしそしる者あらは　皆物しらぬ人也　無知のそしり何かいとはん　武士道の事は我に任せよと理を尽してとゝめ給ふ

頼房の生前から、殉死の第一候補と目されていた左京が、（たとえ光圀の命だとしても）腹を切らなかったとすれば、家中《かちゅう》の厳しい批判を浴びるに違いない。それが当時の「武士の風俗」だった。だからこそ、光圀は「武士道の事は我に任せよ」と言って、左京の不安を拭い去ろうとしたのであろう。

「武士道の事は我に任せよ」。殉死が武士の慣わし（武士道）だというのなら、そのような武士道は（正しくないと）私が説き伏せてみせるというのだ。結局、眞木左京らは追腹を切らず、水戸藩では幕府より二年早く殉死が禁止された。

右の話は、眞木左京はじめ当時の多くの武士が、日本という国家でも藩の組織でもなく、第一に〝武士の世界〟の成員だったことを示唆している。

その世界においては、なにより武士の作法、慣わしが優先された。『桃源遺事』の編者が、左京ら殉死を遂げようとしていた家臣たちについて、この者たちの殉死の決意は、主君でも神でも止められない（「此もの共抔《など》か有様　死ぬへきことなとを主人にもせよ神にもせよとゝめ給ふとてとゝまるへき者ならぬ」）と記しているように、彼らが所属する組織のトップ（藩主）でも、戦国から江戸初期に形成された武士の価値観をくつがえすのは容易ではなかった。だからこそ追腹を止めさせた光圀は、人々を感嘆させたのである。

武士の世界の価値観。幕府の旗本天野《あまの》長重《ながしげ》は、元禄元年（一六八八）に「大神君仰曰　何事に不寄《よらず》　武士方の者出入有らば　武士道の法をたてゝとりあつかふものなると上意の旨」と書きとめている（『思忠志集《しちゅうしじゅう》』）。「武士同士のもめ事は、すべて武士道の法に則《のっと》って裁くべきだ」。大神君（徳川家康）がそう述べたというのである。続けて「只今　承《うけたまわり》　有難《ありがたく》　後世の為書しるし置候事」とあり、長重が古き武士の世界に対して強いノスタルジーを抱いていた様子がうかがえる。

「なぜ罪もない人を殺してもよかったのか」に話を戻そう。古き武士の世界の成員であった武士たちにとって、武士ならざる庶民は、いわば彼らの世界の外の存在であり、自身の領地の生産者（百姓）でもない限り、刀の切れ味を試すために殺害してもなんら利害に反するものではなく、良心の呵責《かしゃく》を感じさせることもなかった。彼ら古いタイプの武士にとっては、実戦から遠ざかっても人を斬る感触を忘れないことがなにより大切であって、そのためには、密かに往来で人を斬る辻斬りは、恰好《かっこう》の修練の機会だったのであろう。

四　斬取り強盗は武士の習

盗人《ぬすっと》武士の告白

残忍な武士の習俗の話ばかりで、憤りをおぼえるサムライファンもすくなくないと思う。禁欲的で勇壮果敢な武士道の美風や、武士ならではの感動的な美談もあるではないか、と。まったく。どうやら著者は、戦国の余習が抜けきらない江戸初期の武士の世界の、闘争的で血なまぐさい面にばかり光を当てすぎたようだ。ということで、次に武士の美談を取り上げてみたい。

丹波国篠山《ささやま》藩士で儒者の松崎観瀾《まつざきかんらん》（一六八二―一七五三）は、『窓のすさみ追加』にこんな話を載せている。所々に原文を挟んで意訳すると。

両替商の店先には低い格子（「ひきゝ格子」）が置かれている。これは昔起きた事件の教訓で置かれるようになったという。その事件とは……。

ある日、一人の武士が店先に駈け込み、積んであった金を両手でつかみ袖の中に入れて逃げ去った（「何処ともなく士一人急にかけ来り、積みおける金を両手にてかいつみ、袖に入れて飛出でぬ」）。「泥棒！」。店の者が跡を追ったが捕らえられなかった。この事件を機に（強盗が容易に持ち逃げできないように）格子が設けられたということだ。

銀行や郵便局の窓口の金をかっさらうように、店先の金をわしづかみにした逃げた破廉恥な盗人が、武士（正確には浪人）だったというお話。いったいどこが美談なのか。まあ、あせらずに。話はこれからである。

時は流れ、店の主人も代替わりしたある日のこと、大勢の供を従えて馬に乗った武士が店を訪れた。主人に対面したいというので一間に通したところ、

武士「昔、この店から金を強奪した者がいたであろう。貴殿は年が若く当時の主人ではないようだが、長年奉公している者に当時のことを聞いてくださらぬか」

しばらくして

主人「古い者が存じておりました」

武士「されば、そのとき金を盗んだのはほかならぬ拙者だ。久しく浪人暮らしを続けようやく仕官の先が見つかったが、貧窮の身で、武士にふさわしい支度を調える金がなく、必死の策としてこの店から金を盗んだのだ（「よそほひの設《もうけ》なき故、命をかけて此家にて奪ひ取り」）。お蔭で無事仕官が叶い、その後次第に昇進し、現在では相当の禄を得ている（「其蔭を以て快く片付、次第に立身し、今はよほどの禄を得候」）。ついてはその折に盗んだ金を持参いたした」

そう述べて、武士は盗んだ金ばかりでなく、謝恩の品々の目録を並べた。主人は驚き、「昔のことで記憶もさだかでありませんから」と受け取りを辞退したが、武士は「それでは拙者は本当の盗人になってしまう。武士として面目丸つぶれだ」（「さ有りては我等誠の盗賊になり申す事、一分立ち難し」）と言って一歩も引かず、持参した金を置いて帰ったという。

〝武士の一分〟を立てるために（武士の名誉を傷つけないために）、盗んだことさえ忘れられた金を返しに来た武士。観瀾は話の真偽に疑いをはさみながらも、「豪雄の夫《ふ》と見えたり」とコメントしている。なんと立派な武士ではないかと賞賛しているのである。

ところでこの話、美談と言えるだろうか。

金に困った浪人が、仕官（再就職）のために盗みをはたらき、何年も（おそらく十年以上）経ってから、お蔭でこのように出世しましたと盗んだ金を返しに訪れる。かといって店の主人に許しを乞うわけでもなく、主人が金の受け取りを辞退すると、それでは自分は盗人になってしまうと、金を置いて立ち去る。

美談というより、〝盗っ人猛々《たけだけ》しい〟話ではないか、と感じた読者もすくなくないのでは。盗んだ金を返したところで盗人に違いはない。にもかかわらず松崎観瀾が武士の美談として書きとめたのは、やはり時代の感覚としか言いようがない。

そう、時代が違うのだ。武士の世界には、罪もない庶民を〝殺してもよい〟と同時に、目的のためには〝盗んでもよい〟という習俗があったようなのである。

斬取り強盗は武士の習

〝斬《きり》取り強盗は武士の習《ならい》〟という諺《ことわざ》をご存じだろうか。

鈴木棠三・広田栄太郎編『故事ことわざ辞典』で調べると、「殺人や強盗は武士には珍しくないことである」という意味で、「乱世の世相。斬取＝人を殺したうえで物をかすめ取ること。強盗のほうは殺人とは限らない」と補足説明されている。あわせて『旗本容気《かたぎ》』『仮名手本忠臣蔵』の用例も挙げられているので、こちらもご紹介しよう。

『旗本容気』は、講釈師の馬場文耕《ばばぶんこう》の著で宝暦四年（一七五四）の自序がある『世間御旗本容気』のこと。その巻二に「されば古《いにし》へより武士の衰たるは、切取強盗をなして世を渡るは常のならいにて、はづかしからぬ事なれ共」とある。

『仮名手本忠臣蔵』は、寛延元年（一七四八）に大坂竹本座で初演された、ご存じ赤穂事件の代表的な作品。その六段目の与市兵衛（お軽《かる》の父）の台詞に、「まさかの時は切取するも侍の習。女房売ても恥にはならぬ。お主《しゅう》の役に立る金。調ておましたらまんざら腹も立まいと」と見える。「お軽の夫勘平《かんぺい》が必要とする金を用意するために、娘のお軽を廓《くるわ》に売ろう。勘平も主のためなら女房を売っても恥にはならない。お軽を売っても腹を立てないだろう」と意訳できるだろう。

生活のため、あるいは主君のためなら、武士や浪人は殺人強盗（斬取）も許される？

用例を追加しよう。風来山人《ふうらいさんじん》（平賀源内）の安永六年（一七七七）の作『放屁論《ほうひろん》後編』は、次のように始まる。

世の諺《ことわざ》に、剪逕《きりどり》するも浪人の習ひと御所桜の伊勢三郎、風俗太平記の日本左衛門なんど、浄瑠璃本にある時は、さも手強《てづよ》ふ侍らしく聞ゆれども、夫《それ》は血臭《ちぐさ》ひ時節の事にて、かく治れる時世に、そんなけびらひ（気配、そぶり）が有や否《いなや》。とんだ目にあふ故に、今時の浪人は紙子羽織《かみこばおり》に破編笠《やぶれあみがさ》（下略）

諺に〝剪逕（斬取）は浪人の習〟とあり、人形浄瑠璃など芝居で演じられると、いかにも勇ましく思えるが、これはあくまで血なまぐさい時代の慣わしで、今日のような泰平の世では通用しないというのである。

　幕末の儒者斎藤拙堂《せつどう》は、さらに激しい言葉でこの慣習を否定している。拙堂は『士道要論《しどうようろん》』（一八五〇年刊）で、武勇を旨とする武士道には、道理にかなったこともあるが、概して私心と偏見に満ちている（「近世武弁の家にもおのつから武士道といへる事ありきたる〈中略〉道にかなへることもあれと、私心偏見をまぬかれさることも多し」）と武者の習俗としての武士道を批判し、追腹や駈け込み慣行（喧嘩などで相手を殺傷して屋敷に逃げ込んできた者を、理非にかかわらず保護する慣行）などを例に挙げて糾弾している。

　とりわけ「きりとり強盗は武士のならひ」には厳しい言葉を浴びせている。「もっともいたくそむけたること」、これ以上道に背いたものはないというのだ。

乞食になるより辻斬りで金を奪え

河竹黙阿弥《かわたけもくあみ》の作で、文久二年（一八六二）初演の歌舞伎狂言『青砥稿花紅彩画《あおとぞうしはなのにしきえ》』（通称白浪五人男）にも、この諺は登場する。五人男のひとり赤星十三郎の台詞の中に、

何の遠慮に及ばうぞ、盗みし金を遣ふ上は、仮令《たとえ》仲間へ入《い》らずとも、科《とが》は脱れぬこの十三、お主の為めには切取強盗、こりや武士の慣《なら》ひぢやわ（トきつといふ。）

しかしあくまで「お主の為め」という限定付きだ。さすがに十八、十九世紀になると、斬取強盗は武士の慣わしとする言い訳は通用しなくなっていたに違いない。広く知られる諺だが、もはや時代遅れで非常識というわけ。

では江戸の初期はどうだったか。『校合雑記《きょうごうざっき》』に興味深い話が載っているので、要約してみよう。

松平但馬守《たじまのかみ》直富（一般には直良《なおよし》）の家臣枝川喜左衛門は、馬廻り（親衛隊）で二百石を得ていたが、いささかの仕損じがあって浪人の身となった。それから二、三年後、喜左衛門は、藩士のとき住んでいた越前国大野城下に乞食同然の姿で現れた。

松平但馬守が越前国大野藩主だったのは、正保《しょうほう》元年（一六四四）から延宝六年（一六七八）の間だから、喜左衛門が城下に帰ってきたのもその間だったに違いない。

喜左衛門を発見したのは、かつての傍輩《ほうばい》川村貞右衛門（同じく馬廻りで二百石）だった。破れ編笠に縄帯というみすぼらしいなりで貞右衛門宅の台所の辺りで謡《うたい》を唱う乞食を見て、喜左衛門と気づいたのである。貞右衛門は喜左衛門を座敷に通し、二人の間で次のようなやりとりがあった。

貞「どうしてここに来たのだ」

喜「浪人後は美濃郡上《ぐじょう》で暮らしていたが、妻を養うのもままならず、今では一銭を乞う乞食をしてその日暮らしをしている。貴殿のことがなつかしくてならず、せめて貴殿の姿を垣間見たいとやって来た次第。このように面談できて大慶この上ない」

興味深いのは、「君に会えて嬉しい」と言う喜左衛門に対して貞右衛門が示した、あまりにも冷たい反応である。

喜左衛門に手ずから食物を持参して給仕し、酒をふるまったところまでは、旧友ならではのいたわりが感じられる。ところがその後、貞右衛門の口から衝撃的な（すくなくとも現代の日本人には）言葉が飛び出した。

侍の浮沈珍らしからさること　乞食しても恥ならす　同くは辻切をして世を渡らは天晴《あっぱれ》よかるへけれ共　人の気々《きぎ》なれは力及はす

意訳すると、「武士の身には浮き沈みが珍しくない（立身を遂げるかと思えば浪人もする）したがってたとえ乞食をして露命をつないでも恥にはならない（いつかまた仕官して立派な武士になるかもしれない）。しかし同じく金銭を得るためなら、乞食をするより辻斬りをして金を奪うのが、天晴れ（武士にふさわしい）ではないか。まあ、武士（浪人）といっても人それぞれ。（貴殿が乞食をして日々を送っているのも）致し方ないが……」。

貞右衛門は、謡を唱って袖乞いをするより、辻斬り（すなわち斬取り）をして往来の人から金を奪ったほうが好ましい。いや、好ましいどころか「天晴」、賞賛に値すると述べているのだ。

この一例だけから問題の習俗が武士の世界で広く通用していたと断言するのは性急すぎるかもしれない。しかしすくなくとも十七世紀後半の越前国大野藩士の価値観に

〝斬取り強盗は武士の習〟がしっかり根を下ろしていた事実は確認されるのである。

さて、その後どうなっただろうか。

貞右衛門は金一両を路銀として喜左衛門に与え、「早々帰られよ　重《かさね》て城下へ来り給はゝ侍の面《つら》よこし也　人手には掛ましきそ」（二度と城下に姿をお見せなさるな。再びいらっしゃるようなことがあれば、侍の面汚しとして貴殿を生かしておかないだろう）と酷薄な言葉を浴びせた。

「かたじけない」と涙を流して立ち去った喜左衛門。ところが翌年、彼は再び城下に現れ、謡を唱って袖乞いを始めた。そうと知った貞右衛門は、深夜、明神社の拝殿の下に臥していた喜左衛門を引きずり出して、斬り捨てた。翌朝、貞右衛門は事の経緯を藩の大目付に報告し、話を耳にした藩主松平但馬守は貞右衛門のふるまいに感じいったという。

五　残酷な刑〈金沢藩〉――牛裂、釜煎ほか

女たちを火刑、磔、鋸引

血気壮んな武士や放埒《ほうらつ》な「かぶき者」が、刀の試し斬りや実戦感覚の維持のために（生きた人間を斬る感触を忘れないために）、ほとんど良心の呵責《かしゃく》なく、罪もない人々を辻斬りして憚《はばか》らなかった江戸時代初期。刑罰の世界では、どのような刑が執行されていたのだろうか。大方の予想通り、それはわれわれの想像を絶する過酷なものだった。

金沢（加賀）藩士の今枝直方《いまえだなおかた》（一六五三―一七二八）の『新山田畔書《しんやまだくろがき》』（一六九六年成立）から、加賀国金沢藩における〝罪と罰〟の様子をのぞいてみよう。

『新山田畔書』は、金沢藩の足軽山田四郎右衛門が著した『三壺記《みつぼき》』（『三壺聞書《ききがき》』）の記述の疑わしい箇所を改め、あわせて直方が私見を書き添えたもの。江戸初期の同藩の風俗や事件が詳しく記されている。同書から犯罪と刑罰に関する記述をいくつか拾ってみると。

慶長十四年（一六〇九）頃のことだという。

不破彦五郎（千五百石）に仕える女中（原文は「茶ノ間ニ仕壮女」）が、彦五郎の妻に毒薬「ヒサウ石」（砒霜石《ひそうせき》）を入れた茶を飲ませようとした罪で捕らえられた。彦五郎は容姿端麗な彼女と密通を繰り返し、もし妻が死んだら、お前を妻にする（「自然妻死タラハ其身ニ家ヲモ預ケ契ラン」）と「戯ニ《たわむれ》」（冗談で）語っていた。ところがそれを真に受けた彼女は、薬屋の大坂屋丹斎から砒霜石を買い求めて、小女《こおんな》（年若な召仕《めしつかい》）に毒入りの茶を運ばせたのだった。さいわい彦五郎の妻が口にしないうちに「虎毛ノ猫」が先に呑み、猫は二三歩でよろめき沫《あわ》を吐いて絶命。犯行は未遂に終わった。

さて、彼女にどのような刑が下されたか。藩は、彼女と丹斎そしてもう一人の女（編者の今枝直方は茶を運んだ小女と推測している）を牛に乗せて金沢中を引廻したうえ、「火罪」（火あぶりの刑）に処した。犯人の女中はともかく、丹斎は、共犯ではないと言い張ったが、聞き入れられなかった。

毒殺をはかったとはいえ未遂。火罪という極刑になったのは、主人の妻の殺害が主殺しに相当し、丹斎については毒薬を渡したことが重罪だったからであろう。

寛永二十年（一六四三）八月には、さらに無惨な処刑が執行されている。

その日、小松城下（小松城は金沢城の支城で前藩主前田利常《としつね》の隠居城）にある宮部家では、当主の弥三右衛門は登城し、息子の一郎右衛門は江戸滞在中だった。屋敷の人々はゆったりとした気分にひたっていたと想像される。しかしそんな気分は突然の惨事で吹き飛ばされた。

宮部の妻（一郎右衛門の母）がうたた寝していたところ、召仕の小女（十四歳）が突然脇差《わきざし》を抜いて、宮部の妻の右の頬先に斬り付けたのである。叫び声を聞いて年長の女中たち（「壮女共」）が駈け付け、小女を取り押さえた。

そうこうするうちに主人の弥三右衛門が帰宅。（妻が重傷を負っているのを見て）生きている間に息子に逢わせたいと、上司に息子の帰宅を歎願した。急遽《きゅうきょ》江戸を発った一郎右衛門はなんとか母に逢うことができたが、宮部の妻は看病の甲斐なく死去した。

犯人の小女の取り調べは、忌中が済んでから行われた。

犯行は十四歳（満年齢で十二歳か十三歳）の小女が単独で行ったものだった。彼女はなぜ主人の妻を殺そうとしたのか。尋問で明らかになった動機は次のようなものだった。

宮部の妻（奥方）はとても厳しく、召仕の女たちをいつも荒々しい言葉で叱っていた。小女も奥方をたいそう恐れていた。

ある日、小女は奥方に届けられた木実を預かったが、誰かに盗まれたのか、鼠《ねずみ》が食べてしまったのか、木実は消えてしまった。

大変。奥方が知ったらどんなにひどい折檻《せっかん》を加えるかもしれない。恐怖のあまり、小女は「奥方を殺して私も自殺しよう」（「妻ヲ弑《ころし》我身モ自殺セント」）と決心して奥方に一刀を浴びせた（彼女はそう白状したのである）。

犯人はまだ子ども同然の年齢。しかし主人の妻を斬り殺した罪は重く、馬で「今江ノ松原」（現在の石川県能美郡のうち）に連行されたのち「竹鋸《たけのこぎり》ニテ為引《ひかせ》　其後磔《はりつけ》ニ被仰付《おおせつけらる》」と『新山田畔書』は記している。

竹製の鋸で傷つけられ、息があるうちに磔となり、左右から幾度も槍で突かれたのだろう。想像を絶する肉体的苦痛を与えたうえで、彼女は命を奪われたのである。

なお『加賀藩史料』によれば、同藩では二年前の寛永十八年（一六四一）十二月二十八日にも、十三歳の女子が鋸引の刑を科されている。罪状はさだかでない。

戦国時代以来の極刑「牛裂」「釜煎」

残酷な処刑法と言えば、同藩では「牛裂《うしざき》」「釜煎《かまいり》」といった究極の死刑も執行されている。「牛裂」は手足を二頭ないし四頭の牛に繋ぎ、牛をそれぞれの方向に走らせて罪人の身体を引き裂く刑。「釜煎」は油か水を沸騰させた大釜に罪人を投げ入れる刑。いずれも戦国時代に行われた極刑だが、十七世紀の金沢藩でも存続していた。『加賀藩刑事記録索引』によれば、元和《げんな》八年（一六二二）に持筒《もちづつ》足軽が「衆道《しゅどう》ノ事ニテ」（男色《なんしょく》のもつれで）牛裂の刑を科され、元和四年には、姦通の末に夫を殺害した金沢の女（田上弥右衛門妻たね）が釜煎になっている。

釜煎は寛文六年（一六六六）にも行われた。この年四月十六日、主人の家に放火し銀子《ぎんす》を盗み取った「ねい」という女が、犀川《さいがわ》と浅野川の橋で晒《さら》されたのち犀川の河原で釜煎の刑に処せられた。「ねい」はそれまでも数ヶ所の奉公先で放火を重ねていた。『加賀藩史料』所載の『金沢古蹟志』によれば、このとき使われた大釜には念仏が鋳《い》付《つ》けられ、蓋には首を出すための「首穴」があったという。

「引張切」と「生胴」

寛文八年（一六六八）には今枝牛之助の若党田中半之丞が「引張切《ひっぱりぎり》」の刑に。これも戦国期から踏襲された刑罰で、文字通り手足を左右に引っ張って斬り殺すものらし

図3　「牛裂」の図（『難福図巻』模写本より）

『難福図《なんぷくず》巻《かん》』は、円山応挙《まるやまおうきょ》が、円満院の祐常《ゆうじょう》門主の注文で明和五年（一七六八）に完成させた作品。全三巻で、上巻に天災や禽獣《きんじゅう》に襲われる不幸、中巻に盗賊・拷問・処刑などの惨状、そして下巻に幸福な家族や夫婦の様子が描かれている。祐常が図巻を製作させたのは、この世の地獄と天国を写実的に描いた図によって人々を教化するため。応挙は人生の至福と惨劇を写実的に描いているが、処刑の図の中には、当時行われていなかった「牛裂」の刑も見える。美術史家の馬渕美帆氏は、応挙が「刑罰を戦国時代以来の本来の姿、つまりより普遍的な形で描きたかったためだと想像される」と、その理由を忖度《そんたく》している（「円山応挙筆〈難福図巻〉について―難の図を中心に―」）。『難福図巻』は承天閣美術館蔵。本書に掲載したのは、原本を模して明治二十三年（一八九〇）に刊行された『難福図』。　国立公文書館蔵い。首を打ち落とす斬首刑よりはるかに残酷な刑と言えるだろう。

金沢藩ではまた「生胴《いきどう》」、罪人を生きたまま試し斬りする刑が、十八世紀後半まで執行された。

『御刑法抜書』をひもといてみよう。寛文五年（一六六五）に丹羽織部の草履《ぞうり》取り彦助と「御馬捕《とり》」（藩主の馬の口取り）市郎右衛門の妻「みつ」が、市郎右衛門が江戸在勤で留守中に密通。夫の帰宅後、「みつ」と彦助は浅野川の河原で「生《いき》つり胴《どう》」にされたという。身体を吊り上げ、伸びきった状態にして生きながら試し斬りされたのである。

それからほぼ百年後、宝暦十三年（一七六三）には、主計町の白銀屋与左衛門が盗賊と博奕《ばくち》、密通等の罪で「生胴」になった。

そして明和七年（一七七〇）には、主人の姉と密通し、相対死《あいたいじに》（心中）を試みた東方源太夫（金沢藩士松平内匠の家来）が、主人の姉を刺し殺したのち自害をはかったもののの死にきれず、「生胴」にされた。

縁座の制――罪人の乳飲み子まで対象に

残酷な極刑と並んで目をひくのは、縁座《えんざ》（縁坐）の制である。

縁座とはなにか。『国史大辞典』によれば（執筆者は石井良助）、それは「特定の犯

図4　「釣胴」仕掛の図

試し斬り（据物《すえもの》斬り）の専門家と言えば、山田浅《あさ》右衛《え》門《もん》がよく知られているが、山野勘十郎はその先輩格（初代の勘十郎は一六六七年没）。図は『山野流伝書』に見える「釣胴」（囚人等を釣り上げて胴を斬る方法）の仕掛を描いたもので、解説には次のように記されている。

――囚人の手首を縄で固く縛り、足も屈折させて縛る（身体の自由を奪う）。さらに腹に適当な重さの石を付け、棒（横木）の先に囚人の手を掛け、程よい高さまで身体を引き上げる。こうすれば「胴ブラメカズ」（胴がふらふら動かず）試し斬りしやすい。目隠しをするのは言うまでもない――。

『山野流伝書』には、他に「生袈裟《いきげさ》」「死袈裟」「立袈裟」「二ツ袈裟」「歩袈裟」など各種袈裟斬りの方法（「二ツ袈裟」は二人重ねて切断する）も。　静嘉堂文庫蔵罪につき、犯罪人の親族にも刑事責任を負わせる制」で、「親族関係に基づかないで、連帯責任を負わせる」連座とは異なる。

縁座という言葉は中国の律に由来するが、わが国でも古くから行われ、『養老律』（七五七年施行）では謀反《むへん》・大逆・謀叛《むほん》の重大犯罪に限って適用された。

中世の武家の時代になると、縁座の適用範囲は広がり、さほど重大でない罪でも犯罪人の親族が処罰されるようになり、戦国時代には、「当時の刑罰の目的が一般的予防主義（威嚇《いかく》主義）を基調とした結果」頻繁に行われ、その影響は江戸時代前期にも残存したという。

縁座の制はその後どのように修正されたか。その問題には後で触れることにして、『新山田畔書』に戻って、十七世紀における金沢藩の例を拾ってみよう。縁座の対象になったのは妻や親兄弟等だけではない。犯罪人の子どもというだけの理由で、乳飲み児まで容赦なく命を奪われていた。

高徳公（初代藩主・前田利家《としいえ》）の小姓杉江左門はのちに兵介と称し、金沢で二千石を領した。この左門の家来が米を売り払った代銀を着服して姿を消した。家来には妻と十五歳の息子がいたが、二人は犀川の坂の上で磔に掛けられた。

息子はすぐれて美少年で、恋慕する若者が多く（「此子勝《すぐれ》テ美童故執心セシ者多」）、磔に掛けられると聞いて、身代わりになりたい、殉死したいと願う者もあったとか。

（刑の執行後も）毎夜密かに磔の下（磔になった少年の屍《しかばね》の下でという意味か）に来て念仏を唱え、あるいは香や花を供える者がいたということだ。

代銀を着服した家来の妻子が縁座の刑で磔に掛けられた年はさだかでないが、十七世紀前半だったと推測される。この話、息子が美少年だったので男色悲話の色彩を帯びているものの、酷《むご》い処刑が行われた事実に変わりはない。

正保四年（一六四七）にはこんな例も。

同年三月十九日、前田利常は小松城を出立して江戸へ向かった。正保二年に藩主光《みつ》高《たか》が急死し、跡を継いで新藩主となった綱紀《つなのり》はまだ三歳。以来利常は、隠居の身でありながら、綱紀の後見役を務めていた。

事件は途中の鴻巣《こうのす》宿の辺で起きた。容貌麗しく利常のお気に入りの家来だった石黒権平と江守彦左衛門の若党が道中のトラブルから喧嘩となり、若党が権平に傷を負わせ逃亡したのである。権平は看病の甲斐なくその日の暮れ方に鴻巣宿で死亡。江戸に着いた利常は国許に飛脚を送り、若党の親兄弟と請人《うけにん》（保証人）の計六、七人を火あぶりにするよう命じた。逃亡中にこのことを知った若党は……。以下は原文。

此ヲ聞テ彼者《かのもの》股《もも》ヲ切　血ニテ私親請人等御赦免《ごしゃめん》被下《くだされ》候ヘト書置シテ板橋ノ一里山ニ上リ自害シテ失《うせ》ヌ　板橋ヨリ註進ニ因《より》テ　親請人ナトノ御免　以脚力被仰遣《おおせつかわさる》処ニ　跡ニ成テ無益

若党は自身で股を切り、流れ出る血で「親や請人の命は助けていただきたい」と遺書を認《したた》めたのち、板橋の一里塚の上で自害を遂げた。板橋宿からの注進で血書の内容を知った利常は、再び飛脚を発して縁座の刑を中止するよう指示したが、すでに刑は執行されていたという。

縁座の刑では、さらに悲惨な場面も。

慶安五年（一六五二）、夜盗の集団が領内を荒らし回っていた。家人を縛って家財を盗み取り、斬り殺して逃亡する。主人が江戸詰めで留守の足軽宅に盗みに入ったときは、女子どもを殺害して家の中に埋めた。

極悪非道の犯行が繰り返された。

そんな彼らもついに捕縛され、九人並べて火あぶりにされた。

ここまでは、当時の刑の重さを考慮すれば、極悪人に対する処刑として理解できないでもない。理解を超えているのは、彼らの幼少の子どもたちまで処刑され、しかもその首が次のように扱われたことである。その場面を原文でご覧いただこう。

此者トモ山口ノ山ノ根ニテ九人並テ火罪ニ被処《しょせらる》　幼少ノ子二人有テ　親共ノ目前ニテ首ヲ討　親々ニ抛付《なげつけ》渡シケレハ　其首ヲ抱テ黒焦ニ成テ死ス　其ヨリ盗賊無《なく》也《なり》テ領内安堵《あんど》シケル

幼い子どもたちの首を親（罪人）の目の前で斬って、それぞれの親に投げ渡した。親たちはその首を抱えて火刑に処せられ、黒焦げになった。

これらの処刑は公開され、多くの人々が見物に訪れたと思われる。一部始終を目撃した人々はあまりの酷さに言葉を失い、かつ恐懼《きょうく》したに違いない。その結果、領内では凶悪な盗賊が姿を消し、人々は安心して暮らせるようになったという。見せしめとしての刑の執行は、酷ければ酷いほどよかった。

六　残酷な刑〈会津藩〉――松明焙ほか

縁座の刑の執行と免除

次に会津藩の正史『家世実紀《かせいじっき》』から、同藩でどのような刑罰が行われていたかを見てみよう。

『家世実紀』は、初代藩主の保科正之《ほしなまさゆき》から七代藩主松平容衆《かたひろ》（注・保科家は三代藩主正容《まさかた》のとき松平の姓を与えられた）に至る藩の歴史を二百七十七巻にまとめたもので、文化十二年（一八一五）に完成。藩士や領民のさまざまな事件が詳細に記録されている。

まずは金沢藩に引き続き、縁座の事例から。

寛永十九年（一六四二）のこと。足軽の七左衛門・山寺村の主計・同村新助の三人が共謀して次右衛門の下女を誘拐し（「勾引出《かどいだし》」）、仙台で売った。三人のうち主計は妻子を連れて駈け落ち、新助は妻子を捨てて逃亡。七左衛門だけが捕らえられ磔《はりつけ》となり、三人の子も処刑された。その後、主計が仙台に潜んでいることが発覚。主計と妻子も捕らえられた。協議の結果、同年三月、主計とその子金蔵が磔に。

保科正之（一六一一―七二）が出羽国山形城主から陸奥国会津城主に転じたのは、寛永二十年（一六四三）七月。したがって右は正之が山形藩主だったときの事件である。

下女を誘拐して売り払った三人の犯人のうち、逮捕されたのは二人で共に磔。うち一人には三人の子どもがあったが、いずれも「成敗」（斬首であろう）となった。そして捕らえられたもう一人の犯人の子は、親同様、磔に。同じ縁座でも刑が重かったのは（といっても死刑に変わりはない）、年齢が高かったからだろうか。

正之が会津藩主となって四年目の正保《しょうほう》三年（一六四六）の九月二十三日、中田付村の清六と源六郎の妻そして清六の忰《せがれ》が磔の刑に処せられた。

清六と源六郎の妻は、不倫関係（「密通」）を結んでいたばかりか、源六郎を殺害した。源六郎の親類の訴えで取り調べたところ、犯行を白状。二人が極刑になるのは言うまでもない。

問題は清六の子で十七歳になる太郎だった。太郎は親の犯行を知らなかったのだから無罪にすべきか、それとも重罪人の子だから「誅伐《ちゅうばつ》」（＝死罪　死体は試し斬りになる）にすべきか、江戸に伺《うかがい》を立てたところ、太郎も清六や源六郎妻と同様に磔にすべしとの判決が下された。

国許《くにもと》からの伺に対して、江戸藩邸で決定を下したのは藩主の保科正之だろうか。なにも知らなかった太郎を縁座として処刑したのは見せしめのためだとしても、重罪人の父同様に磔というのは、いかにも酷い。

これとは対照的に、江戸藩邸（藩主）が国許の判断を承認して縁座の刑が免除されたケースもある。たとえば慶安五年（一六五二）六月の強盗殺人事件では。

中沢村の八助は、杉山村の甚三郎と同道して江戸から帰る途中、甚三郎を殺害して所持金や衣類を奪い取った（六月五日）。

翌日村に帰った八助は、親と兄と共に捕らえられ、拷問の末、八助の単独犯だったと判明。八助は殺害現場で磔にされることになったが、このケースでも、八助の親と兄を処刑すべきかどうかが問題になった。

藩の重役たち（「加判《かはん》之者共」）は、殺害の様子を知らない親と兄は助命したい旨

（「御慈悲に此両人御赦免被成度由《ごしゃめんなされたきよし》」）言上。

江戸の決定は「殺害現場で八助を磔にせよ」というもので、親と兄の縁座には触れていない（すくなくとも『家世実紀』には）。

六月二十八日、八助の磔刑《たっけい》が執行された。

重役たちの要望にそって、藩主が「御慈悲」で縁座を赦免（刑の免除）したのであろう。

父と共に息子も処刑してくれ、と親族が懇願

縁座の刑をめぐっては次のようなケースも。

東河原村の清十郎は、慶安四年（一六五一）、親から譲られた金を何者かに盗まれた。犯人はその頃下人《げにん》として召し使っていた久七だった。

承応《じょうおう》二年（一六五三）二月、清十郎は久七とその父のもとを訪れ、残金だけでも返すよう求めた（そうすれば訴えないと）。ところが父子は盗んでいないと言い張り、逆に清十郎を訴えると言う。仕方なく父子を訴えた清十郎。郡役所で取り調べた結果、久七父子は入牢を申し付けられた。

すると清十郎はこう懇願した。「久七父子はきっと死刑になるでしょう。親から譲られた金が原因で二人の命が奪われたら、両親の後世《ごせ》の障りになるに違いありません。両親が来世で安楽に過ごせるように、ぜひ久七父子の命を助けてください」。

結局、久七父子は処刑と決定し、盗み取られた金子は、親孝行で「奇特」な（心がけのよい）清十郎に下された。

久七の父親は盗みに関与していたかも知れず、その処刑は縁座とは言いがたい。しかし処刑された久七の親族は父親だけではなかった。『家世実紀』には「久七儀は不及申《もうすにおよばず》 親勘右衛門 幷《ならびに》 久七悴当歳《とうさい》之水子共迄《まで》誅伐申付」と記されている。久七と父親の勘右衛門だけでなく、その年に生まれたばかりの久七の子どもまで命を絶たれた。

明暦三年（一六五七）八月にも無惨な縁座の刑が執行されている。

藩の「御部屋御納戸」を務める松原権右衛門が、同所付の坊主衆、宗喜・円楽・宗味と共謀して、御納戸の品々を「私曲」した（密かに持ち出したのであろう）事実が発覚。藩主（正之）は重罪に処すべしとし、権右衛門・宗喜・円楽は打首（「討首《うちくび》」）となり、分け前を受け取らなかった宗味は追放となった。

権右衛門の母と妻と娘は、死刑はまぬがれたものの追放。彼女たちの命が助けられたのは、権右衛門の二歳の男子が刺殺されたからだった。ほかに円楽の三歳の男子も斬り捨てられた。

『家世実紀』には「権右衛門弐歳之男子壱人則《すなわち》差殺之」とある。可愛い盛りの二歳（満年齢なら〇《ゼロ》歳か一歳）の一人息子は、祖母と母そして姉の、いわば身代わりになって刺し殺されたのである。幼子の惨殺を母や祖母ほか親類の人々はどんなに悲しんだことか。

血縁の人々の悲しみ。ところが翌万治《まんじ》元年（一六五八）には、親類の人々が、殺人犯の息子の処刑を藩に求めるという異例の一件が記録されている。

坂下村の長兵衛は、理由もなく四人に傷を負わせた。以前にも同様の悪事を繰り返し、人を死に至らしめたことも（「先年も人を殺致悪業候」）。長兵衛は当然死刑が決定したが、二人の息子も共に処刑していただきたいと、長兵衛の親類と坂下村の百姓たちが訴えた。

理由は、息子たちは性格が父親に似ていて、これまで特段の悪事は犯していないが、いずれ悪事をはたらくに違いないから、というものだった。藩は当初は二人の息子の縁座は考えていなかったようだが、親類と百姓たちの訴えを受け、村人からも親類からも危険視されている事実を重視して（「父之心根に不替《かわらず》徒《いたずら》者之由諸人に被見立《みたてられ》　親類にも被悪《にくまれ》候気性に候上は　末々悪事可仕候」）、二人を親と同罪、すなわち死刑と決定した。

「松明焙」という過酷な刑

会津藩でも金沢藩同様、過酷な刑が執行されている。

明暦三年（一六五七）、法華寺の弟子の雲竜という十三、四歳の少年が放火（「付《つけ》火《び》」）を繰り返した罪で処刑された。

雲竜はお経を読み習うのに飽きると、悪戯《いたずら》で火を付けていた。悪意があったわけではない。火を付けると「火事だ、火事だ」と叫び、すぐに自分で火を消していた。なぜこんな悪戯を。それは火事と聞いて大勢が騒ぐのが面白く、おまけに火事を知らせたことを褒められるからだという。

悪戯とはいえ付火の罪はまぬがれない。雲竜は火あぶり（「火焙」）の刑に処せられた。ただし悪意をもって火を付けたのではないので、母や兄弟の命は助けられた。

十代前半の少年（子ども）が悪戯で火を付けても、容赦なく火刑に処したのである。翌年（万治元年）には、「松明焙《たいまつあぶり》」というさらに過酷な刑が。

薬師寺の名子《なご》（小作農）太左衛門が米を盗んだうえ寺に火を付け、薬師寺は焼失した。

「速やかに白状すれば、妻子の命は助かる（縁座にしない）かもしれぬ。正直に申し述べよ」。郡《こおり》奉行にそう言われて、太左衛門はありのままを申し上げた。

太左衛門は火あぶり（「火焙」）に処すべきだが、妻子はどうするか。「加判之者」（藩の重役）が評議して申し上げたところ、（裁定は）太左衛門は大罪を犯した者であり、妻子と共に方々引廻し晒《さら》し者にしたのち「松明焙」、妻子には「誅伐」（死罪）を申し付けよ、というものだった。

最後のくだりの原文は、「大罪之者に候間　太左衛門幷妻子共に方々引晒《ひきさら》し　太左衛門は松明焙　妻子共は誅伐可申付旨被仰出候」。

白状すれば妻子の命は助かるはずだったのに……。騙《だま》されたうえに松明焙に処せられた太左衛門はさぞかし憤慨したに違いない。
ところで松明焙とはどのような刑なのか。さいわい天和《てんな》四年（一六八四）の自跋《じばつ》（著者・編者自身が書いた「あとがき」）がある横田俊益《とします》編『土津霊神言行録《はにつれいじんげんこうろく》』にその概略が記されている。「土津霊神」は保科正之の諡号《しごう》。同書はすなわち保科正之言行録にほかならない。さて、松明焙の処刑法とは。

作大壇　植一木　以首械繫罪人　令両手抱竹輪　而束麻葦燃之　左右前後持之焚之　罪人踊躍而死

意訳してみよう。――土を盛り上げた壇に柱を立て、罪人に首枷《くびかせ》をして柱に繫ぎ、両手で竹製の輪を抱えさせる。麻や葦を束ねたものに火を付け、前後左右から罪人の身体を焙る。罪人はもがき苦しみながら死に至る――。

「名君」保科正之は松明焙を全廃したか

ところで『土津霊神言行録』は、松明焙や牛裂、釜熬《かまいり》（釜煎）のような刑が行われたのは、寛永四年（一六二七）まで会津の領主だった蒲生《がもう》氏の時代（「会津先太守蒲生氏之世」）のことだとしている。保科正之がこれらの酷刑について次のように述べたとも。

是皆惨酷之至也　於此命有司曰　自今以後勿行此刑　若有火罪者　当以烈火急焚殺之　如焼松炙可謂嬲殺也　又可謂弄刑也　況牛裂釜熬之刑一切不可用矣

——これらの刑は残酷極まる。正之公は役人に今後はこのような刑を行わぬよう命じ、もし火罪を執行する場合には、罪人が即座に絶命するように烈火で焼くよう指示した。（罪人を時間をかけて苛《さいな》み殺す）松明焙は嬲《なぶ》り殺しに等しく、刑をもてあそぶもの（嗜虐《しぎゃく》的な刑）であると。もちろん牛裂や釜熬の刑も決して行ってはならぬと仰せられた——。

正之が松明焙の刑を禁じたのがいつだったのか、『土津霊神言行録』には明記されていない。また万治元年に「加判之者」たちに対して太左衛門を松明焙にせよと命じたのが正之であったとは断言できない（とはいえ『家世実紀』の記述ではその可能性が高い）。

正之の死から百五十六年後に成立した『千年《ちとせ》の松』と題する保科正之伝にも、ほぼ同じ話が載っている。

先封蒲生家の頃は、牛裂・釜煎・明松焙などゝ申す惨毒の刑法、被行来《おこなわれ》り候場所に候処、此頃の事に可有之候哉、其様子被聞召《きこしめされ》、いかに罪科有之ものに候ても、無慈悲至極なる儀、自今以後如 斯《かくのごとき》刑法は、御用被成《おもちいなされ》まじき旨御意被遊候、就中《なかんずく》明松焙と申すは、なぶり殺しにて、刑を弄《もてあそ》ぶと申すにて候とて、特に御嫌ひ被遊候由に候、今以て蒲生家の頃相用ゐ候釜二ッ相残り居候

『千年の松』の編者は会津藩士大河原臣教《おおがわらおみのり》（通称は長八）である。右のくだりは『土津霊神言行録』にもとづいて書かれたものだが、すでに『家世実紀』が編纂されていたにもかかわらず、大河原臣教は正之が松明焙（「明松焙」）を「無慈悲至極」の刑であると嫌悪し、その執行を禁じたと記している。

正之の時代に「松明焙」が行われたというのは『家世実紀』の誤記なのか。それとも名君保科正之を顕彰するあまり、歴史の事実が歪曲されたのか。

松明焙の刑だけではない。縁座に関しても、『土津霊神言行録』の記述には事実と異なるところがある。

ある日、正之は「賀州綱利《つなとし》」から縁座について質問された。「賀州綱利」は、金沢藩主前田加賀守綱利（のち綱紀《つなのり》）。正之の四女於松《おまつ》の夫である。

ある日、綱利（綱紀）が、正之に尋ねた。

「当藩（金沢藩）の法では、父が死刑のときは、その子も斬られることになっていますが、それでいいのでしょうか。貴国（会津藩）の法を教えてください」

原文は「父罪当死刑　則其子男亦被截《またきらる》　是《これ》子領内之法也　然不知其当否也　願聞貴国之法矣」。綱利は、舅の正之に縁座の是非を尋ねたのである。

正之は「諸藩の法は存じませんが、わが藩では、父が磔のときはその子は斬、父が斬罪のときは子は死刑をまぬがれることになっています」と答えたという。父が磔刑になるような大罪を犯したときは、子は死刑。父が通常の死刑（斬罪）の場合は、子の命までは奪わないというのだ。

ところがこれにも例外があったようで、先に紹介した明暦三年（一六五七）の事件では、松原権右衛門と坊主衆の刑が磔ではなく「討首」（刎首《ふんしゅ》）だったにもかかわらず、権右衛門の男児はわずか二歳で殺された。

明暦三年と言えば、『家世実紀』は、同年二月二十三日に、放火犯は極刑に処すべしと「被仰出《おおせいだされ》」たと記している。仰せ出された（命令を下した）人物は、とりあえず藩主正之のほかは考えられない。

火の用心に油断なく努めよ。そう述べたあとで、正之は、次のように命じている。

幷《ならびに》 火事之節拾《ひろい》物仕《ものつかまつるもの》 者有之候は丶 盗人同罪に屹度《きっと》誅伐可申付候 尤《もっとも》拾候
手元見候は丶其侭《そのまま》致討捨候ても不苦候 自然火附候者有之候は丶 たい松あぶり
或《あるい》は火あぶりに可申付候

火事のとき、拾った物を着服した者は盗人と同罪と見なし、「誅伐」（死罪）に処すというのだから極めて厳しい。他人の物を拾っている者を目撃したら、その場で討ち捨ててもかまわないというのも、いささか異常な過酷さだ。しかしそれにもまして目を惹くのは、もし放火犯（「火附候者」）がいたら、これを「たい松あぶり」（松明焙）または「火あぶり」にせよと命じている点である。どうやら正之は、『土津霊神言行録』等が伝えるのとは異なり、松明焙の刑を全廃しなかったようだ。

明暦の大火と松明焙

保科正之の名君伝説に秘められたウソ。

もっとも、儒学の教養と為政者としてのセンスをあわせ持っていた正之（藩主としての功績や名君ならではの逸事等については、中村彰彦氏の一連の著作をご覧いただきたい）が、にもかかわらず残酷極まる松明焙の執行を命じた背景にも配慮しなければならない。

なぜこのような酷い刑を命じたのだろうか。『家世実紀』は続いて「只今之時分に候間　加様之咎人《とがにん》は見懲《みごらし》之ため　日来《ひごろ》より厳誅伐可申付旨被仰出之」と記している。「今だからこそ、このような罪人は、見せしめのために、いつにもまして厳しく処罰しなければならない」というのである。

正之が放火犯に対して松明焙の執行を命じた明暦三年二月二十三日は、十万人以上の死者を出し、江戸城天守閣も焼け落ちた未曾有《みぞう》の大火（明暦大火）から一ヶ月余りしか経っていなかった。正之が大火の後、被災者の救済や焼死者の供養に尽力したことはよく知られている（中村彰彦『保科正之』）。そんな彼だからこそ、緊迫した状況下の特別措置として、あえて松明焙《は》の刑を命じたのであろう。

そういえば、同年八月に首を刎ねられた権右衛門らについても、『家世実紀』は「時分柄《じぶんがら》」（時節が時節なので）「弥《いよいよ》 重罪之者ニ思召候」（通常より彼らの罪を重く思し召された）と記している。そして「時分柄」には「当正月十九日　芝御屋敷御類焼之砌《みぎり》之事之由申伝候」という注記を添えている。会津藩の芝の屋敷が類焼した明暦の大火のからみで、権右衛門らの罪は特に重く見なされたようだ。権右衛門や円楽の子が、父が磔ではないのに殺害されたのも、明暦大火後の特殊な事情だったと言える。

情況に応じて刑罰を過酷にした保科正之。それは、放火や火事場泥棒に過酷な刑を下さないと、明暦の大火のような惨事が繰り返され、ひいては幕府の統治が揺るがないとも限らないという強烈な危機感によるものだった。

主人や父母に対する「罪」の重さ

松明焙や保科正之の話はこれくらいにして、会津藩の過酷な刑の事例に戻ろう。もっとも「過酷」というのは、あくまで現代の感覚で、正之が藩主だった時代には、それなりに妥当な刑だったのかもしれないのだが。

慶安四年（一六五二）九月二十七日、柴田平兵衛の若党長兵衛が「誅伐」（死罪）になった。罪は主人の平兵衛を脇差《わきざし》で傷つけたこと。というと重罪を犯したようだが、実はそうではない。平兵衛が「乱心」して家内の者を殺害したため、長兵衛は座敷の入口を閉ざして身を潜めた。ところが平兵衛に発見され斬り付けられたので、やむなく脇差を抜いたのである。

長兵衛にすれば、脇差を抜いたのは狂乱した主人に対する必死の抵抗だった。しかし正当防衛は認められず、長兵衛は、乱心した主人に斬り付けられたからとはいえ、主人に傷を負わせた罪は重い（「主人気違とは乍申《もうしながら》　手疵《てきず》を為負《おわせ》候儀不軽候間」）として死刑となった。

主人に対する「罪」は、それが以前に仕えた「古主《こしゅ》」であっても、厳しく罰せられた。たとえ現在は主従関係がない場合でも。

東原源右衛門に仕えていた彦兵衛は、その後「暇を取《とり》」（主従関係を絶って）、郡奉行の同心となった。ところが彦兵衛は源右衛門方を訪れ、慮外《りょがい》な（無礼な）ふるまいをした。源右衛門は彦兵衛を訴え、承応三年（一六五四）十一月十六日、彦兵衛は古主に不敬をはたらいた罪で「打首」に。

彦兵衛がどのようなふるまいをしたのか、『家世実紀』は記していない。彦兵衛は、源右衛門に仕えていたときから不届《ふとどき》を繰り返していたが、源右衛門は大目に見て罰さなかったという。そんな恩がありながら、無礼をはたらいたのが重く罰せられた理由だった。

それにしても、以前仕えていた「古主」に対して無礼があったというだけで首をはねられるとは……。

同じ年（承応三年）十二月二十二日には、楢原《ならはら》村の左門が、楢原街道で若松町の吉左衛門と口論の末財布を奪った罪で、処刑されたうえ獄門になっている。

これまた犯行時の具体的な様子は記されていない。しかし相手を殺傷するでもなく、財布を強奪しただけで、首をはねられ梟首《きょうしゅ》（晒し首）にされるのは、過酷と言わざるをえない。左門の首は楢原村で獄門に掛けられた。

盗みの罪の重さ。不孝の罪の重さはさらに顕著だ。

彦兵衛が処刑された同じ日、足軽太兵衛の養子伝三郎が、酔って太兵衛と実母に斬り付け負傷させた罪で、処刑された。養父と実母に刃を浴びせた行為がこの上ない重罪とされたのである。

見せしめのため、「此者酒に酔　実母幷養父を切　手を為負《おわせ》無類成悪人故　如此《かくのごとく》行候」と罪状を記した札を立て、伝三郎は火あぶりとなった。養父と実母にどの程度の傷を負わせたのかはさだかでないが、おそらく軽傷と重傷の別なく、正之は同じ判決を下したと思われる。傷の程度に関係なく父母を傷つけというだけで、火あぶりに十分値したのである。

言うまでもないことだが、残酷な刑が頻繁に執行されたのは、戦国から江戸前期の日本だけではない。嗜虐的としか言いようのない過酷な刑は、中国でも西欧諸国でも行われていた。

古今東西の残酷な刑の事例を紹介した書物はすくなくない。ここでは、アンシャン・レジーム（一七八九年のフランス革命前の社会）における事例を、風早八十二《かざはややそじ》氏がチェーザレ・ベッカリーア『犯罪と刑罰』を翻訳した際に加えた「注」の中から拾ってみよう。

アンシャン・レジームにおいては、神に対する不敬罪は、大逆罪として極刑に処せられた。無神論、背教、異端、魔術等々。これらに対する刑罰として、「舌を切られ、そのあげく火あぶりにされた例が無数にある」。

キリスト教の聖者や司教、あるいは神聖な事物に対する不敬があった場合も、「重いものは両手を切り落とされ火刑にされるなどのざんこくな刑罰に処せられた」。

国家に対する叛逆《はんぎゃく》や、君主およびその子孫に危害を加える罪を犯した者にも、「まっ赤にやいた鉄のコテではさんだのち四つざきにされ、その死体をやいた灰をばらまくなどの極刑」が科される場合が多かったという。

風早氏はまた、一七六一年にフランスの都市トゥルーズで、七十三歳の老人が息子を殺害したとする冤罪《えんざい》で「車ざきの刑」に処せられ、老妻も「生きながらやかれた」事件も挙げている。

残酷な刑と言えば、中国では、罪人の肉を長時間をかけて削ぎ切る「凌遅《りょうち》」の刑がよく知られている。

罪人の試し斬り

金沢藩同様、会津藩でも罪人の試し斬りが行われた。承応四年（一六五五）二月、「かたり」（騙り＝詐欺）の罪で八人が捕らえられ、うち三人が「御道具様物《ためしもの》」にされ、あとの五人は処刑された。三人だけがなぜ試し斬りされたのかは記されていない。ともあれ三人は藩主の刀剣（「御道具」）の切れ味を試すため、生きながら斬り裂かれたのである。

正保三年（一六四六）七月には、人妻を誘拐し、逃亡中にこれを殺害した弥蔵という男が捕らえられ、処刑された。『家世実紀』には「悪逆者に究《きわまり》候故　加判之者共江戸へ不相伺　御道具も有之候故成敗候様にと申付　追て言上之」と記されている。協議の結果まぎれもない悪者と判断した「加判之者共」（藩の重役たち）は、江戸の正之に伺を立てず、藩主の刀の試し斬りのため、弥蔵の身体を用いるよう命じたのだった。

七　残酷な刑〈大坂〉——上方式火あぶりの方法

新見正路の手紙

いわゆる残酷な刑は江戸の初期に顕著に見られたが、かといって江戸後期や末期にその姿を消したわけではない。江戸時代を通して執行された磔《はりつけ》や火あぶりの極刑は、たとえそれが「見懲《みごらし》」（見せしめ）のためだとはいえ、残酷無比そのものだった。

しかし極刑の執行を命じる側に変化が生じつつあったことも触れておかなくてはならない。こんなに酷い刑を執行してもいいのか。これでは官の仁慈が理解されず、逆効果ではないかというわけである。

そんな変化を跡づける一通の手紙が、町奉行の記録『天保撰要類集《てんぽうせんようるいしゅう》』御仕置之部に収められている。

天保二年（一八三二）二月、大坂西町奉行の新見《しんみ》伊賀守（正路《まさみち》）は、江戸北町奉行榊原主計頭《さかきばらかずえのかみ》（忠之《ただゆき》）と南町奉行筒井伊賀守（政憲《まさのり》）の両奉行に〝ある事〟の仕方（方法）を問合わせる手紙を書いた。

大坂西町奉行から南北江戸町奉行への手紙は、「春だというのに寒さが抜けきらない今日この頃ですが、御両人様とも安泰にお過ごしなされ珍重に存じます」（「未春寒退兼候得共　各様弥《いよいよ》御安泰可被成御座　珍重御儀奉候」）とごく普通の文章で始まるが、続いて書かれている問合わせの内容は、普通とは言いがたい。新見伊賀守はいったい何について問合わせたのだろうか。

それは放火犯に対する火罪（火あぶりの刑）の方法だった。大坂における火罪の執行法は前々からの仕来《しきたり》で江戸とは異なっているが、従来の大坂の方法では都合が悪い。ついては江戸における執行法をお伺いしたい、というのである。

大坂の伝統的な火あぶりの刑は、江戸とどう違うのか。新見の文章でご覧いただこう。

囚人咽《の》喉《ど》え鉄輪を入　鎖を付　右鎖を凡三尺程延　火罪柱え取付候迄にて惣身手足等縄にて縛候儀も無之　右柱より凡壱間四方隔　高さ三尺斗《ばかり》柴薪積重　囚人を取廻　出入口を明　風上所々より火を掛　焼立候

罪人には鎖の付いた鉄の首輪をする。鎖の長さは三尺（約九〇cm）ほど。鎖のもう

図5　京都の火罪の図（日本近世行刑史稿）

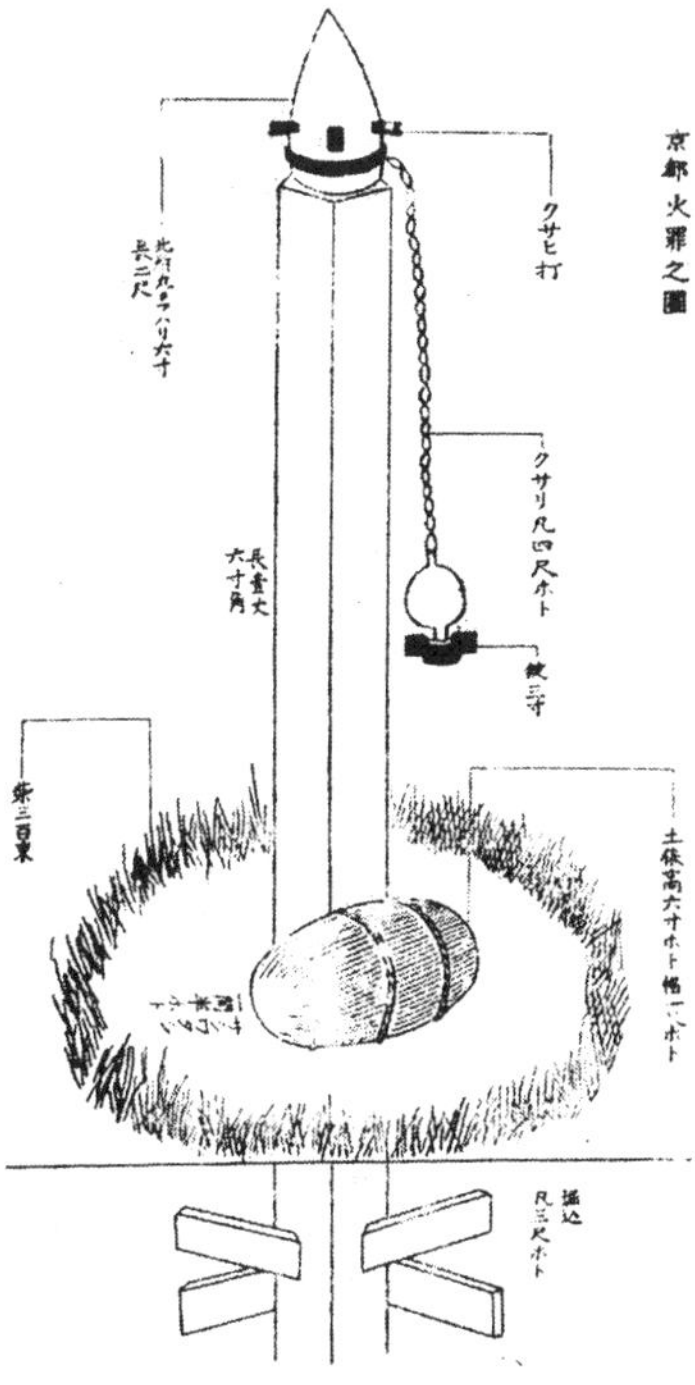

『日本近世行刑史稿』には、京都における火罪（火あぶり）の方法を記した京都刑務所旧記が「資料」として掲載されている。詳細は割愛。罪人の首縄は「随分ゆるく柱え結付」（鎖の長さは四尺ほど）とあり、松明焙と類似の方法だったことがうかがえる（大坂もほぼ同様か）。
周囲に積んだ薪や茅に松明で火を付け、大団扇であおいで燃え上がらせた。罪人が落命すると水を掛け、黒こげになった屍は七日間晒したのち処分されたという。

国立国会図書館蔵

一方の端は火罪柱（処刑場に立てられた柱）に繋がっている。罪人は首輪をされ鎖で柱に繋がれているが、縄で手足や身体を縛られていない。さて、柱から一間（約一八二cm）離して周囲に柴や薪を三尺ほど積み重ね、出入り口をあけ、風上から火を付けて焼き立てる。

するとどのようなことになるのか。

其間相隔有之　其上惣身手足も自由相成候に付　追々火移候に随《したがい》　火罪柱を駈廻り狂ひ候て容易に落入不申　譬《たとえ》は蒸焼同前之仕形にて

罪人と火の付いた柴薪の間は離れているし、（首輪で繋がれているほかは）身体も手足も自由であるため、罪人は、火が燃え広がるにつれて、熱さで狂ったように柱の周りを駈け回り、なかなか絶命しない。まるで蒸し焼きにしているようなものである。火あぶりというより蒸し焼きに近い火罪。罪人は顔を苦悶でゆがめながら、しかし容易に死に切れない。まさに残酷無比な情景である。新見は、「見懲之爲《ため》とは乍申《もうしながら》余惨酷之仕形に有之」（見せしめとはいえ酷すぎる）と書いている。

どうやらこの件については大坂城代の太田摂津守資始《すけもと》からも話があったようだ。とはいえ大坂の方法はいつ頃から行われたのかすら不明だという（「当表前々より之仕来

と相聞　濫觴不相分《らんしょうあいわからず》」）。江戸における火罪の方法を参考にしたいので、ぜひその詳細を教えていただきたい。新見は二月九日付けの手紙で、そう問合わせたのだった。手紙を受け取った榊原と筒井は、早速調査させ、江戸の火罪の様子を描いた絵図面二枚と手続書一冊を、同月二十二日、幕府の公金為替を扱う三井組を通して大坂へ送っている。

どのような絵図面と手続書が送られたのかは不明だが、北町奉行所組与力《よりき》で牢屋見廻り役を務めた蜂屋《はちや》新五郎が編集した『徳鄰厳秘録《とくりんげんぴろく》』（一八一四年成立）に、江戸の火罪の絵図が載っているので、これを挙げておこう（次頁の図6）。

江戸の火罪も残酷なことに変わりはないが、すくなくとも大坂や京都の方法より短時間で死に至ったと推測される。

藤井嘉雄『大坂町奉行と刑罰』によれば、大坂町奉行所の火罪執行法は、京都町奉行所のそれとほぼ同様であまりに残酷なため、奉行所内部でも批判があり、天保二年三月に江戸の方法に改められ、翌年四月二十一日に鳶田《とびた》の刑場で火罪が執行されたとき、初めて江戸の方法が用いられたという。

同書はまた、大坂の火罪執行数は江戸とは比べものにならないほどすくなく、天明五年（一七八五）から天保二年（一八三一）までの四十七年間は皆無だったと記している。

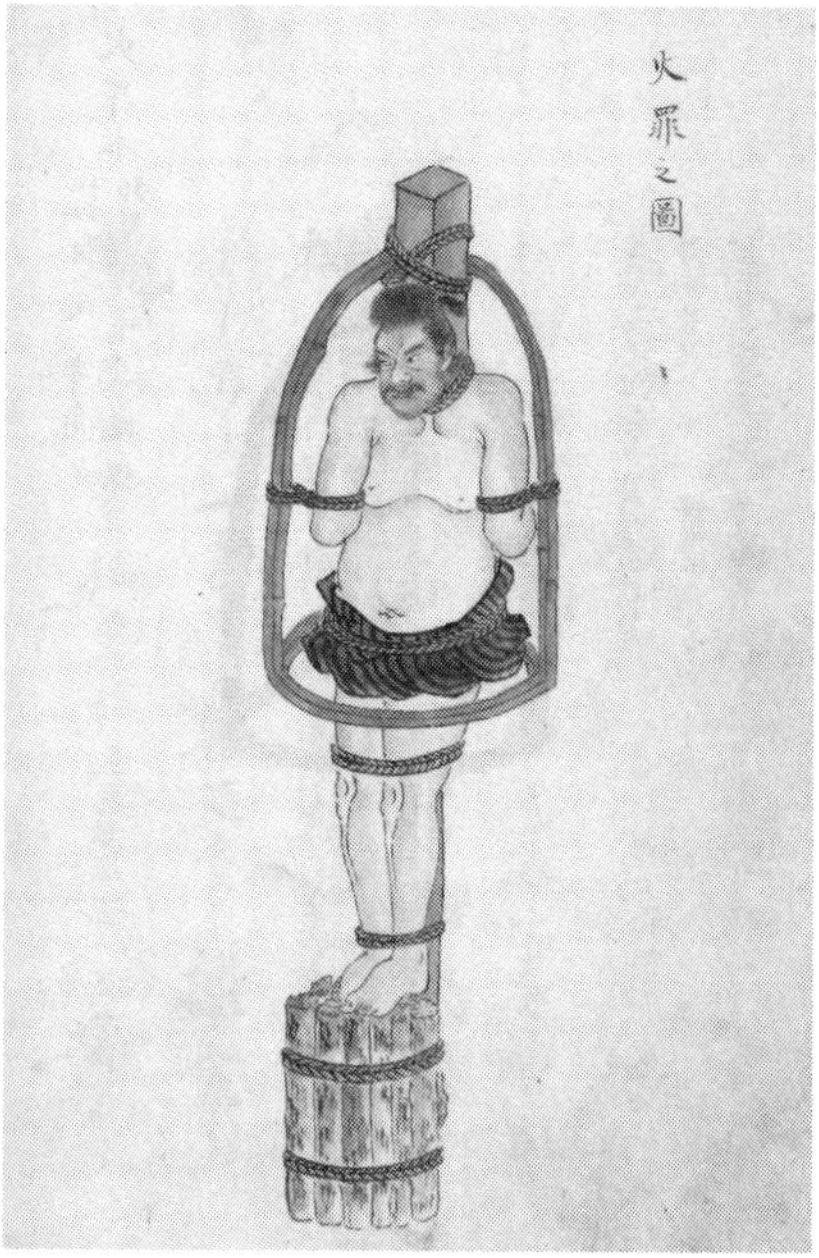

図6　江戸の火罪の図（徳鄰厳秘録）

親子二代にわたって牢屋見廻り役を務めた北町奉行所組与力の蜂屋新五郎が著した『徳鄰厳秘録』には、各種の刑罰の方法が彩色図を添えて解説されている。それによれば江戸では火罪（火あぶり）を行うとき、図のように罪人を火罪柱に縛り付けた。この方法だと罪人は大坂や京都の方法より速やかに絶命（焼死）したに違いない。火は莚《むしろ》であおがれ、焼死した頃を見はからって、罪人が男なら鼻と陰嚢を、女なら乳を焼いたとある。

国立公文書館蔵

稀《まれ》にしか執行されなかったため、時代遅れの残酷な方法が長年にわたって改善されなかったのであろう。

「天下の刑、東西異なるべからず」

平戸藩の老公松浦《まつら》静山《せいざん》も、新見正路の火刑改革について記していた（『甲子夜話《かっしやわ》続編』巻百）。

それによれば、大坂町奉行のとき、同地の火刑（火罪）があまりに残虐なのを改めようとした新見は、大坂城代や同役（大坂町奉行）の賛同が得られなかったにもかかわらず、単独で江戸町奉行へ手紙を出して幕府の許可を得たという（「新見一人東請《とうせい》して官允《かんいん》を得たり」）。

なぜそうまでして改革しようとしたのか。静山は、新見が「天下の刑、東西異なるべからず」（幕府が直轄する地域の刑法に東西で違いがあってはならない）という確固たる信念を持っていたから、と記している。

新見はまた、大坂の牢が低湿地にあり施設も劣悪なため、入牢者の九割もが病に倒れる状況を視察して「不慈の政なり」と慨嘆。江戸の牢屋敷に倣《なら》った新しい牢獄の建設を主張したという。これまた同役の賛同はなかったが、新見は幕府に強く訴え、その許可を得たとか。

新見はこう主張した（と静山は書いている）。「牢に入れられている者のほとんどは未決囚で、罪が決定したのち、死刑になる者もあれば追放や遠島になる者もいる。にもかかわらず牢内で死亡するのは天命に背くものだ」。まったくその通りである。

ちなみに新見伊賀守正路は和歌や和文に長けた教養人であり、江戸町奉行の榊原主計頭忠之と筒井伊賀守政憲も経験豊かな名奉行だった。大坂式の残酷すぎる火刑が普通に残酷な江戸式の火刑に改められたのは、これらすぐれた町奉行の尽力によるものだった。役者がそろっていたのである。

八　殿さまが処刑人

高松藩主の罪人試し斬り

「英公《えいこう》と節公《せっこう》の時代までは、諸大名が公儀の死罪人を一人ずつ申し受け（頂戴し）、江戸の藩邸で生袈裟《いきげさ》にしていた。これは当時の慣わしだった」

右は、讃岐国高松藩士小神野与兵衛《おがのよへえ》が著した『盛衰記』（『高松藩盛衰記』とも）の一節である。

「英公」とは、高松藩主の松平頼重《よりしげ》（一六二二―九五）。「節公」は二代藩主頼常《よりつね》（一六五二―一七〇四）にほかならない。頼重・頼常の藩主時代、すなわち寛永十九年（一六四二）から宝永元年（一七〇四）までは、諸大名が試し斬り用に幕府から罪人を貰い受け（人数に限りがあったので一人ずつ）それぞれの屋敷で生袈裟（生きながら袈裟斬り）にしていたというのである。

本来なら小伝馬町牢屋敷などで処刑されるはずの罪人が、試し斬りをしたいという大名たちの要望で大名家に身柄を移されたという。

本当にそのような事実があったのだろうか。幕府の判例集『御仕置裁許帳《おしおきさいきょちょう》』をひらいてみよう。寛文六年（一六六六）、女を誘拐して捕まった男が、小伝馬町の牢に入れられたのち、「松平大和守方へ渡、死罪」とある。死罪が決定した罪人が、大名の屋敷に身柄を移され処刑された。男は試し斬りのために〝貰われた〟のであろう。

貞享《じょうきょう》三年（一六八六）にも、小伝馬町の牢から秋元但馬守《たじまのかみ》方に移された罪人がいた。この罪人については「秋元但馬守殿にて御ためし者に成る」とあり、まぎれもなく試し斬りに供されたことがわかる。

『盛衰記』に戻ろう。著者は宝暦九年（一七五九）に五十代だった人物で、若い頃から旧記（古い記録）を好んで読み、藩の徒目付《かちめつけ》（監察役）を長年務めたのち、四十七歳で病のため職を退いたという。五十歳で体調が快復すると、藩の記録の調査や古老の聞き取りを行い、藩の歴史や藩主・藩士の逸事を後世に伝えようとした。『盛衰記』はその成果の一つだった。

著者は、昔のことを面白おかしく語るのではなく、古い記録と話し手を明記した聞き書きによって正確に伝えようとしている。それだけに『盛衰記』の信憑《しんぴょう》性は高い。

冒頭の一節の原文も挙げておこう。

英公節公御代迄《まで》は　諸大名衆江戸屋敷にて公儀の死罪之者を壱人宛《ずつ》御申請《もうしうけ》　生袈裟被成《なされ》候　其時代之風儀に御座候

試し斬り用に生きた死刑囚を頂戴したい。そんな血なまぐさい要望を出したのは、嗜虐《しぎゃく》的な大名だけではなかった。

保科正之にもまして名君の誉れ高い徳川光圀《みつくに》もまた、「御手討被遊《あそばされ》候迚《とて》　壱人御貰被遊」（自身で斬ってみようと、死罪人を一人頂戴し）試し斬りをしたと『盛衰記』は記している。

ところが光圀の手が返って刀の峰（刀の背の部分）で斬ったので罪人は助かり、光圀は再度斬ろうとせず、罪人を放免したという。

どうやら最初から命を助けるつもりで貰い受けたようだというのだが、真相はいかに。

ともあれ光圀とは対照的に、光圀の兄である頼重（英公）と光圀の長子で頼重の養子になった頼常（節公）の二人は、死罪人を見事に斬り殺した。

英公にも罪人壱人御申請被遊　目黒御屋敷にて生袈裟被遊候　御錦襷《たすき》御掛　御尻を御まくり被遊　勇敷《いさましき》御出立《いでたち》にて能《よく》御討放し被遊　少血御掛り御召物穢れ申候

頼重は罪人を貫い受け、目黒の下《しも》屋敷で生きながら試し斬りした。そのときの出立ちは、錦の襷を掛けて尻をまくるという勇ましいものだった。罪人を見事に討ち捨てたが、返り血で衣服がすこし汚れたという。

頼常の場合はどうだったか。

節公御手討之節は　御錦襷もなく御尻をも御まくり不被遊　しよらくしたる御出立にて　御側之ものも御手際如何《いかが》と存候程の御事に御座候処　其侭《そのまま》御抜討に被遊見事に御討放し　血飛上り候を御はつし　御召物少しも穢れ不申候　英公之御手際より抜群能《よく》御座候由　矢代閑悦物語御座候

〔補記「しよらくしたる」は盛衰記の写本の一つ『讃岐盛衰記』では「しよたしよたしたる」と読める。高松の方言で「じょたじょた」は、着物が身体に合わずだらりと垂れた様子を言う〕

英公とは対照的に、節公は、襷も掛けず尻も端折《はしょ》らず、ごく普通の姿で手討ちの場に現れた。その姿を見て、お側の者たちはどうなることかと心配したが、それは杞憂《きゆう》に過ぎなかった。節公は抜く手も見せず、見事に罪人を斬り捨てた。しかも罪人の身体からほとばしり出る血を軽々とかわし、衣服を血で汚すこともなく。（人を斬る）技量においては、節公は英公より数段すぐれていたと、矢代閑悦は語った。

武芸をこよなく愛し、その修練に努めた英公こと高松藩初代藩主松平頼重。しかし頼重の跡を継いで二代藩主となった節公（松平頼常）は、さほど武芸に達しているようには見えなかったが（だからお側の者たちは心配したのだろう）、実は抜き打ちの達人だったというのである。

頼重が武芸を誇示するように罪人を斬ったのに対し、頼常はそんな斬り方を嘲笑《あざわら》うように、罪人を凝視するでもなく、冷たい眼差しでさりげなく絶命させたのだった。

大名による試し斬りの廃止

頼重・頼常父子（血縁的には伯父と甥）の確執も興味深いテーマだが、それについては、ここでは触れない。重要なのは、罪人の死刑を藩主みずからの手で執行したという史実である。同様に重要なのは、幕府から罪人を貰い受けて試し斬りに用いる慣習が、節公（頼常）の代で終わったという『盛衰記』の記述だ。

恵公《けいこう》御代より一同に相止《あいやめ》申候に付　恵公以後不被遊《あそばされず》候

恵公は、頼常が宝永元年（一七〇四）に病死したあとに三代藩主となった松平頼豊《よりとよ》。すなわち宝永元年以降は、幕府から罪人を貰い受けて藩主自身が試し斬りすることはなくなったというのだ。

それは高松藩だけではなかったようである。なぜなら右の記述に「一同に相止」とあるから。幕府自身がそのような慣習を廃止したため、高松藩に限らず、どの藩でも行われなくなったと言うべきだろう。

宝永元年当時の将軍は、五代徳川綱吉（一六四六―一七〇九）。生類憐れみの令などで評判はよろしくないが、彼はまた、儒教を奨励し、戦国以来の武闘的な風潮に歯止めをかけた将軍でもあった。十七世紀前半までの戦闘的で血なまぐさい武士社会の野蛮な熱気が、十七世紀後半以降顕著に醒めていくなかで、大名みずから罪人を殺戮《さつりく》する慣習も過去のものとなったのである。

＊罪人を頂戴して試し斬りに用いたのは、殿さまばかりではなかった。尾張国名古屋藩の歴史を記録した『編年大略』には、寛文七年（一六六七）にキリシタンの類族が、家中《かちゅう》の者に試し斬り用に下されたと記されている（「切支丹宗門之族斬罪に被処　御家中之輩え　様物《ためしもの》に拝領也」）。異本には、この年十月、キリシタンの一族二千人ほどが、足軽以上の者に渡されたとある（「十月　切支丹徒　牢

払・斬罪二千人程　足軽以上に被下候《くだされ》」）。はたして二千人もが、家中の者たちの武術鍛錬のために試し斬りに供されたのだろうか。

なぜ親を殺してはならないのかを教える

ところで『盛衰記』は、徳川光圀の次のような逸事も伝えている。意訳でご紹介しよう。

水戸の領内に親を打ち殺した男がいた。牢の中でその男が言うことには、「殺したのは俺の親だ。俺の考えに反対したので打ち殺しただけだ。それを御上《おかみ》が問題にするのはおかしいじゃないか。俺は年貢もきちんと納め、御上の法度《はっと》にも違反していない。いったい何の罪で牢に入らなければならないのか」。男はひどく腹を立てていた。

（他人の親ならともかく）自分の親を殺してなにが悪い。俺は年貢も納め法も犯していないのに、どうして牢に入れられるのか――。親を殺したのは家族の諍《いさか》いで、それを御上に咎《とが》められる筋合いはない、というのである。男の言葉は、たんなる驚きを通り過ぎて衝撃的だ。まさかそんなことを。ウソではないかと疑う読者もいらっしゃると思うので、男の言葉の原文も挙げておこう。

親は私之親にて御座候　所存を叶不申候に付打殺し申候　夫《それ》を御上は御構《おかまい》被遊候事は有間敷《あるまじく》候　御年貢能《よく》納　御国之御法は背不申候　何之咎にて牢舎《ろうしゃ》被仰付候哉

男の言葉を伝え聞いた光圀は、激怒してただちに男を処刑した、のではなかった。さすがに名君と言うべきか。光圀は五常《ごじょう》の道（仁義礼智信）さえ知らない（倫理を心得ていない）者を殺すのは国主（藩主）の誤りであると考え、男に『論語』の講釈を聴かせた。三年目にして男は親殺しの罪の重大さを知り、みずから処刑を願い出た（「扨々《さてさて》親を打殺候罪　誤《あやまり》入《いり》候　此上は早々御仕置奉願候由申出候」）。

光圀は、男が自分の非を納得したと聞いて、初めて処刑を命じ、男は首を斬られ獄門に掛けられたという。

九　名誉の喧嘩――米倉伝五郎と阿部善八

襲撃

残酷な刑の数々。松明焙《たいまつあぶり》をためらいもなく命じた名君。罪人を生きながら試し斬りした殿さまたち。江戸前期の罪と罰の風景は、想像以上に血なまぐさい。

それは刑罰だけの風潮なのか。それとも当時の社会全体の風潮を反映するものだったのか。場面は変わって十七世紀前半の江戸。そこでは旗本同士の、信じられないような壮烈な喧嘩が繰り広げられていた。

寛永五年（一六二八）三月八日、興津七郎左衛門と江波太郎兵衛の二人が、米倉伝五郎昌縄《まさなわ》の居宅を襲撃した。二人は伝五郎に「遺恨」（深い恨み）を抱いていたという。

二人と言ったが、首謀者が二人なのであって、黄昏時《たそがれどき》に伝五郎の居宅に押し寄せたのは、その何倍あるいは何十倍もの人数だった。伝五郎を討つに当たって、二人は内田五郎左衛門正矩《まさのり》と奥山七之助に加勢を頼み、四人がそれぞれ数人の従者を引き連れて参集したからである。興津七郎左衛門と内田五郎左衛門は小性組、対する米倉伝五郎は大番に所属する幕府旗本であり、江波太郎兵衛と奥山七之助の役職はさだかでないが、やはり幕臣だった。この日の死闘は、幕臣同士の間で繰り広げられたのである。

その後の顚末《てんまつ》は、『寛政重修諸家譜《かんせいちょうしゅうしょかふ》』に簡潔に記されている。どのような記録に依拠して書かれたのかは明記されていないが、その記述は、まるで軍記物や講談のように面白い。記事を要約すると。

伝五郎の居宅に押し寄せた興津・江波・内田・奥山の総勢は、「門外に出むかふべきむね」伝五郎に申し入れた。出て来て戦えというのだ。

一方、伝五郎は襲撃を予想して、門を固く閉ざしていた。寄せ来る者たちが門扉《もんぴ》を破ろうとしたとき、なんと伝五郎の老母が家人たちに下知《げじ》（指図）をして、扉の下から鎗《やり》で突かせ、長屋の窓を開けて矢を射させた。このため寄せ手は近づくこともできない。すると老母は家内を奔走して「見ぐるしき雑具をあつめ、長櫃《ながびつ》に収て焼すてんと支度す」。

天晴《あっぱ》れ武門の母。このとき伝五郎は二十七歳だったから、老母といってもせいぜい五十代前半だったと思われる。それにしてもなぜ、家内の雑具を集めていつでも焼き捨てられるようにしたのだろうか。それはみすぼらしい家具や諸道具を見られたら米倉家の恥になると恐れたからに違いない。そう、彼女は一家全滅を覚悟していたのである。恐るべき烈女ではないか。戦闘の場面に戻ろう。

伝五郎の家来の渡辺万右衛門は、弓で寄せ手の侵入を防いでいたが、力尽きて落命。この間に伝五郎は鎖帷子《くさりかたびら》を身に着け、十文字の鎗を手に、門を開いて討って出た。家来の青木七郎左衛門がこれに従った。

伝五郎は多勢をものともせず興津と江波を突き殺したが、自身も腕に傷を負って戦えなくなった。すると今度は刀を抜いて内田に向かった。内田は剛力の猛者《もさ》。伝五郎の「真甲」（真っ向）をしたたかに斬ったが、鎖に当たって倒せない。逆に伝五郎から受けた傷でその場を退き、やがて倒れた。もう一人の敵、奥山も傷を負って退き、四人の従者もことごとく退散。

戦いは米倉伝五郎の圧倒的勝利で終わった。伝五郎はそれからどうしたか。

伝五郎は公儀を憚《はばか》ってしばらく住居から姿を消したが、命を受けて帰宅し、潔く自害を遂げようと事の経緯を記し、上司の松平内膳正重則を通じて言上した。

幕府は、興津・江波・内田・奥山の四人が江戸府内で大勢で集合したのは、それだけで「徒党の罪軽からず」とし、さらに大勢で米倉一人を討ち果たせなかったのは「臆したる仕業」（米倉の奮戦を見て気後れしたからに違いない）と判定した。そして生き残った内田と奥山は「刑罰に行はるべし」と命じ、土屋市之丞勝正を検使《けんし》（切腹あるいは死刑の見届け人）として差し向けた。しかし内田は伝五郎から受けた傷のため、その夜のうちに絶命していた。奥山もまた幕府の命を伝え聞いて、自害したという。

類まれな武勇を見せつけた米倉伝五郎が勇者と讃えられたのは言うまでもない。しかし幕臣を四人まで亡き者にした（一人は自害）伝五郎が、従前通り幕府に仕えるわけにはいかなかった。「武勇のはたらき抜群なりといへども、その相手死するうへは、めしつかはるべきにあらずとて」、伝五郎は禄を召し上げられ、流浪の身となった。

しかし当時の風潮からすれば、これほどの勇者が放って置かれるはずはない。伝五郎はその後紀州大納言頼宣《よりのぶ》（和歌山藩主徳川頼宣）に仕え、さらに細川忠興《ただおき》に仕官したと『寛政重修諸家譜』は伝えている。

米倉家の来歴

相手の四人のうち、江波太郎兵衛と奥山七之助については、『寛政重修諸家譜』に記載がない。内田五郎左衛門正矩の場合は、伝五郎と戦う場面が比較的詳しく記されている。

「正矩は衆に勝れ剛力の者にて昌縄が頂をきるといへども、鎖をもつて頭をまとひしゆへ疵《きず》つかず、正矩も深手を負により、その場を退き、番町願正寺の門前にをいて遂に死す」というように。ちなみに正矩の弟で内田家を継いだのが、三代将軍家光の寵臣で、家光の没後追腹を切って殉死した内田正信《まさのぶ》である。

伝五郎についての補足。米倉家は代々甲斐武田氏に仕えたが、伝五郎の父米倉永時《ながとき》は天正十六年（一五八八）に家康に拝謁し、家来として関ヶ原にも従軍した。寛永元年（一六二四）に五十五歳で没。その子義継《よしつぐ》は、文禄元年（一五九二）に秀忠に拝謁し、父同様将軍の親衛隊の一つである大番を務めた。元和《げんな》元年（一六一五）の大坂の役で奮戦の末、二十七歳で討死。継嗣《けいし》はなく、秀忠は弟を召し出し大番を命じた。義継の弟こそ米倉伝五郎昌縄にほかならない。なお『断家譜《だんかふ》』によれば、伝五郎は慶安二年（一六四九）五月に四十八歳で没したという。

語り継がれた喧嘩伝説

戦国の血なまぐさい空気が未だ抜けきらない十七世紀前期に起きた、血気壮んな武士たちの壮絶な喧嘩。不思議に原因の「遺恨」がどのようなものだったかは記されていない。おそらく衆道《しゅどう》（男色《なんしょく》）の痴情のもつれとか不用意な悪口とかが発端だったと推測される。

彼らにとっては、喧嘩の理由がなんであれ、一歩も引かず相手を斬り殺し喧嘩の勝者になることが重要だった。正しくなくてもいい、とにかく勝てば。それは理非や善悪を超えた力の倫理と言える。

そんな時代だったからこそ、米倉伝五郎は伝説として語り継がれたのだろう。『元《げん》寛日記《かんにっき》』『校合雑記《きょうごうざっき》』『武門諸説拾遺《ぶもんしょせつしゅうい》』などにこの一件が書きとめられている。『寛政重修諸家譜』と異なるのは、米倉伝五郎と内田長十郎の喧嘩とされ、しかも寛永五年ではなく、それより五年前の元和九年（一六二三）九月の出来事となっている点だ。

なぜこれほど年がずれるのか。明暦の大火（一六五七年）等によって、この時期の幕府の記録の大半が失われた影響だろう。ほかにも大きな違いが。米倉の屋敷を襲撃したのは「内田一族知音《ちいん》相語ヒ大勢上下二百人」とあり、米倉の屋敷の所在地が赤坂と明記されている（『元寛日記』）。

戦闘シーンはどうか。内田勢（二百人以上）は、鎧《よろい》の上に羽織を着て押し寄せ、屋敷の門をたたいて「討果由告之《これをつぐ》」（伝五郎を討ち果たしに来たと告げた）。対する屋敷側は（以下『元寛日記』より）。

伝五郎廿五歳　十文字ノ取鑓ヲ開戸突出テ戦フ　若党中間《ちゅうげん》皆相随テ働　初テ伝五郎打出ル　時母鎖帷子ヲ取テ着之　兄彦兵衛ハ不行歩ナリ　長屋ノ登二階　隔《こう》子《し》ヨリ以半弓《はんきゅう》　射之　手負七八人死者三人　内田ヲハ伝五郎鑓ニテ突テ（下略）

真っ先に打って出る伝五郎。素早く鎖帷子を着せてやる母。兄の彦兵衛（『校合雑記』では「家老吉兵衛」、『武門諸説拾遺』では「おとな彦兵衛」とある）は、足が不自由だったが、二階に上がって出格子《でごうし》から内田勢を射た（三人を射殺し、七、八人が負傷）。

伝五郎のその後についても、より詳しく記されている。

伝五郎ハ其夜中立除屋敷　潜走紀州蟄居《ちっきょ》ス　雖有御詮議不知行方　頼宣卿ハ渠《かれが》働《はたらき》ヲ被聞食《きこしめされ》賜御扶持　経年後　直ニ有故又立除紀州　入高野山閑居

伝五郎はその夜のうちに屋敷を立ち去り紀州に身を隠し、幕府はその行方を捜索したが見つからなかった。紀州和歌山藩主の徳川頼宣は伝五郎の卓越した武勇を聞いて、彼に扶持を与えた。しかし数年後、伝五郎は故あって頼宣のもとを去り、高野山に身を潜めたというのである。

侮辱の報復

喧嘩の勝者が高野山に身を潜めたといえば、やはり『元寛日記』や『校合雑記』が伝える阿部善八《ぜんぱち》の場合も同様である。

元和七年（一六二一）九月下旬（『校合雑記』には元和六年とある）に起きた喧嘩の顛末は。

> 七千石の旗本永井長十郎と阿部善八が殿中（江戸城の殿中）で口論に及んだ。長十郎が善八に悪口を浴びせ、善八が「ここは殿中。文句があるなら後で存分になされればよい。拙者は武士の作法を忘れてはいない。だから（貴殿のように）下郎のごとき悪口は吐けない」と応酬した。
>
> もはや衝突（刃傷沙汰）は避けられない。危機一髪のところで仲裁が入り、その場はなんとか無事おさまったのだが……。

当時の武士の気風からすれば、これで事がおさまるはずはなかった。善八は従弟の阿部備中守正次《まさつぐ》と阿部左馬助正吉そして永井信濃守尚政《なおまさ》の三人と今後の対応について密談した。三人はどんなアドバイスを与えただろうか。それは今日の感覚では考えられないようなものだった。

長十郎に悪口を浴びせられて堪忍はできない（すべきではない）。長十郎が勤めを終えて帰宅するところを襲って討ち果たすべきだ。ぐずぐずして日が経つと、貴殿は皆（旗本仲間）から（臆病者と）そしられるに違いない。そのような不名誉な評判が立たないうちに長十郎を討たなければならない。急げ。

町のチンピラや旗本奴《やっこ》（旗本愚連隊）の言葉ではない。阿部備中守正次は相模国小田原藩主で、阿部左馬助正吉はその弟（のち忠吉《ただよし》と改名）。永井信濃守尚政も一万石を知行する大名で、しかも翌元和八年に三十六歳で老中に就任する幕府の中枢的人物だ。意訳だけではという読者のために、『元寛日記』の原文も挙げておこう。「長十郎既吐悪言上ハ堪忍不可成　長十郎帰番ヲ待テ可討　日過ハ受諸人ノ誹《そしり》　急討テ可塞其口《そのくちをふさぐべし》」。

その後、長十郎がどの道を通って帰ってもいいように、桜田口と大手下馬場、平河口の三ヶ所で待ち伏せた。備中守の家来の内藤角右衛門と善八の若党二、三人が桜田口辺で。信濃守の家来の寺沢与左衛門と善八の若党五、六人が大手下馬場辺で。そして善八本人と左馬助の家来加藤半次郎が平河口辺で。さすがに三人本人は加わっていないが、それぞれ腕が立つ（と思われる）家来を助太刀《すけだち》として差し向けた。

阿部善八と選ばれた三人の助太刀、加えて七人以上の若党が三ヶ所に分かれて、永井長十郎を待ち構えた。

長十郎は用事があって黄昏になって退出。密かにその後を追った善八は、天守の辺で名乗りをあげて斬りかかった。長十郎も応戦したが、半次郎が腰の辺りに斬り付け、長十郎は落馬。止《とど》めを刺された。善八は備中守宅（小田原藩江戸藩邸）に身を寄せたのち高野山へ向かい、秀忠が将軍職を退くまで（すなわち一六二三年まで）同所で蟄居したという。『寛政重修諸家譜』に阿部善八の記載は見えず、彼のその後も明らかでない。

喧嘩口論は武士道の華

『元寛日記』は元和元年から寛永二十年までの幕府に関わる記録で、『実紀』（徳川実紀）にも引用されているが、その成立過程については不明な部分が多い（小宮木代良『江戸幕府の日記と儀礼史料』）。それでも幕府記録の〝空白期間〟とも言うべきこの時期の記録としては貴重であり、幕府旗本の過激な喧嘩の史料として紹介した。

それにしても、当時の武士はなんと単純で過激なのだろう。いや、そう思うのは後世の感覚であって、彼らが信奉する武士の作法では、悪口を浴びたら、なにがなんでも命のやり取りをして決着をつけることこそが、正しい選択だったのであろう。幕府の旗本も例外ではなかった。

『千年《ちとせ》の松』はこんな逸事を伝えている。会津藩では承応《じょうおう》元年（一六五二）に家中掟《かちゅうおきて》や軍令・軍禁・道中定《さだめ》などの条目が定められたが、その際、喧嘩口論禁制の事を記し保科正之に伺ったところ、正之は、陣中や上洛などの道中での喧嘩口論は禁止すべきだが、平生《へいぜい》も禁止するのは好ましくないと述べた。なぜなら、諸侍（武士）は、普段から「男道《おとこどう》の恥辱を取らず、士の名を汚し不申様《もうさざるよう》に」心がけるべきで、それこそが「武士たるもの、道」。したがって公務の最中は望ましくないが、武士の喧嘩口論そのものを禁止してはならないというのである。

喧嘩口論は男道（武士道）の華。恥辱をこうむり名を汚されたら、即座に（公務の場であれば後に）相手を倒さなくてはならない。米倉伝五郎や阿部善八の行為は、単純でも矯激《きょうげき》でもなく、名君保科正之も推奨する武士の倫理に則ったものであった。

第二部　将軍吉宗の改革

十　武士は優しくあれ

十七世紀後半の武士像――天野長重の『思忠志集』

十七世紀後半から十八世紀にかけて、将軍で言えば四代家綱・五代綱吉の時代に、武士の世界の闘争的で血なまぐさい風潮は急速に衰えていった。些細なトラブルや言葉を咎《とが》めて相手を殺傷する喧嘩や刃傷沙汰は減り、武術の鍛錬や新刀の試し斬りのためと称して辻斬りを行う武士も、（絶滅したとは言えないが）確実に激減した。

武士が戦闘員である必要がない泰平の世が武士の世界、ひいては社会一般に及ぼした影響の大きさは計り知れない。刑罰についてもその影響はすくなくなかったはずである。

ここでは、十七世紀から十八世紀にかけての〝変革の時代〟を生きたある旗本の記録を通して、武士の世界の感情や精神の変化をのぞいてみたい。

ある旗本とは天野《あまの》弥《や》五《ご》右衛《え》門《もん》長重《ながしげ》（一六二一―一七〇五）。彼が遺した記録『思《し》忠《ちゅう》志《し》集《しゅう》』には、正保《しょうほう》年間（一六四四―四八）から元禄二年（一六八九）まで、四十年以上にわたって折々に記した教訓や見聞ほか諸種の雑録（書物の抜粋、古歌、手紙など）が収録されている。記事の件数は二千十五件にのぼり、各記事には通し番号と件名（標題）も付けられている。

天野長重とは、どんな人物なのか。『寛政重修諸家譜《かんせいちょうしゅうしょかふ》』によれば、父祖および幕臣としての経歴は、以下の通りである。

祖父の天野繁昌《しげまさ》は、幼くして家康の嫡子信康《のぶやす》に仕えて二百石の禄を得、慶長十九年（一六一四）に五十八歳で没した。父の長信《ながのぶ》は、慶長七年（一六〇二）に十六歳で家康に仕え、大坂冬の陣・夏の陣に従軍。元和《げんな》二年（一六一六）に納戸番頭を拝命したのち、寛永三年（一六二六）に東福門院附《とうふくもんいんづき》（東福門院は秀忠の女《むすめ》で後水尾《ごみずのお》天皇の中宮《ちゅうぐう》）。同二十年に禁裏附《きんりづき》（禁裏ほか宮方のことを管掌する役職）になり、二千五百三十石を知行した。正保二年（一六四五）、在職中に京都で没した。享年五十九。

長重は、長信と大河内久綱《おおこうちひさつな》の女（長信妻）の長男として誕生した。『寛政重修諸家譜』に生年の記載はないが、宝永二年（一七〇五）に八十五歳で没しているから、それは元和七年（一六二一）でなければならない。

母は、家光・家綱二代の将軍に仕え老中として幕政を担った松平信綱《のぶつな》（一五九六―

一六六二）の姉であり、すなわち長重は信綱と叔父甥の関係にあった。

寛永十一年（一六三四）閏七月、二条城において初めて家光に拝謁《はいえつ》（ときに十四歳）。同十五年十月に書院番士となり、正保二年閏五月、二十五歳で父の遺跡を継いで当主となった。

その後、万治《まんじ》二年（一六五九）までの間に豊後国で目付代を務めたのをはじめ、日光山の石垣の修復、常憲院殿《じょうけんいんでん》（綱吉）の御殿の造営、日光山御宮修造などに関わった長重は、寛文二年（一六六二）五月に使番《つかいばん》になり、同年十二月に布衣《ほい》の着用を許された。延宝四年（一六七六）五月に先手《さきて》鉄炮頭《てっぽうがしら》を拝命。天和《てんな》二年（一六八二）四月に五百石加増され、知行は三千三十石余となった。

元禄二年（一六八九）五月に鎗奉行に転じ、同七年八月、旗奉行に。同十四年（一七〇二）八月、八十一歳で老衰を理由に旗奉行を辞し、寄合《よりあい》に列した。このとき幕府から「時服《じふく》五領　黄金五枚」を拝領している。同年十二月、致仕《ちし》（隠居）。養老料として三百俵を下された。宝永二年（一七〇五）に没し（享年八十五）、浅草の長敬寺に葬られた。

以上ながながと述べたように、長重は順調に幕府の役職を務めた旗本だった。〝知恵伊豆〟と讃えられた松平伊豆守信綱の甥だから血統も悪くない。京都詩仙堂で隠逸の日々を過ごした武士出身の詩人、石川丈山《じょうざん》（一五八三―一六七二）とも親交がある教養人でもあった。晩年は島原の乱の最後の生き残りということもあって、歯に衣着せぬ言動も目に付いたが、高齢で信望もあったようである。奇人でも変人でもない。

そんな長重が長年にわたって綴った『思忠志集』は、したがって十七世紀後半の幕府旗本の意識や思想をうかがう良質の史料と言える。それは十七世紀前半までの武士とどう違うのだろうか（以下『思忠志集』の引用では、読みやすさに配慮して片仮名の表記は平仮名に改めた）。

言葉に気をつけ、敵をつくるな

敵をつくってはいけない。長重は繰り返しそう述べている。そのためにはまず言葉に気をつけなければならないと。

寛文六年（一六六六）十月八日、「少《すこし》の義を云も敵のなき様にしあんして出言すへきこと也」（なにげない言葉にも配慮し、相手が感情を害して敵にならぬように心がけよ）と書いた長重は、翌年の正月（一月）二十三日には、「口はわざわいの門　舌は是わざわいの根源」（災いは言葉から）とも書いている。

当然口数はすくなくなければならない。天和元年（一六八一）十二月十一日の朝には、「是は云ても不苦《くるしからず》　いはでも苦しからぬと思ふことは　いはぬが能《よき》也」（言っても好《よ》いと思っても、言わなくても済むなら言わないほうが好い）とも。なんと慎重な。さら

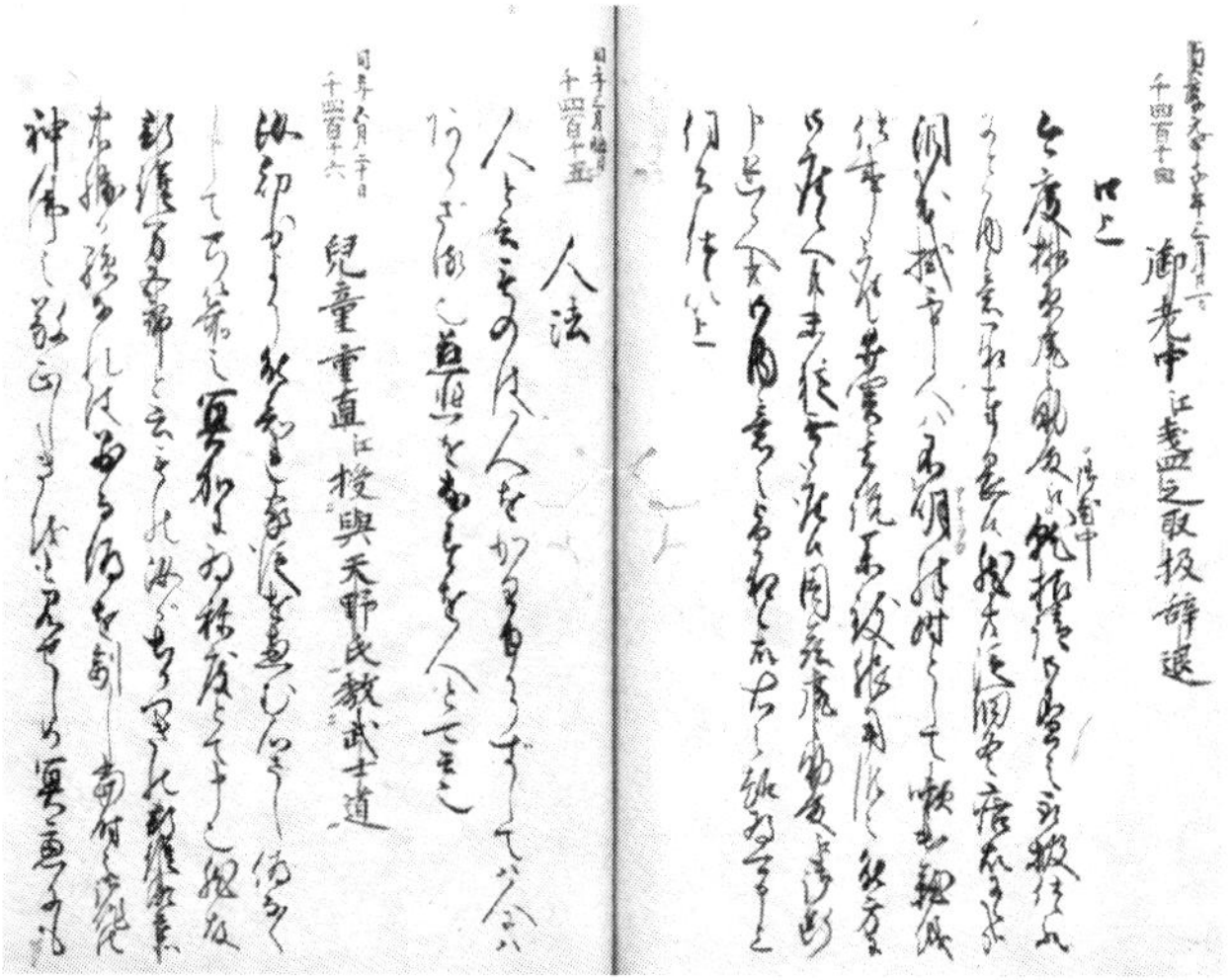

図7　思忠志集

天野長重は、さまざまなことを『思忠志集』に書きとめた。養生（健康維持）のための心得、長寿の勧め（六十歳に達しなければ本当の立身は実現できない）、そして人生を息災で心穏やかに過ごす方法、等々。戦国武士のような勇猛一辺倒では泰平の世は生き抜けないし、主君に奉公することもできないという。一方で、彼なりの確固たる武士道もあり、これを子孫や後輩の幕臣たちに伝えようとしていた。武士道の根本は、死を恐れず、頑丈で馬に乗ること。彼はまた「討果すと云共心に不可有怒」（相手を討ち果たすときも心に怒りを抱いていてはならない）とも書いている。憤怒《ふんぬ》の感情を持たずに相手を斬り殺せ。泰平を享受しながらも武士の本分を忘れてはならなかった時代。長重の武士道は、いささか複雑だ。

国立公文書館蔵

に延宝元年（一六七三）十一月十一日には、「練心之事」と題して次のように書いている。

人能《よく》せんとて異見をいふめるは善也　しからば寸善尺魔《すんぜんしゃくま》有と思て　敵きたらんとしるべし　敵出現してもと思ていふは各（格）別也　さなくは随分無敵《てきなき》やうにすべし

意訳してみよう。――その人のためを思って忠告をするのは善いことである。しかし善意の忠告であっても、忠告されたのを怨んで敵対する者もいる（多い）。それでもいいならともかく、そうでなければ、ことさらに敵をつくってはならない（忠告などするな）――。

言葉に気をつけ、相手を怒らせないように。もちろん自分から怒りをあらわにするのはもってのほか。怒ってはいけない。長重は親族や家来、後輩の幕臣たちにくどいほど諭している。

寛文十一年（一六七一）九月十七日に「人の腹立は悪鬼のしかたならん」（立腹した人は悪鬼に等しい）、同月二十日朝には、「我身より火焔を不出やうの分別は勿論なり心を土蔵瓦葺《かわらぶき》の如《ごとく》に可持」と述べている。怒ってはならない（身体から炎を出さない）

だけでなく、心を土蔵や瓦葺きの家のようにせよという。なぜ土蔵と瓦葺きなのか。それは相手の怒り（炎）を自身の心に移さない比喩にほかならない。たとえ激しい怒りをぶつけられても、怒らない。そんな冷静な心を、火事のときも容易に類焼しない土蔵や瓦葺きの家に喩えたのである。

天和二年（一六八二）正月中旬、奈良奉行を拝命した大関増公《ますきみ》から奉行の心得を尋ねられたときも、長重はこんなアドバイスを与えている。

奉行職のもの　何やうに先より仕懸るとも腹をたゝさるを第一の行也　此段の慎要に候と功者成衆の咄《はなし》を粗《あらあら》及承候事

長重自身は奈良奉行など遠国《おんごく》奉行の経験はなかった。あくまで奉行を不可なく務めた者から聞いた話と断ったうえで、「奉行たる者は、たとえ相手が挑発しても立腹してはならない。それが一番大切な心得だ」と諭している。

翌年五月六日にも、「御奉公に付存寄申候得《ぞんじよりもうしそうらえ》」（勤務のために大切なことを御教示ください）という小幡行直に対して、「日来《ひごろ》は御腹たゝせたまふとも　御役御勤被成《なさる》内一《ひと》入《しお》柔和可然存候」と書き与えた。「普段なら腹を立てるようなことでも勤務中は腹を立てず、柔和にふるまうよう心がけなければなりません」というのであろう。

十代二十代の頃は知らない。すくなくとも四十代後半以降の長重は、怒らず、怒らせず、平穏に奉公することを第一に心がけ、人にも勧めていたようである。

その対極にあるのが、十分な思慮もなく即座に激怒抜刀した十七世紀前半までの武士の作法だ。天和二年四月十九日、六十二歳の長重は「武士之高名」と題して、「かさをしの武辺たて努々《ゆめゆめ》不可届　たとへ不道理して一たび得利と云とも　浮る如雲」と記した。

「かさをし（嵩押）」とは力ずくで相手を押さえつけ無理を押し通すこと。無謀な武力でとりあえず勝っても、それは浮雲のように束の間で長続きしないというのである。

長重はまた、戦《いくさ》が起これば命を捨てて手柄を立てるのに、今は戦がないので残念だと嘆く武士たちを「愚なる事哉《かな》」と非難している（延宝四年十一月二十四日朝）。幕臣なら徳川家が実現した天下泰平の永続を願うべきなのに、戦うことしか能がないので戦争勃発を求める（「事かなあれかし」）連中は有害無益だという。

奉公人に優しくあれ。人には可愛がられよ

長重は、武士はそれぞれの家の主人として、家来や奉公人に対して思いやりをもって接するべきだとも説いている。延宝元年（一六七三）十月十一日の夜に書きとめたのは。

聖賢《せいけん》の気にあわんとせば、人をつかふに時を以《もっ》せん　急ならざる事　寒夜などにつかはでいためざれは　めうが（冥加）よくさかへん事

——聖賢の道に合わせようと思うなら、急用でない場合は、寒い夜中に奉公人に用を言いつけて苦しめるべきではない。（そうすれば）神仏の加護《かご》もあり家は栄えるだろう——。

聖賢（儒教）と神仏が混在しているが、要するに奉公人にやさしくあれ、というわけ。

翌年十一月二日にはこんな風にも。

主人内の者を見ては悪敷《あしき》がしるれ共　彼を主人になして我がつかわれば　不調法も有て彼より不成《ならざる》事も有べし　兎角《とかく》居ながら人をうごかしみれば　をそき者ころぶ者有て其ぶはたらき（不働き）もどかしく見ゆべし　能く思やりして目利《めきき》すべし

——主人として奉公人の働きぶりを見れば、悪いところが目に付くだろう。しかし

立場を逆転させ、自分が奉公人になったらどうか。やはり行き届かないところもあり、自分が主人として見た奉公人の働きぶりに至らないこともあるに違いない。奉公人を働かせ、自分は見ているだけなので、仕事が遅かったり失敗したりすると、働きが悪いとじれったく思うものだが、彼らのことをよく思いやって、評価しなければならない――。

寛文十年（一六七〇）七月二十八日には、「夜るも昼るも　人はかわゆきと寝ても覚ても絶間もなくおもひならふこと肝要也」とも書いている。わが家で召し使う者だけではない。すべての人を可愛いと思う（大切に思う）気持ちを忘れてはならないというのだ。

貞享《じょうきょう》元年（一六八四）三月晦日には、「人と云ものは人をかわゆからずしては人にはあらざる也　慈悲をなすを人と可云也《いうべき》」とも。もはや武士はいかにあるべきかではなく、人間はいかにあるべきかが問題にされている。慈悲と博愛。それは、召使いを些細な理由で斬り殺し「人切《ひときり》」の異名を取った紀州の強者《つわもの》（『驢鞍橋《ろあんきょう》』）とはあまりに対照的な武士の姿である。

いや、人を可愛がるだけでは十分ではない。人は人に可愛がられなければ。寛文十年（一六七〇）七月二十八日、長重は「人にかわゆがるゝこと第一也」と書いた。なによりまず人に可愛がられる必要がある。

ではどのようにすれば可愛がられるのか。それは人の知恵（意見）に耳を傾け、利口ぶらず、人のために良かれと思い、人を可愛いと思うことだと長重は言う。そうすれば、おのずと人からも可愛がられるというのである（「をのづから我をも其《その》むくひとして人かわゆがらんとおもはる」）。

寛文十三年（一六七三）九月十日未明に書きとめられた「一生未来迄送様之事」は、晩年は率直に物を言う老旗本として知られた彼の言葉とは思えぬほど妥協的だ。

人に不便《ふびん》（不憫）がらるゝやうに心得あるべし　然《しから》ば人にたより　より〳〵出合顔色もにくさげもなき様にすべき也　人になじみ有やうにとおもひ　かれがすかんことをすき　何やうにもならんしかたのまねをして　機嫌あしきにはおそれにこやかなる砌《みぎり》は　我心に立腹有時も虫いたむやうなる節も　何とぞ其《その》ていなく笑顔を作《つくり》　昼夜立まじわらんに　いかでかにくしとおもはん哉《や》　終《つい》には気に可入《いるべき》道筋也

――人に可愛がられるように心がけなさい。そのためには、人を頼りにして度々面会し、親しみ深い顔色で接すべきだ。親しくなろうと努め、相手の好みに合わせ、何かにつけてそのやり方を真似しなさい。相手の機嫌が悪いときは恐れ、にこやかなときは、どんなに腹が立っても気分が悪くても、笑顔をつくらなければならない。このような態度で昼夜交際すれば、憎まれる心配はない。最後はこちらを気に入ってくれるに違いない――。

まるで上司や重要な顧客に接するときのサラリーマン・マニュアルではないか。相手の機嫌をうかがい、その場の空気を読み、とにかく相手に気に入られるように努力せよ（私情を押し殺せ）、というのである。

刑罰に対する長重の見解

武士同士の対立や緊張関係を極力回避し、召し使う者たちを可愛がり、人から可愛がられよ、と諭した天野長重。

では、彼は罪人を処刑すること（罪と罰）について、どのような見解を示しているだろうか。

寛文九年（一六六九）九月二十五日、長重は「人をそしるは我身をそしる天理なる間　をのづから自害也」（人を誹《そし》るのは自分を誹ること。自害に等しい）と書いたあとで、こう続けている。「然共《しかれども》科人をざんりくして其悪を制札にも書　諸人にしらする慈悲の教　是又天理也」。人の悪口を言うのはいけない。しかし罪人を斬戮《ざんりく》（処刑）してその罪状を掲示するのは（このような罪を犯さぬように人々を諭す）慈悲深い教えであり天の理にもかなっているというのだ。

延宝三年（一六七五）には、「安藤帯刀殿詞《あんどうたてわきどのことば》」として、「人を殺者は可殺事」（殺人を犯した者は死刑にすべし）とも書きとめている。安藤帯刀は、幼少の頃から家康に仕え、のちに紀伊国和歌山藩の付家老《つけがろう》で紀伊国田辺藩の藩主になった安藤直次《なおつぐ》であろう。

延宝七年（一六七九）には、「裁許奉行」の題で次のように。

悪人ありて人を痛め　一度言ても不用《もちいず》　二度誨《おし》へても不止悪（悪をやめず）　於三度乎（三度においてをや）　其の科の重きに順《したが》い　外を多於悩（多く悩ますするにおいて）は　一人斬戮して見せしめとなし　以後永く整るやうにすべし

――戒めても諭しても改悛《かいしゅん》せず、三度まで罪を繰り返した悪人のうち、多くの人を悩ませた者は、これを処刑して見せしめとし、以後同様の罪人が生じないようにすべきだ――と訳せるだろう。一罰百戒、いや一殺百戒の手法である。

見せしめとしての死刑を認めたうえで、しかし長重は続けて「死罪の人多出来せば所の奉行たらば　悲歎して重てなきやうに思慮を可廻事也《めぐらすべき》」と書いている。死刑になる罪人が続出するときは、その地の奉行は、深く悲しむと共に、どうしたら罪人を減らせるか対策を検討すべきだ、というのだ。

翌延宝八年二月朔日《ついたち》の夜には「有恵則殺無恵則活」（恵みあれば則ち殺し　恵みなければ則ち活かす）と題して、死刑の判断を下す側の問題に触れている。

咎重きは死罪とのみ毎人《ひとごと》に思ふと見へたり　慈悲多からん人の行なひにこそ　罪を罰せん為死罪をも行ふべけれ　罪深しと云とも日来《ひごろ》の恵うすき家にて死罪の法行れんは　あたにならんこと可多《おおかるべし》

右は、主人（武士）が奉公人を処罰する場合であろう。

――ほとんどの人は、重い罪を犯した者（奉公人）は死刑にすべしと思っているようだが（一概にそうとは言えない）。日頃から慈悲深い主人ならば、（にもかかわらず重罪を犯した者を）処刑しても当然と思われるだろう。しかし奉公人がいかに重い罪を犯したとしても、十分な給料も与えず酷使してきた「恵うすき」主人が処刑すると、恨まれることが多い――。言いかえれば、奉公人の死刑は慈悲深い主人にだけ許される。犯罪は社会の責任という考えにも通じる見解だ。

貞享三年（一六八六）七月二十六日、やはり奉公人の扱い方を述べたくだりで。

主人のきつきは内のもの嫌ひ申也　或は家来の能事《よきこと》は少しありても取立　悪敷事《あしきこと》

あるをば軽くいましめ　何とぞ人の命を不取《とらざる》様に思案し　困窮不仕《つかまつらざる》やうになす人は家繁昌すると見えたり

――奉公人にきつく当たる主人は嫌われる。家来（奉公人）にすこしでも良い所があれば、これを取り立て（褒め）、悪い所は軽く戒めよ（厳しく咎めてはいけない）。なんとしても彼らの命を取らないようにし、生活に困らないようにする者の家は繁昌する――。

大いに褒めて軽く叱れ。人使いの要点を述べたあとで、長重は、家の奉公人たちが命を取られる（処刑される）ような重い罪を犯さぬように主人は配慮しなければならないと述べている。そのためには彼らを経済的に困窮させてはならないとも。

前の年の貞享二年二月七日の夕、長重は駕籠《かご》の中で、「分別者は死を助け　仕置を立つべき事」と書きとめていた。

この「仕置」は、刑罰ではなく取締りを意味する。意訳すれば「思慮のある者は、死刑を行わずに（犯罪を）取り締まる」となるだろう。とはいえ死刑の廃止を唱えているわけではない。なるべく死刑を減らし、それでも治安が保たれるようにするのが「分別者」、すぐれた奉行であるというのだ。

長重は、自白を引き出すための拷問についても否定的だ。天和二年、大関増公に奉行の心得を問われた際に、かつて叔父の松平伊豆信綱が「咎有ものがうもん（拷問）して問落すは奉行の小智故」と語った旨を伝えている。拷問で落とす（自白させる）のは奉行の浅知恵であると、増公を戒めたのである。

くどいようだが、死刑に関する長重の見解をまとめてみよう。

――重罪人を見せしめのために（同様の罪が犯されるのを抑止するために）処刑するのは必要である（天理にかなっている）。一殺百戒。とはいえ貧窮が犯罪を生むケースもすくなくない。奉行は死罪の多さを悲歎し反省するべきだし、主人は奉公人が貧窮に陥らぬよう配慮すべきだ。死罪の者の命を助け、それでも治安が保たれるようにするのが、名奉行だ――。

『思忠志集』に書きとめられているのは、些細な理由で斬り合い、罪のない庶民を平然と辻斬りする者が珍しくなかった十七世紀前半までの武士の世界とは、まったく異なる世界である。人命をめぐる武士の意識が大きく変化した様子がうかがえる。

十一　『御仕置裁許帳』と『公事方御定書』

主殺しの縁座から「奴女」まで

犯人の父母や妻子等まで処刑する縁座の刑は、幕府においても、武士と庶民の別なく行われていた。すくなくとも八代将軍吉宗が庶民に対する縁座を廃止するまでは。『御仕置裁許帳《おしおきさいきょちょう》』で、その様子を覗いてみよう。『御仕置裁許帳』は、町奉行所の記録（牢帳）をもとに編集された幕府の刑事判例集。明暦三年（一六五七）から元禄十二年（一六九九）までの間に小伝馬町の牢に収監された者の罪状と判決が、犯罪類型別に収録されている。

まず主殺し犯の縁座の例から。

■さる後家（町人）に仕えていた三助という男が、主人の後家と傍輩《ほうばい》の女を殺して逃亡。三助の姉の鶴は、寛文四年（一六六四）十一月二十二日に揚屋《あがりや》（女牢《おんなろう》）に入れられ、翌五年十月八日、死罪に処せられた。三助の兄の作兵衛と母の「とし」も同日死罪。

■太兵衛という男が、主人（町人）を殺して逃亡。太兵衛の父の長兵衛は、寛文五年五月十六日に入牢。同月二十一日に死罪に処せられた。太兵衛の弟の甚三郎も同日死罪。

右は主殺しの父母兄弟（姉妹）が縁座で死刑になった例だが、縁座に子どもが加わると、さらに悲惨な結果に。

■坪内平左衛門（幕臣か）の子息の次郎太夫方に奉公する八蔵という男が、主人の次郎太夫を殺害。

八蔵の兄の三郎右衛門は、延宝八年（一六八〇）九月五日に入牢。江戸中引廻しのうえ、三日晒《さら》し、十一月二十五日に浅草（小塚原）で獄門となった。

八蔵の養父の加左衛門は、延宝八年十一月四日に入牢。翌九年四月十日に牢死（獄中で死亡）。死骸は取り捨てとなった（「死骸捨之」）。加左衛門の妻（八蔵の養母）も同日入牢。天和《てんな》二年（一六八二）七月六日、牢死。死骸は同じく取り捨て。

八蔵の妻は、延宝八年十一月四日に揚屋入り。八蔵の二人の息子も同日入牢。右の妻子三人は、江戸中引廻しのうえ、三日晒し、十一月二十五日に浅草で獄門。八蔵の兄の与兵衛と益朝（下総《しもうさ》国妙蔵寺の隠居）、与四右衛門は、延宝八年十一月五日、入牢。江戸中引廻しのうえ、三日晒し、十一月二十五日に浅草で獄門。

主人を殺した八蔵の縁座で、なんと兄四人と妻と息子二人の計七人が獄門になり、養父母が牢死したのである（二人の息子の年齢は記されていない）。

次は火付（放火犯）の場合。

■元禄四年（一六九一）二月二十一日、六左衛門という男が、浅草で火罪（火あぶり）。六左衛門の妻「かめ」は、入牢ののち、元禄四年六月十六日に幕臣（奥右筆《おくゆうひつ》）の渡邊七郎兵衛（勝）に婢として渡された。六左衛門の娘「はな」も、入牢ののち、三月十六日に団左衛門方に婢として渡された。六左衛門の息子の安之進は、入牢ののち、元禄四年二月二十一日、死罪。浅草において親（六左衛門）と共に獄門。

「婢」は女性に対する奴刑で、『享保撰要類集《きょうほうせんようるいしゅう》』などでは「奴女《やっこおんな》」と記されている。牢に収監したのち、希望者に身柄を渡して奴女として使役させた。

渡されたのは幕臣だけではない。徳川家宣《いえのぶ》（六代将軍）の側室法心院の広敷添番《ひろしきそえばん》を務める中村十兵衛の娘「すみ」（二十三歳）は、享保十三年（一七二八）に密通出奔の罪で奴女とされ、青松寺門前町宇兵衛店の伝次という町人に渡された。密通の奴女は新吉原の遊廓に渡されるはずだったが、幕臣の娘なので新吉原行きとはならなかった（『享保撰要類集』附録上）。

妻や娘などは「婢」（奴女）とされるだけで済んでも、男子（息子）は死刑。この原則は、謀書謀判《ぼうしょぼうはん》（文書や官印私印の偽造）犯の家族についても同様だった。

■小林弾右衛門は幕臣（腰物奉行）中根九郎兵衛（正輝）の家来だった。主人の名を騙《かた》り謀判して金を借りた罪で、元禄七年（一六九四）六月朔日《ついたち》に揚屋入り。首を刎《は》ねられ、十一月十二日に浅草において獄門。

弾右衛門の妻「くら」は、入牢ののち、元禄八年五月十八日に幕臣の加茂宮庄右衛門（直房）に婢として渡された。

弾右衛門の息子の千之助（九歳）と次郎（五歳）は、母「くら」と同日入牢。元禄七年十二月十二日に牢屋敷において死罪。弾右衛門の娘「ろく」（当歳《とうさい》＝満〇《ゼロ》歳）は、元禄八年五月十八日、（母と共に）加茂宮庄右衛門に婢として渡された。

九歳と五歳の息子たちが死罪なのに対して、娘は命だけは助けられた。しかし満一歳の誕生日も迎えないうちに、母と共に幕臣の婢とされた。

幼女虐待、博奕打ち、手鎖はずしへの刑――『公事方御定書』との比較

縁座だけではない。『御仕置裁許帳』には、刑が厳しすぎるのではと思われる事例もすくなくない。刑の厳しさは、吉宗の時代に成立した刑罰の基準『公事《くじ》方御定書《かたおさだめがき》』と比較すると顕著である。

たとえば幼い女子に性交渉を強いたケース（「幼稚之女子と無体に密通仕者」）を見てみると。

■甚左衛門という男が、家主の九歳の娘を、手習（習字）を教えてあげると言って誘い出し、無理やり犯した（「無体に無作法仕」）。娘は傷ついて出血し（「彼女子致破開、大血を引」）、十死に一生の重体の由。家主の訴えで、甚左衛門は「人外成仕《にんがいなるし》形《かた》」（人《にん》非《び》人《にん》の所業）を咎められて入牢。寛文十二年（一六七二）三月十四日、死罪。

九歳（満年齢なら七、八歳）の幼女を強姦した男に対する死刑が妥当か重いかはともかく、『公事方御定書』では、「幼女え不義いたし、怪我《けが》致させ候もの」は「遠島」とされている。これは寛保《かんぽう》三年（一七四三）に追加された箇条で、甚左衛門も、七十一

年後ならば（幼女の傷の重さにもよるが）、死罪をまぬがれ遠島になっていたであろう。

博奕《ばくち》に対する刑も重い。

■庄左衛門という男（町人の奉公人）が博奕を打った罪で、寛文六年（一六六六）七月二十六日に森川小左衛門方に身柄を渡され、死罪。その五日後、吉兵衛という男（同じく町人の奉公人）がやはり博奕を打った罪で朽木弥五右（左か）衛門方に渡され、死罪。

博奕を打っただけで死刑。しかも森川や朽木といった武家に渡され死罪となったというから、それぞれの屋敷で試し斬りにされたのであろう。それも斬首のあとで遺体を試し斬りされるのではなく、生きながら試し斬りされたと思われる（➡八章　殿さまが処刑人）。

『公事方御定書』では「博奕打候もの」には、三貫文や五貫文の罰金で罪を償わせる過料刑が科されるようになっている。刑は顕著に軽減された。

さらに顕著なのは、手鎖《てぐさり》を勝手にはずしたときの刑である。

■市郎兵衛という男は天和二年（一六八二）十月十三日に手鎖をかけられたが、手鎖の封印を切り放し、鎰《かぎ》がなくても鎖が開くようにしていた不正が見つかり、入牢。日本橋に三日晒され、十月二十八日、浅草で磔《はりつけ》に。

手鎖（手錠とも）は、庶民の軽い刑罰や未決拘留の手段として用いられた。刑罰としての「過怠《かたい》手鎖」（百日、五十日、三十日の等級がある）と、親類や町村役人に身柄を預ける軽微な罪人に施す「吟味中手鎖」があり、敗訴した債務者が返金しない場合にも用いられた（平凡社『日本史大事典』）。

さて、手鎖の封印は奉行所が定期的に改めたが、その際に市郎兵衛の不正が発覚し、それだけで磔の極刑に処せられたのだった。

ところが『公事方御定書』では、手鎖をはずした者に対する刑は、「過怠手鎖」ならば、定めの日数の倍の日数の手鎖を科し、「吟味中手鎖」の場合は、百日の手鎖を科すとなっている。いずれの場合も手鎖の日数を増すだけで、磔はおろか追放刑も科されなくなった。

＊幕末には手鎖の〝抜け道〟がごく普通に見られた。長谷川時雨《しぐれ》（劇作家で小説家）の父長谷川渓石《けいせき》（一八四二－一九一八）は、『江戸東京実見画録』で「手鎖」に触れ、「若《も》し吟味中はづせし者は、場合により死罪、はづしてやりし者にも、

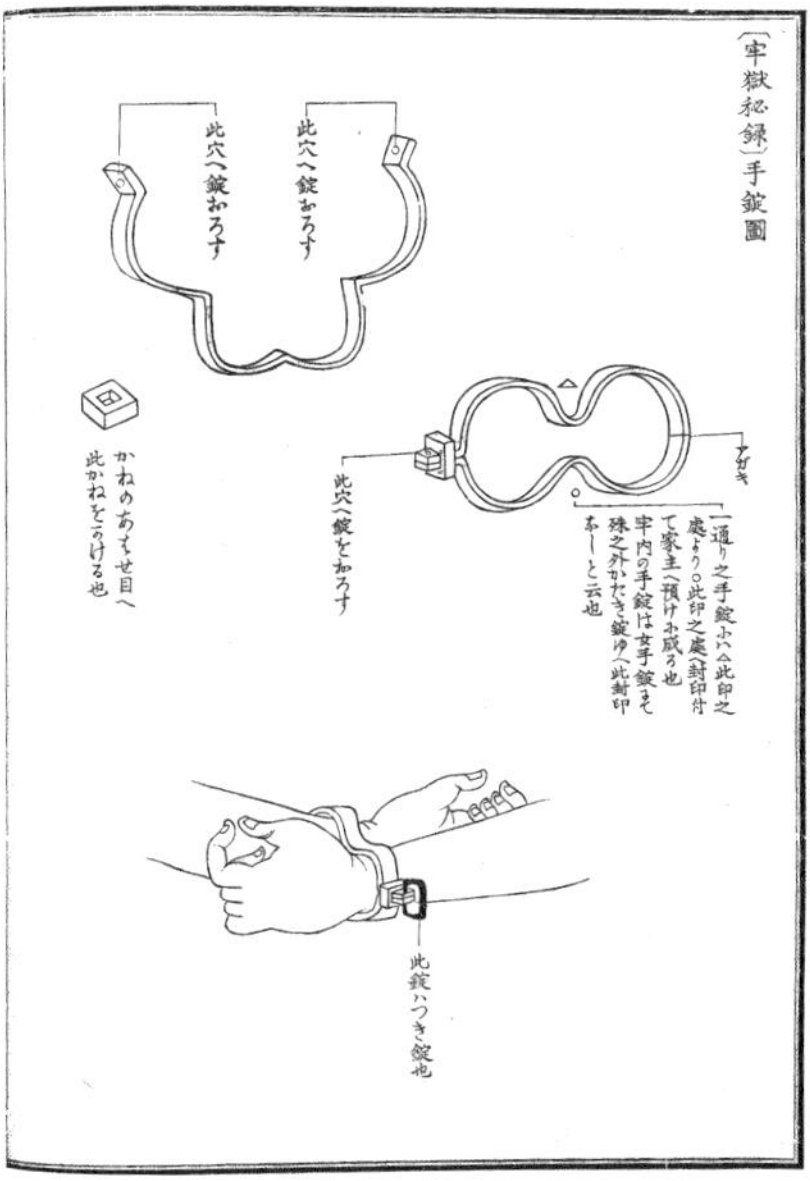

図8　手錠（手鎖）の図（古事類苑）

『古事類苑』法律部（一九〇二年刊）に掲載されている「手錠」の図（出典は『牢獄秘録』）。説明文に「一通り之手錠には△此印之処より○此印之処へ封印付て家主へ預けに成る也　牢内の手錠は女手錠にて殊之外かたき錠ゆへ此封印なしと云也」とある。町預けなど牢外で付けさせる手錠には封印を施すが、牢内で付けさせる手錠はきついので封印をしないという意味か。

国立公文書館蔵

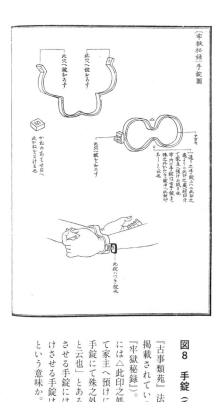

夫々《それぞれ》処分あり。此手鎖には封印をなし、軽きは五日、百日は隔日の改めなり」と解説したあとで、「而《し》かし茲《ここ》に面白咄あり」として、次のように記している。「此処分をうけし或る者、出火の際、何れへか手鎖を失ひしとの滑稽あり。蓋《けだ》し抜さしの自由なるものを与へられしか。是を以ても、当時の取扱振を知り得べし」。すわ火事とあわてて飛び出して来た者が手鎖をどこかに忘れてきたという話を聞いたという（この男、普段は手鎖をはずしていたのだ）。取りはずし自由の手鎖を与えられていたというわけ。もちろんそれなりのお金を支払ったのだろうが。

十二　耳そぎ鼻そぎ

密通の制裁

寛文三年（一六六三）、陸奥国会津の地で一組の男女が処刑された。事件の顚末《てんまつ》を『家世実紀』でたどってみよう。

男は儀道という僧で、数年前から寺の住職を務めていた。儀道は、しばしば参詣に訪れる「やす」という女と親しく語らうようになり、「やす」は儀道の僧衣をこまめに洗濯するようになった。夫婦さながらに睦まじい二人は、やがて変わらぬ愛を誓い、女は剃髪して尼になり寺の門前に住み着いた。

幸せな男と女。しかし世間の目は厳しかった。住職の身でありながら女と野合《やごう》して淫欲をほしいままにしていると「密通之悪名」が広がったのである。これ以上住職は続けられないと観念した儀道は、「私はしばらく身を隠して世間の噂がしずまるのを待つことにします。貴女も転居したほうがいい。来年の四月二十日に再会しましょう」（「互之噂無面目《めんもくなく》今度致退院候、来年四月廿日忍て可参候《まいるべく》」）と述べ、「やす」はうなずいた。

　翌年の四月二十日、約束通り再会した二人は（儀道も「やす」も還俗《げんぞく》していた）、互いに愛の絆を確かめあった（に違いない）。しかしそのわずか四ヶ月後、二人は密通の罪で捕縛されてしまう。

　藩主の保科正之《ほしなまさゆき》が下した判決は非情としか言いようがない。儀道については戒律を破って密通した罪は重大であるとして、見せしめに僧衣で市中を引廻したのち磔《はりつけ》（「密通之作法徒　者《いたずらもの》に候間、出家共為見懲《みごらしのため》衣を為着《きせ》、町中引晒　磔に申付」）。「やす」も同罪だから本来なら磔にするべきだが、減刑され命は奪わないことに。親兄弟も頼るべき親類もない哀れな境遇で、しかも夫を持たない独身の身。人妻の密通とは事情が異なり、情状酌量の余地ありとされたのだった。

　情け深い減刑。しかしそれは、はたして情け深いと言えるだろうか。なにしろ命を救われた代償に顔面の重要な部位を奪われてしまったのだから。『家世実紀』には「鼻鍛其儘《はなそぎそのまま》に被差置《さしおかれ》候事、其身之為には死罪も同前之儀に候」と記されている。鼻をそぎ落とされ、殺されたに等しい姿で、彼女はその後の人生を過ごさなければならなかったのである。

「やす」が死罪にならないのなら、儀道も命だけは助けるべきではないか。藩の重役たち（「加判之者共」）の意見が正之を動かし、儀道もまた死罪を赦《ゆる》され、十二月に鼻をそがれ追放となった。

肉刑執行の基準

法律用語では、生命を奪う刑を生命刑、懲役・禁錮・拘留など自由を奪う刑を自由刑、財産的利益を剥奪する刑を財産刑と言い、身体の一部を傷つけあるいは剥奪する刑を身体刑と言う。入墨《いれずみ》を施す墨刑《ぼくけい》や笞打《むちうち》の刑も身体刑にほかならない。

戦国時代の殺伐とした風潮が尾をひいていた江戸時代初期には、会津藩だけでなく全国各地でさまざまな身体刑が行われていた。ちなみに身体刑は当時「肉刑《にくけい》」と呼ばれた。

＊耳そぎ鼻そぎの刑の歴史については、二〇一五年六月に出版された清水克行『耳鼻削ぎの日本史』が多くの事例を挙げて紹介している。
——耳鼻削ぎの刑の初見は『大鏡』で、中世社会では主に女性や僧侶・乞食に対する刑罰だった。戦場でも首の代わりに敵の耳や鼻を削ぐことが行われ、その事例は戦国後期に増加する。豊臣秀吉は「日本史上最大の耳鼻削ぎの実行者」で、鼻削ぎは朝鮮出兵の際にピークに達する。刑罰としても江戸前期まで

は幕府や諸藩で見せしめのために執行されたが、綱吉の「生類憐れみの令」や吉宗の寛刑化政策によって、一部の例外を除いて刑罰として行われなくなる――。

ごく大雑把に要約すれば右の通り。もっとも清水氏は、たんに〝歴史〟をたどるだけでなく、耳塚・鼻塚の実地調査や聞き取りなど多彩な方法で耳鼻削ぎの実相に迫っている。

寛文五年（一六六五）九月、会津藩は、領内郷村の密通を防止するために、次のような刑罰の基準を示した（意訳）。

人妻を犯した（性交渉を持ったという意味）者は、晒し者にしたのち男根を切り落とす。（不倫を犯した）人妻は鼻を切り落とす。後家や人の娘を犯した男は、その額に火印を当てる（自分の娘を犯した場合については書かれていないが、当然極刑に処せられるのであろう）。

たんなる威《おど》しではなかった。その証拠に九年後の延宝二年（一六七四）十月、数えで十三歳（満年齢なら十一、十二歳）の主人の娘を強姦した下男が、男根を切除され三日間晒されたのち、鼻をそがれて牢に入れられた。

下男はその後牢から出されたが、乞食の身分に堕とされ、親類の家に立ち寄ることすら許されなかった。二重三重の責め苦を受けた理由は、よりによって主人の幼い娘を強姦したため。加えて手口も極めて乱暴だった。「娘之手足を括《くく》り口をふさき押臥せ無体《むたい》に犯候に付、致破穴殊之外血を流半死半生之体《てい》に相成……」という記述から、その非道なふるまいがうかがえる。

同年四月にも、主人の死後、その後家（未亡人）と同居して関係を続けていた男が死罪となり、後家のほうは、片鬢《びん》を剃られ（頭髪を半分剃られ）鼻をそがれた。二人の罪は、後家とはいえ主人の妻と奉公人が性的関係を持ち、仲人もなく勝手に夫婦の生活を送っていたことだった（「下々とは乍申《もうしながら》主人之妻を犯し、其後自ら夫婦に成候事、不義不道成所行に付」）。

元禄三年（一六九〇）四月には、肉刑の基準が示された。それによれば、火印や入墨は罪の重さによって、左肩→右肩→額の順で施される。左肩に入墨がある者が再犯で捕らえられたときは右肩にも入墨。三度罪を犯した場合は死刑にする、という具合だ。

耳そぎの刑にも、罪の軽重によって片耳切りと両耳切りの等級が付けられた（罪が軽ければ「片耳」、重ければ「両耳」。再犯は死刑）。鼻そぎは耳そぎより重い刑とされて

図9　鼻そぎの場面（諸家高名記）

正徳四年（一七一四）刊の戦記『諸家高名記』に見える「鼻そぎ」の場面。石田光成は、前右衛門督義郷《よしさと》に秀頼《ひでより》の下知《げじ》を伝える使者を送ったが、義郷はこれに従わず「此使者の耳鼻をそぐ」よう家来に命じた。本来は首を打ち捨てるところだが、使者なので命は助けるというのである。図は、光成の使者が義郷の家来たちに取り押さえられ、鼻をそぎ落とされているところ。鼻そぎの様子を描いた図として貴重だが、刑罰（肉刑）の一つとして行われた鼻そぎの方法を伝えるものではない。　宮城県図書館蔵

いる。

肉刑の廃止

しかし十七世紀も末になると、藩内でも苛酷な肉刑は廃止すべしという声が挙がり始めた。廃止の意見が最初に出されたのは、天和《てんな》三年（一六八三）三月である。

きっかけは五年前に両耳をそがれて追放された者が戻って来て、町奉行宅に参上し「死罪は覚悟のうえ、万一命を助けていただけるかもしれないと存じて帰ってきました」と訴えたこと。他国では召し使ってもらえず餓死を待つしかないので、禁を犯して帰って来たというのである。

藩の重役たちの間で協議が行われ、「今どき鼻や耳を切る刑を行っている藩は当藩くらいではないだろうか。このため耳や鼻を切り落とされている者は会津者と呼ばれているそうだ。そもそも鼻や耳をそがれた者が他国で雇用されるはずもない。この際肉刑を受けた者を追放するのはやめるべきでは」という改正案が出された。

その一方で「当藩の肉刑は土津様《はにつ》（保科正之）の代に、日本は刑法が不備で死刑にすべきでない者も死刑になっている。罪によっては死刑を一等減じて耳や鼻を切るようにしたらという趣旨で定められた刑である。簡単に改めるべきではない」とする意見も。鼻そぎ耳そぎの肉刑は、当初は死刑を減らすための〝慈愛の刑〟だったのである。

調査の結果、幕府も鼻そぎ耳そぎの刑を行っている事実が判明。初代藩主保科正之以来の仕来《しきたり》であるという伝統が重視され、廃止は実現されなかった。

＊幕府は、奉公人の請人《うけにん》に立ちながら奉公人を駈け落ちさせる詐欺を犯した者を、天和二年（一六八二）まで鼻そぎ・耳そぎの刑に処している（『御仕置裁許帳』）。またこれより先、寛文十二年（一六七二）に、長崎で三人の男と密通を重ねた「みつ」という十六歳の娘が「為懲」牢内で鼻そぎの刑に処せられ、密通相手の一人、十九歳の八左衛門が「陰茎切」になっている（安高啓明『新釈犯科帳（二）長崎奉行所判例集』）。

肉刑廃止が実現したのは、十五年後の元禄十一年（一六九八）三月のことである。金沢藩主松平加賀守（前田綱紀《つなのり》）から刑法についてさまざまな問合わせがあり、それに回答するために幕府に伺ったところ、幕府ではそんな肉刑は行っていない（「於公儀《こうぎにおいて》は加様《かよう》之肉刑、前々より無之由に候旨」）との返答を得た。

前述のように、幕府は天和二年（一六八二）まで耳鼻そぎの刑を行っていた。執行しないようになったのは、宝永六年（一七〇九）十二月二十六日からのようで、同日、若年寄の永井伊豆守（直敬《なおひろ》）から大目付に対し、今後は耳鼻そぎや指などを切る刑は行わない旨の書付が渡されている（『憲教類典《けんきょうるいてん》』四之五上）。元禄十一年の時点では、廃止はされていないが、ほとんど行われていなかったのであろう。かくして会津藩主（松平〈保科〉正容《まさかた》）は、老中阿部豊後守（正武《まさたけ》）に問合わせたのち、鼻そぎ・耳そぎ・火印・入墨などすべての肉刑の廃止を決断した。

磔と打首、どちらにすべきか

さらに三十四年が過ぎた享保十七年（一七三二）、関係を結んだ男が頻繁に金をせびるのに嫌気がさし、人を頼んで殺させた後家が打首になる事件があった。当初は後家を「磔にすべし」とする意見が優勢だったが、結局磔より軽い「打首」の判決が下された。同じ死刑でも磔と打首（斬首）では受ける苦しみは雲泥の差。後家はまだしも軽い苦しみで（あくまで磔と比較すればだが）絶命したと想像される。

彼女が磔をまぬがれたのは、会津藩が幕府の主要な役職を務める大名たちに、どのような刑を科すべきか問合わせた結果だった。すなわち上野《こうずけ》国沼田藩主で奏者番《そうじゃばん》兼寺社奉行の黒田豊前守（直邦《なおくに》）は「幕府はそう簡単には女性を磔にしません。打首が妥当ではないでしょうか」（「公儀にても婦人磔之刑には容易に不被仰付候、打首可然《しかるべし》」）とアドバイスを与え、山城国淀《よど》藩主で奏者番の稲葉佐渡守（正親《まさちか》）も「現在の将軍はめったなことで磔は許しません。打首がいいでしょう」（「磔之刑御当代は容易に無之事に候、打首可然」）と回答した。

佐渡守は、会津藩の当主（容貞《かたさだ》）は幼年なので（九歳）、刑罰も幕府のやり方に従ったほうが無難であると言い、さらに刑罰に対する現在の将軍の姿勢について、「刑罰をなるべく軽くする方針である」（「公儀にても先御代より当御代は軽方に御仕置被行候」）と語った。現在の将軍とは、八代将軍徳川吉宗にほかならない。

耳そぎ鼻そぎの復活

耳そぎ鼻そぎの刑の〝その後〟に触れておこう。

会津藩は、寛政二年（一七九〇）、中国の明律《みんりつ》に倣《なら》った刑法典を制定し、これを『刑則《けいそく》』と称した。『刑則』は死刑を減らすなど、刑の寛大化（軽減）や、犯罪抑止効果のない従来の追放刑を徒刑《とけい》（罪人を拘束して藁《わら》細工や土方などの懲役を科す）に切り替えることを基調とするものだったが、あわせて肉刑を復活させている（手塚豊「会津藩「刑則」考」）。

従来の磔は誅伐《ちゅうばつ》（試し斬りを伴う斬首）とし、誅伐は刎首《ふんしゅ》（斬首）に。そして刎首は鼻そぎの刑に変更された（「古例刎首之刑に当者宥之《あたるものこれをゆるし》　鼻鍛《はなきり》之上徒三年贖銭《しょくせん》四拾五貫五百文」）。保科正之が耳そぎ鼻そぎの刑を設けた趣旨に立ち帰って、刑の寛大化（慈悲）

の手段として、これを復活したのである。その執行方法は、初犯は左肩に入墨し左耳をそぎ、再犯は右肩に入墨し右耳をそぐという具合。肉刑の者は市中に晒された（罪状によっては女性も）。

幕府の場合はどうか。

享保三年（一七一八）八月二十九日、江戸城の殿中で、寺社奉行の松平対馬守から南町奉行大岡越前守に「書付」が渡され、大岡は、これを中町奉行坪内能登守と北町奉行中山出雲守に回覧した（当時は南北と中、三つの町奉行所があり、三人の町奉行がいた）。

書付の内容は、抜荷《ぬけに》（密貿易）に対する刑罰の規定で、犯人を「本人」（主犯）・「抜商売手伝致候者」（協力者のうち身上《しんしょう》よき者）・「軽き者」（軽輩の協力者）の三者に分け、それぞれに科すべき刑が記されていた（『享保撰要類集』抜荷御仕置之部）。その刑に耳そぎ鼻そぎが含まれている。

――主犯は、耳と鼻をそぎ相応の家財を没収して追放（「耳鼻をそき　家財之内過怠之積り相応に取上之　追放可申付候」）。身上のよい協力者は、耳や鼻はそがないが、相応の家財を没収して追放。軽輩の協力者は、耳鼻をそいで追放――。

なぜ抜荷に耳そぎ鼻そぎなのか。それは抜荷犯が絶えない現状に対する将軍吉宗の発案にほかならなかった。従来、抜荷は磔・獄門等の極刑に処せられていたが、これでは（あまりに関係者の罪が重すぎて）訴える者も訴えにくい。そこで吉宗は、刑を家財等の没収や遠島に軽減することで訴人が出やすいようにし、あわせて極刑や死罪よりは軽い耳そぎ鼻そぎの刑を取り入れたのである。同時に自訴（自首）や共犯者の密告を奨励し、その結果、抜荷犯の逮捕数が格段に増加したという（荒野泰典『近世日本と東アジア』）。

吉宗の侍講を務めた室鳩巣《むろきゅうそう》は、享保四年（一七一九）二月の書翰《しょかん》の中で、「当御代」（吉宗）が長崎における抜荷を取り締まるために、「耳鼻をそぎ候て命を御ゆるしにて候」と述べている（『兼山秘策《けんざんひさく》』）。前年の冬には抜荷犯の大物三人が長崎で捕らえられたが、彼らが大勢の抜荷犯を密告したので（「大勢同類を指申に付」）、耳も鼻もそがずに釈放したとも。三人は「御慈悲」に感謝し、お礼（「御奉公」）として、さらなる大物の逮捕に協力すると述べたという。老中たちは三人を死罪にすべきだとしていたが、吉宗の特命で命を助けられたのだった。

刑を軽くし、自首や密告を奨励することで抜荷取締りの成果を上げた吉宗（逆転の発想と言える）。そんな吉宗について、鳩巣は「御智恵の程御老中初諸役人も奉感《かんじたてまつる》由申候、箇様の儀は御得物《えもの》と申事に御座候」（その知恵には老中や諸役人も感嘆している。とりわけこの種の問題はお得意だ）と記している。

かといって手放しで吉宗を称賛しているわけではない。鳩巣は続いて「人君貴レ明不レ貴レ察」という『二程全書《にていぜんしょ》』にある言葉を引いている。「将軍は大局的な道理を貴ぶべきで、盗賊（抜荷犯）を捕らえる知恵に長けていても……」と言いたいのであろう。それは、あまりに実利的で、儒教的な君主の理想と異なる吉宗に対する鳩巣なりの評価だった。

＊抜荷の罪で耳そぎ鼻そぎになった例は、どれほどあるのだろうか。延宝五年（一六七七）にオランダ人との間で舶来の綿織物の密売買をした者二人がそれぞれ左右の小指と左の小指を切られたと長崎奉行所の判例集『犯科帳』に記載されている（安高啓明前掲書）。しかし吉宗の時代以降を含めて、抜荷で耳そぎ鼻そぎの刑が行われた判例は紹介されていない。

十三　将軍の力

指導者の鑑、徳川吉宗

室鳩巣の辛口評はともかく、吉宗が現実的で卓越した指導者だったことに変わりはない。すぐれた指導者には逸話や伝説がつきものだ。歴代の将軍の中で逸話や伝説に富む人物と言えば、神とあがめられた家康を除けば、吉宗の右に出る者はいないだろう。

時代小説やテレビ時代劇の中だけではない。吉宗は大衆娯楽の世界に登場するずっと前から、武士の世界ではすでに人気者だった。幕臣たちは彼の逸話を敬慕の念をこめて熱く語ったし、大名にもファンがすくなくなかった。

肥前国平戸藩の老公で『甲子夜話《かっしやわ》』の著者として知られる松浦静山《まつらせいざん》（一七六〇—一八四一）もその一人である。吉宗の没後に生まれた静山は、当然生前の吉宗に接していない。にもかかわらず彼を慕って、そのさまざまな逸話を『甲子夜話』に書きとめている。たとえば次のような。

ある日、江戸城の見付《みつけ》の大番所に突然立ち寄られた徳廟《とくびょう》（＝吉宗）は、番所に備え付けの弓や槍、鉄砲などを手にとってご覧になった。どれも錆びて役に立ちそうにない。徳廟は「槍は鏽《さび》ても通るものよ」（槍は錆びても突き貫けるさ）とおっしゃっただけで立ち去られた。その言葉に番人たちは恐縮し、見付の門の警備を担当していた大名家は、ただちに番所の武器を新しい物と取り替えたという。

錆ついた武器はまさに平和ボケの象徴。そんな武器を目のあたりにしながら、吉宗は激昂《げきこう》して叱りつけるのではなく、皮肉たっぷりの言葉を残して静かに立ち去ったというのである。過剰な叱責は相手を萎縮させるだけ。吉宗は、トップにある者の言葉の重さをよく心得ていたのだろう。ちょっとした皮肉でも、それが将軍の口から出れば、十分効果があることを。

政治改革であれ痛みを伴う政策であれ、その円滑かつ迅速な実現のためには、なにより組織の和と指導者に対する親しみが不可欠だ。幕府という組織においても同様のことが言える。吉宗はどのようにして「和」と「親」の増進に努めただろうか。

四谷方面に御成《おなり》になったときのことである。たいそう暑い日で、服を脱いで風にあたりたくなった徳廟は、鮫《さめ》が橋《はし》の上で、大声で「ここは家来共計《ばかり》か」（この辺にいるのはお前たち家来だけか）とおっしゃった。

警衛を務める番士たちが「左様」（はい）と申し上げると、徳廟は立ったまま服を脱いで裸になり、しばらく涼んでから軽やかに服を着て歩き始めた。番士たちは徳廟が「家来」と仰せになったのを、まことにありがたいことだと語り合ったという。

右の話の一体どこが「和」や「親」なのか。キーワードは「家来」。

将軍が「家来」と呼ぶのは、通常は日常的に側に仕える小性や小納戸《こなんど》など奥向《おくむき》勤務の者たちだった。御成などの際に警衛に当たる番士などは、将軍から直接「家来」と呼ばれるほど近しい関係ではない。

彼らにとって、将軍は雲の上の人。ところがその将軍が、番士たちに「お前たち家来だけか」と語りかけたのだ。その言葉に彼らは感動し、将軍吉宗に対する親しみが増すと同時に、奥向で務める者たちとの一体感（和）を感じたというのである。

将軍の身のまわりの世話をする奥向の者もそうでない者も、共に幕府という組織の一員であり、将軍の家来であることに変わりはない。両者を差別してないことをさりげない言葉で示した吉宗は、それだけでも指導者の鑑と言える。

吉宗の卓越した指導力は、右の逸話だけでは語り尽くせない。

その施政を振り返ってみよう。「足高《たしだか》の制」は、小禄の者でも能力次第で重要なポストに就ける道をひらいた画期的な人材登用策だ。小石川養生所の設置によって、江戸の下層民も医療の恩恵にあずかれるようになった。同時に吉宗は、医者に診てもらえず薬も手に入らない僻村の民や貧窮者のために、さまざまな民間療法を収録した『普救類方《ふきゅうるいほう》』を幕府の医官たちに編纂させ官費で出版している。同書は江戸の本屋を通じて全国に販売された。政治の力で医療格差を改善しようとはかったのである。

吉宗はまた、法律・医療・天文・薬学などさまざまな分野の書籍を中国から取り寄せ、施政の参考にした。なかでも積極的に収集したのは中国各地の地方志（地誌）。そこに記されている特産品などの情報を、わが国の物産開発に役立てるためだった。中国だけではない。オランダからも知識や技術を吸収しようとした吉宗は、青木昆陽《こんよう》らにオランダ語を学ばせ、蘭学の基礎を築いたことでも知られている。

ほかにも町火消の設置等による江戸の防災都市化、米価の調節、目安箱の設置、新田開発等々。彼の指導下で実現した政策や制度は十指にある。吉宗は、情報収集に余念がない、緻密で研究熱心な実践的為政者だった。

吉宗と清国人の刑罰問答

医学・薬学（本草学）・法律・制度・天文学ほか、さまざまな分野の学者たちに研究課題を与えた吉宗は、研究チームのすぐれた統括者でもあった。

　とりわけ熱心だったのが中国明代の刑法典明律の研究である。奥坊主の成島道筑《なるしまどうちく》に講義をさせ、側近の儒者荻生北渓《おぎゅうほっけい》（徂徠《そらい》の弟）に訓点を付けさせ、同じく儒者の高瀬学山《がくざん》に語義の解説を命じるという具合だ。学山の研究成果である『大明律例訳義』は、享保五年（一七二〇）に完成し、献上された。

　明律だけでなく、『令義解《りょうのぎげ》』『令集解《りょうのしゅうげ》』で日本古代の刑法も研究させた吉宗だが、特筆すべきは、これら文献の研究だけでは飽き足らず、長崎に滞在していた中国人（清国人）の朱佩章《しゅはいしょう》に清国の犯罪と刑罰の現状を質問し、その回答を和訳させたことである。

　朱佩章は福建省の人で、享保十年（一七二五）から十二年にかけて長崎に二度来航。折から『大清会典《だいしんかいてん》』の和訳のために長崎に出張していた深見有隣《ありちか》（のちに書物奉行となる）が唐通事《とうつうじ》の通訳で、吉宗の質問に対する回答を引き出したという。その詳細な内容が『仕置方之儀付朱佩章え相尋候問答書御控』に記録されている。

　それにしても、吉宗はどのような質問をしたのだろうか。質問の内容は多岐にわたり、「不忠不孝之者」「附火幷《ならびに》自火出し候者」「似せ金拵《こしらえ》幷似せ金と存通用仕候者」

「謀判謀計《ぼうはんぼうけい》」「盗賊」「博奕《ばくち》」「不義之密通」「喧嘩口論」「毒薬買幷毒飼人」……に分類されている。当然質問の数も多く、その全貌は紹介しきれない。とりあえずいくつかを意訳してみよう〈〈吉〉は吉宗の問い。〈朱〉は朱佩章の回答〉。

〈吉〉（貴国で）斬罪より絞罪《こうざい》（絞首刑）のほうが罪が軽いのは、斬罪が父母から授かった身体を切断するからか。

〈朱〉そのとおりです。死は誰にも訪れますが、身体を切断されるのは最も痛ましいことです。

〈吉〉流罪の者が妻子を伴うのはなぜか。

〈朱〉妻子も共に流されるからです。

〈吉〉（貴国では）あやまって自宅から火を出し他人の家などを類焼させても無罪ということだが、火が宮殿等に及んでもやはり無罪か。

〈朱〉火事は天災なのでやはり無罪です。

〈吉〉掏摸《すり》は掌中《しょうちゅう》に小さな刃物（剃刀）を隠し持ち、巾着《きんちゃく》（財布）などを切り取るが、この特殊な刃物を製造する者も罪を問われるべきだ。

〈朱〉この刃物は銭を磨いてよく切れるようにした物で、掏摸の賊が自身で製造します。

〈吉〉博奕を打った者を板で二十回あるいは鞭《むち》で五十回打つということだが、「二十板の刑」と「五十鞭の刑」ではどちらが重いのか。

〈朱〉ほぼ同じ程度です。鞭は皮製で打たれても板ほど痛くありません。

〈吉〉律（清律）に十二歳以下（未満）の幼女を犯した場合は、たとえ合意の和姦でも強姦と見なすとある。しかし十二歳ではなく十六歳とする説もある。どちらが正しいのか。

〈朱〉十二歳です。この場合、板で四十打ったのち絞罪に処せられます。

〈吉〉悪事を密告した者に褒美を与えることはないか。

〈朱〉訴えるのは悪心邪欲から。褒美を与えることはありません。

〈吉〉国家に対する叛逆《はんぎゃく》等を訴えた場合はどうか。

〈朱〉調査の結果、叛逆等が事実であれば、褒美を与えます。

〈吉〉酔って人を殺した場合は。

〈朱〉板で強く四十回打ち（「重く打つ事四十板」）、秋になって死罪にします。

〈吉〉（貴国では）乱心者が人を殺しても、乱心は病気なので罪を減じ、板で三十回打ったのち二千里の流罪にするということだが、乱心者は流罪先で（養う人がいなければ）餓死してしまうのでは。

〈朱〉死罪になるところを減刑しただけで、流刑地で餓死してもそれまでのことです。

右は〝日中刑罰問答〟のほんの一部を意訳したに過ぎない。吉宗はこのほか不義密通の刑や敵討《かたきう》ち等についても意欲的に質問している。なにより驚かされるのは、吉宗の質問が具体的で鋭い点だ。吉宗は、貴国では長い間苦しむ餓死の刑が絞罪より軽いのはなぜかと問い（回答は、餓死の刑は自然に死滅するので、無理やり殺害される絞罪より軽い）、罪人の「足枷《あしかせ》」の構造や寸法についても質問している（朱は図を描いて答えた）。

中国の刑法についてあらかじめ学習し知識も豊かだった。流罪者の妻子も共に流されると聞いて、「中国の古書には、夫が流罪になっても妻は残るとあるが」と問い返したことからも、それがうかがえる（朱は「罪人に老父母がある場合、妻は老人を養うために残ります」と回答）。趣味や教養のためではなく（もちろん道楽でもなく）、吉宗が懸命に中国の刑罰の実態を知ろうとしていた気持ちが伝わってくる。

『公事方御定書』と法令集の編集

吉宗のこのような研究が、刑罰の基準や重要判例を網羅した『公事方御定書』や法令集の編集につながったのは言うまでもない。その経過をざっとたどってみよう。

吉宗は、老中松平乗邑《のりさと》と三奉行（寺社奉行・町奉行・勘定奉行）に『公事方御定書』

の編集を命じ、寛保《かんぽう》二年（一七四二）に一応完成。その後追加や修正があり、吉宗の没後、宝暦四年（一七五四）に最終的な完成を見た。『公事方御定書』は上下二巻から成り、上巻に裁判や行刑に関する八十一の重要法令、下巻に裁判の基準になる判例や刑罰の規定を収録。下巻は特に『御定書百箇条《おさだめがきひゃっかじょう》』あるいはたんに『御定書』と呼ばれた。

『公事方御定書』の編纂に当たっては「御定書掛三奉行による法文案の提示と、それに対する徳川吉宗の承認ないし修正意見の表明とが幾度となく繰り返された」（高塩博「「律令要略」について」）。役人任せではなく吉宗自身の見識によって仕上げられたのである。

寛保二年に『公事方御定書』が完成すると、吉宗はさらに徳川家康以来幕府が発した法令を収録した法令集の編集を命じた。編集の総裁は松平乗邑で、法令集は延享元年（一七四四）に完成。『御触書《おふれがき》』（『法度書』とも）と命名され、元和《げんな》元年（一六一五）から寛保三年（一七四三）までの百二十九年間に出された三千五百五十通の法令が収められている。

その後、十代家治《いえはる》・十一代家斉《いえなり》・十二代家慶《いえよし》のときにも同様の法令集が編集され、それぞれ『宝暦集成』『天明集成』『天保集成』と称されたため、『御触書』は『寛保集成』（あるいは『享保集成』『古御触書』）とも呼ばれるようになる。

『公事方御定書』成立以前には、裁判の準拠となる法律書が編集されていなかったのだろうか。

すでに本書にも登場した『御仕置裁許帳』には、町奉行所の牢帳から選び出した、明暦三年（一六五七）から元禄十二年（一六九九）の間の九百七十件余の判例が記されている。『元禄御法式《げんろくごほうしき》』は、『御仕置裁許帳』の事例を条文形式に編成したもので、同じく条文形式の『公事方御定書』と、似ていないこともない。

両者の大きな違いは、『公事方御定書』が裁判で判決の準拠とされる重要判例を収録したのに対して、『元禄御法式』は、『御仕置裁許帳』の判例を、特に重要でないものも含めて収録している点である。

たとえば『元禄御法式』には、「遊女之舌を喰切者　江戸十里四方追放」の条文があるが、これは延宝八年（一六八〇）に七兵衛という男が新吉原の遊女「いく世」の舌を嚙み切って（「彼女之舌を喰切」）入牢し、将軍の代替わりに伴う赦免《しゃめん》で「日本橋より十里四方追放」とされた一件の要約である。興味深い事例だが、同様の事件が頻繁に起こるとは思えない。『元禄御法式』が『御仕置裁許帳』の判例を速やかに検索するために作成されたものであるため、このような事例も含まれているのであろう。

そもそも『御仕置裁許帳』自体が幕府の編纂物ではなく、町奉行所の吏員が宝永（一七〇四―一一）頃に私的に編集したものと推測されている。編者の名も不明だ（『近

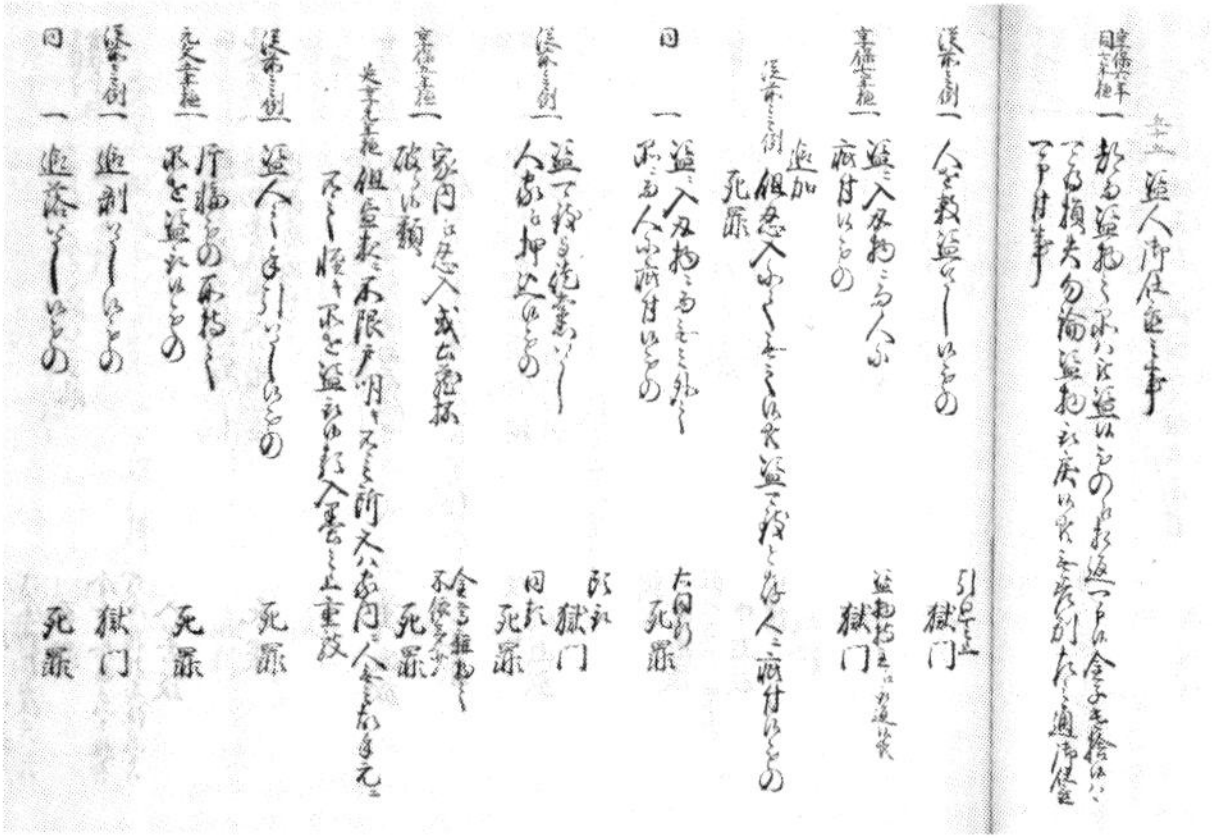

図10　公事方御定書（棠蔭秘鑑）

『公事方御定書』は、原則として幕府の三奉行（寺社奉行・町奉行・勘定奉行）ほか限られた者にしか閲覧が許されなかったため、裁判の実務に携わる役人等の間で多数の写本が作成された。その結果、誤写や脱漏のある写本もすくなくないのを憂慮した評定所《ひょうじょうしょ》が、天保十二年（一八四一）に編集した『公事方御定書』の正しいテキストが『棠蔭秘鑑《とういんひかん》』である。図はそのうち「盗人御仕置之事」。「盗人之手引」（盗人の案内）をした者も「死罪」。また身障者の所持品を盗んだ者も「死罪」とある。

国立公文書館蔵

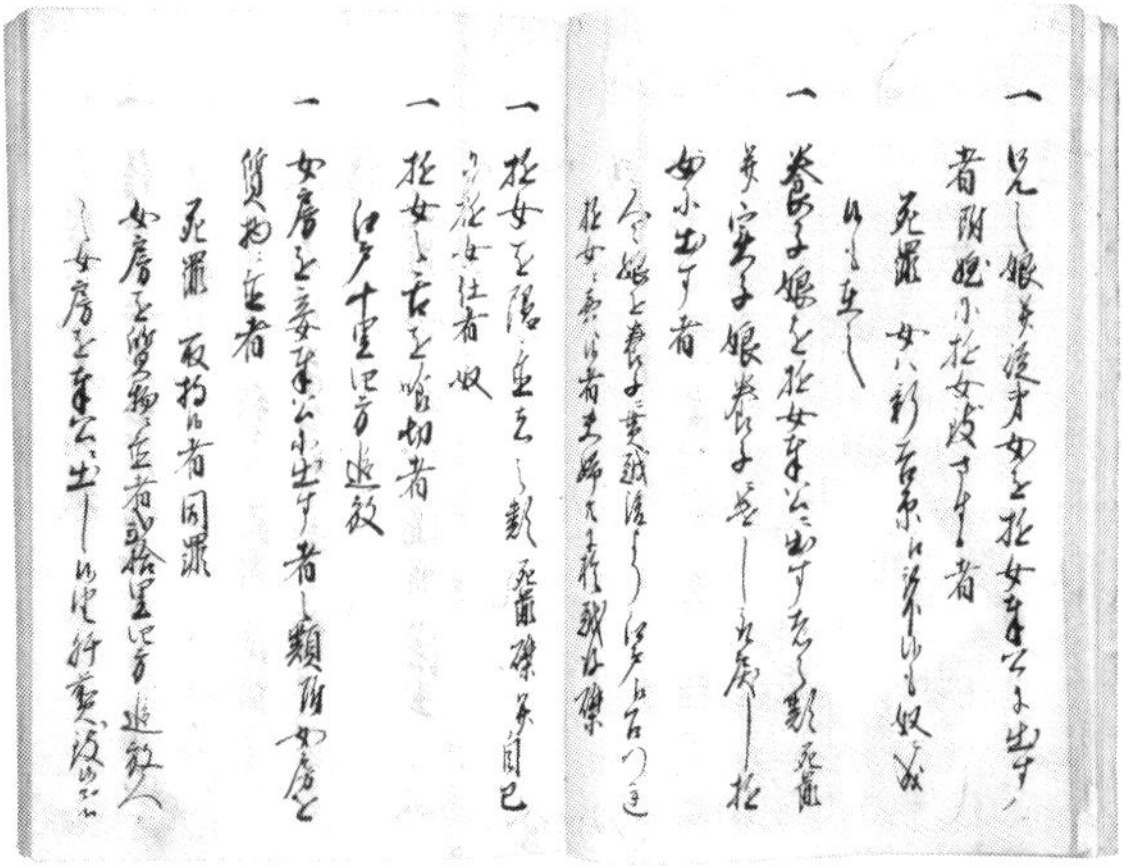

図11　元禄御法式（憲教類典）

元禄十二年（一六九九）以前の幕府の判例集『御仕置裁許帳』を要約した『元禄御法式』には、奇妙な事件も収録されている。〈遊女の舌を喰いきった罪で江戸十里四方追放〉はその最たる例で、おそらく同様の事件はその後再び起きず、したがってこの判例が参考にされたことはなかったと思われる。

ちなみに「遊女之舌を喰切者」の次の判例は、「女房を妾奉公に出す者之類　附女房を質物に置者」（自分の妻を他人の妾にした者、質に入れた者）。女房を妾奉公に出した夫は、仲介者ともども死罪となった。

国立公文書館蔵

世法制史料叢書』一解説)。『公事方御定書』が刑法や裁判の改革を目指した将軍の命で編集されたのとは基本的に異なるのである。

十四　責問と拷問

拷問乱用を禁じた吉宗

刑務協会編『日本近世行刑史稿』（一九四三年刊）は、拷問の乱用防止をはかった吉宗の業績を次のように記している。

徳川時代に入るや歴代の名君良宰専《もっぱ》ら意を刑政に致したるも、尚戦国の遺風を存し其の刑法は依然として威嚇《いかく》弾圧の域を脱する能はず、拷問の如きも益々盛に行はれ、其の弊害も亦《また》少くなかつた。然るに一代の名君吉宗の将軍職を継ぐや、従来の拷問は孰《いずれ》も惨酷を極め無辜《むこ》の民にて寃枉《えんおう》に泣くもの少なからざるの実状あるを認め、享保七年三月及四月の両度ニ亙《わた》り指令を発して之が緩和を図り、以て其の悪弊を除かんことを努めた。次で寛保《かんぽう》二年是等の指令に基き百ヶ条の制定を見、爾来《じらい》拷問（狭義）は殺人、放火、盗賊、関所破、謀書《ぼうしょ》、謀叛《むほん》に限られ、就中《なかんずく》名奉行と称せらるゝ者は努めて拷訊《ごうじん》を避け、寧《むし》ろ之を為すを恥辱とするに致つた。

戦国以来の遺風で、残酷な拷問が盛んに行われ、このため肉体的痛苦に耐えかねて、犯してもいない罪を〝白状〟する者もすくなくない。このままではいけない。吉宗は、享保七年（一七二二）の「御仕置書」および寛保二年（一七四二）の『公事方御定書』で、人殺・火付・盗賊・関所破・謀書謀判（文書や印判の偽造）などの重要犯罪に限って、しかも確かな証拠や共犯者の自白があるのにもかかわらず白状しない場合のみ、拷問を認めたのである。

四種の拷問

幕府はどのような拷問を行っていたのだろうか。

佐久間長敬《おさひろ》が明治になって著した『拷問実記』（一八九三年刊）に、その種類や執行方法が詳しく載っている。旧幕時代に町奉行所の吟味方与力を務めた佐久間は、序文で「此編は予が、むかし幕府江戸町奉行の庁《やくしょ》に、公《おおやけ》の勤めせし頃、眼《ま》のあたり、見もし聞きもし、将自《はたみずか》らなさしめつる事ども、かいつまみてものせしなれば、事柄露《ことがらつゆ》もたがへるなし」（町奉行所与力として実際に見聞しかつ執行した拷問の事実を書いた）と述べており、その内容は信憑《しんぴょう》性が高い。ということで、同書によって幕府の拷問の実態を振り返ってみたい。

しかしその前に、幕府における拷問の語の使われ方に触れておく必要がある。幕府の公文書では、厳密には「釣責《つるしぜめ》」だけが拷問と呼ばれ、「笞打《むちうち》」「石抱《いしだき》」「海老責《えびぜめ》」の三種は、拷問ではなく責問《せめどい》（牢問《ろうどい》とも）とされていた。『拷問実記』では「笞打」「石抱」「海老責」もひとしく拷問に数えているが、それは佐久間が混乱を避けるために細かい区分を省略したためだろう（明治半ばの読者にとっては、どれが責問でどれが拷問かなど、どうでもよかったに違いない。程度の差はあれどちらも肉体を痛めつける行為に違いはないのだから）。

すなわち四種の責めは広義の拷問であり、狭義の拷問は「釣責」だけであったことを確認したうえで、『拷問実記』をひもとくことにしよう。

佐久間によれば、徳川幕府成立以前には、「水責」「火責」「水牢《みずろう》」「木馬《もくば》」の拷問もあったが、幕府は前記の四種に限定。このうち「海老責」は、火付盗賊改を務めた中山勘解由直守《かげゆなおもり》（一六二三—一八七）が始めたと伝えられていた。

町奉行の命を受けて（広義の）拷問を掌《つかさど》るのは吟味方与力で、目付の配下の徒目付《かち》・小人目付《こびと》、鍵役《かぎやく》（牢の鍵を預かり囚人の牢の出入りを掌る）と打役《うちやく》の牢屋同心、そして牢医者などが立ち会う。小伝馬町の牢屋には、寺社奉行や勘定奉行が裁判を担当する囚人も収監されているが、これらの拷問も町奉行所の与力が掌る。

囚人は、牢屋敷内の穿鑿所《せんさくじょ》に引き出され、手鎖《てぐさり》をはずされ諸肌《もろはだ》を脱がされ、太縄で縛られたのち、打役によって、箒尻《ほうきじり》（拷問杖とも）と呼ばれる笞で肩を強く打たれる（図12）。「皮肉破れ、血はしり出る」と、石出帯刀《いしでたてわき》（牢屋奉行）の法被《はっぴ》を着た牢屋下男《しもおとこ》が、傷口に砂を振りかけて止血し、その上からさらに打つ。百五六十回打って白状しない場合は、打つのを止める。

以上が第一回の拷問（くどいようだが広義の拷問。厳密に言えば責問）。「笞打」で白状しないときは「石抱」を行う。「眞木《まき》」または「十露盤板《そろばんいた》」と呼ばれる三角形の台の上に囚人を座させ、膝の上に石を五枚載せ、白状しなければ枚数をふやし最大十枚に至る（図13）。

石の重さは十三貫（約四九kg　ただし『徳鄰厳秘録』の図には十一、二貫とある）。その苦痛の激しさは「見る間に囚人段々口より泡《あわ》を吐き鼻水を出す故、藁《わら》を石の上にのせ、首を受けしむ」ほど。最初に五、六枚も重ねれば大抵の囚人は気絶してしまうので、白状しないときは日数をはさんで一枚を増す。最初の日に十枚を重ねることは稀《まれ》である。

さて五枚、七枚、十枚と石を抱かせて時を経ると、「総身は悉く《ことごと》蒼色《あおいろ》に変じ、口鼻より泡を吐き、又は血を吐くに至る」。それでも怯《ひる》まないときは、下男が左右から石を動かし、「サア、どうだ〳〵」と責め付ける。

図12　「敲」の図（徳鄰厳秘録）

「敲《たたき》」は八代将軍吉宗が考案した刑で、牢屋敷の門前で衆人環視のなか、背や尻を笞で五十ないし百回殴打するもの。おもに軽い盗みを犯した者に（のちに博奕を打った者にも）執行された。

『徳鄰厳秘録』には、この刑罰としての「敲」のほか、自白を促す牢問（責問とも）としての「敲」の方法が図入りで記されている。笞として用いる「箒尻」は「太サ三寸廻リ程　但シ割竹弐本麻苧《あさお》ニ包　上ヲ観世よりニテ巻持所えハ白革を巻」とある。囚人が動かぬよう牢屋の下男が前後から苧縄を引っ張るとも記されている。

国立公文書館蔵

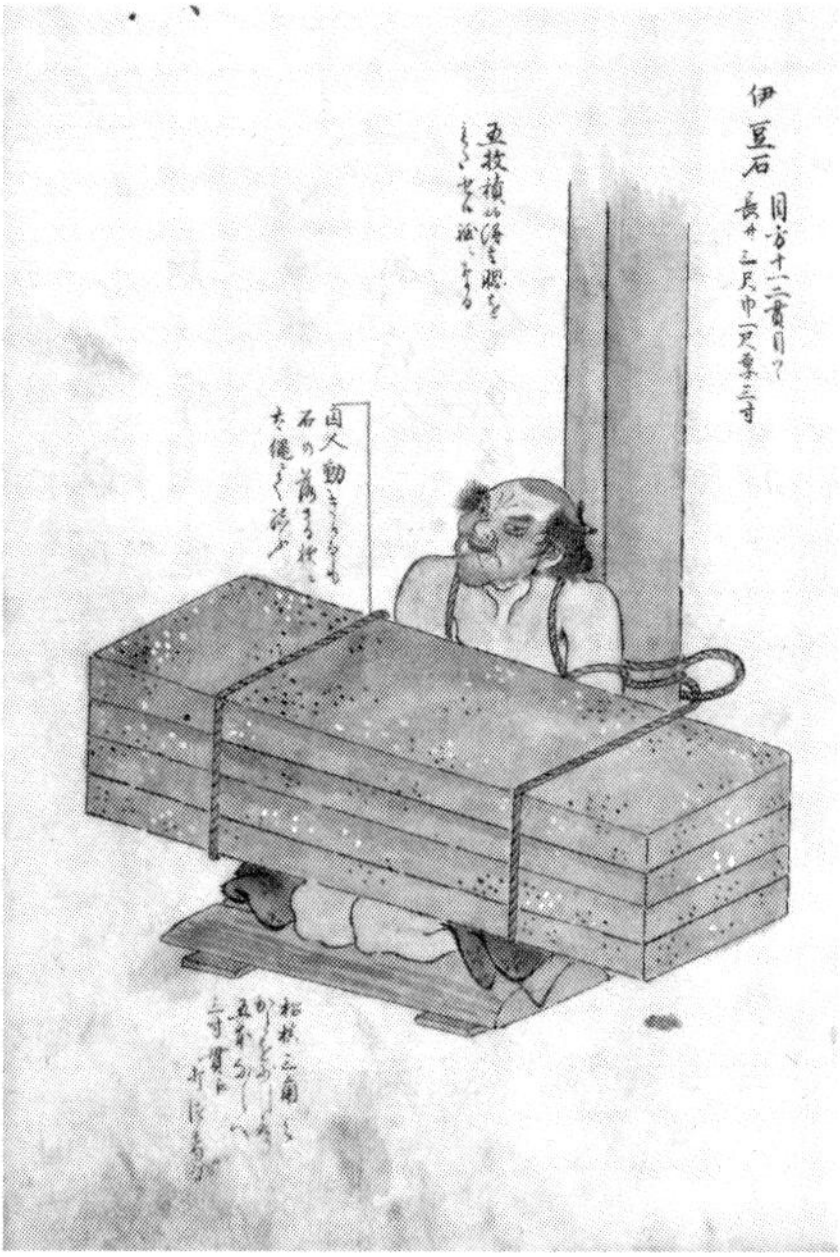

図13 「石抱」の図（徳鄰厳秘録）

囚人の膝の上に置く石は、重さ一枚十一貫目から十二貫目（四一～四五kg）で、長さ三尺（約九〇cm）・幅一尺（約三〇cm）・厚さ三寸（約九cm）の伊豆石《いずいし》。五枚も積むと「腮《あご》をもたせ候程ニなる」（気を失ってしまう）と記されている。重ねた石が太縄で結ばれているのは、苦しさのあまり囚人が身体を動かし、重ねた石が落ちないようにするため。

国立公文書館蔵

「石抱」は通常三、四時間で済むが、強情な者はもっと時間をかけることも。ほとんどの囚人は六、七枚で「或は絶息し、或は寝入るが如くいびきをなし」、さながら恍《こう》惚《こつ》状態になってしまう。絶命するかどうかは囚人の皮膚の色でわかるという。皮膚の蒼白《そうはく》が足の先から腹部に達すると、牢医者が注意し、与力の判断で「石抱」を止め、囚人は釣台に仰向けに臥《ふ》させて牢内に戻す。その際、牢医者が気付薬と冷水を与える。

以上が第二回の拷問。「石抱」までは穿鑿所で行われる。

これでもなお白状しないときは、場所を牢屋敷内の拷問蔵《ごうもんぐら》に移して、数日後、囚人の身体が快復するのを待って「海老責」にかける（図14）。拷問蔵で行われるものの「海老責」はまだ狭義の拷問ではない。

図のように縛ると、半時（一時間）ほどで全身真っ赤になって冷汗が流れ、さらに一時《いっとき》（二時間）も過ぎると「次第に紫色に変じ、又暗蒼色《くろあおいろ》になり」、それでも放置すると「蒼白になる」。しかしここまで耐えられる者は稀である。

そして「海老責」でも白状しない囚人に執行されるのが「釣責」（「釣《つる》し」とも）。正真正銘の拷問だ（図15）。

「縄次第に皮肉にくひ込み、其苦痛《いたさ》最も堪へがたしといふ。（中略）斯《か》く釣し置く事二三時に至れば、足の爪先より血塩《ちしお》したゝることもあり」。はたして苦痛の大きさにおいても、前述の三種の責めを凌いでいた。

図14　「海老責」の図（徳鄰厳秘録）

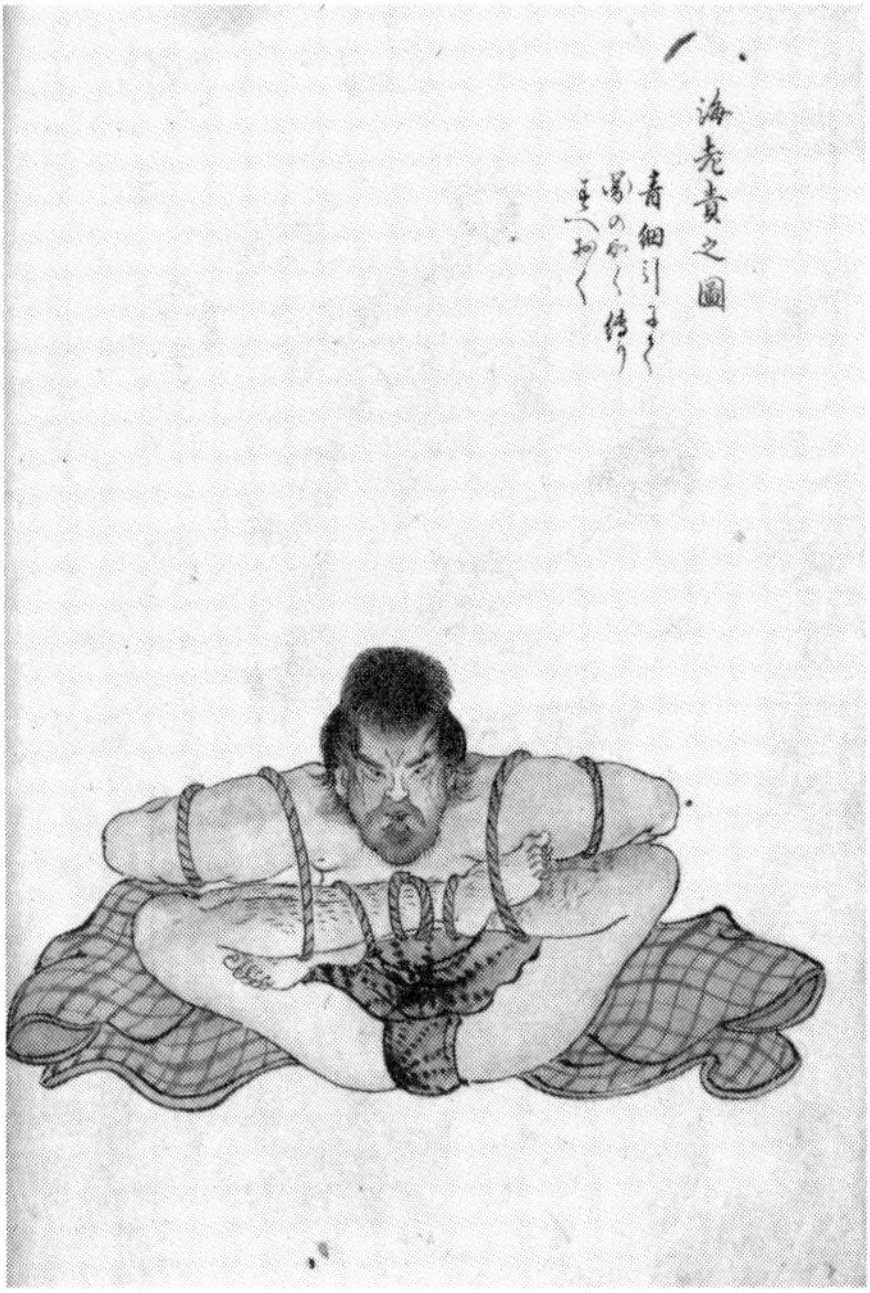

図に添えて「青細引にて図の如く縛り　すへおく」と記されている。青細引は青縄と同じで罪人を捕縛するとき用いる青色の縄。図版がカラーでないので原本の図の彩色をご覧いただけないが、青いのは縄だけではない。三時間以上「海老責」を受けた（図の状態で放置された）囚人は身体が紫色から「暗蒼色」になるというが（本文参照）、はたして図の囚人の顔面や身体の色は青く変じている。

国立公文書館蔵

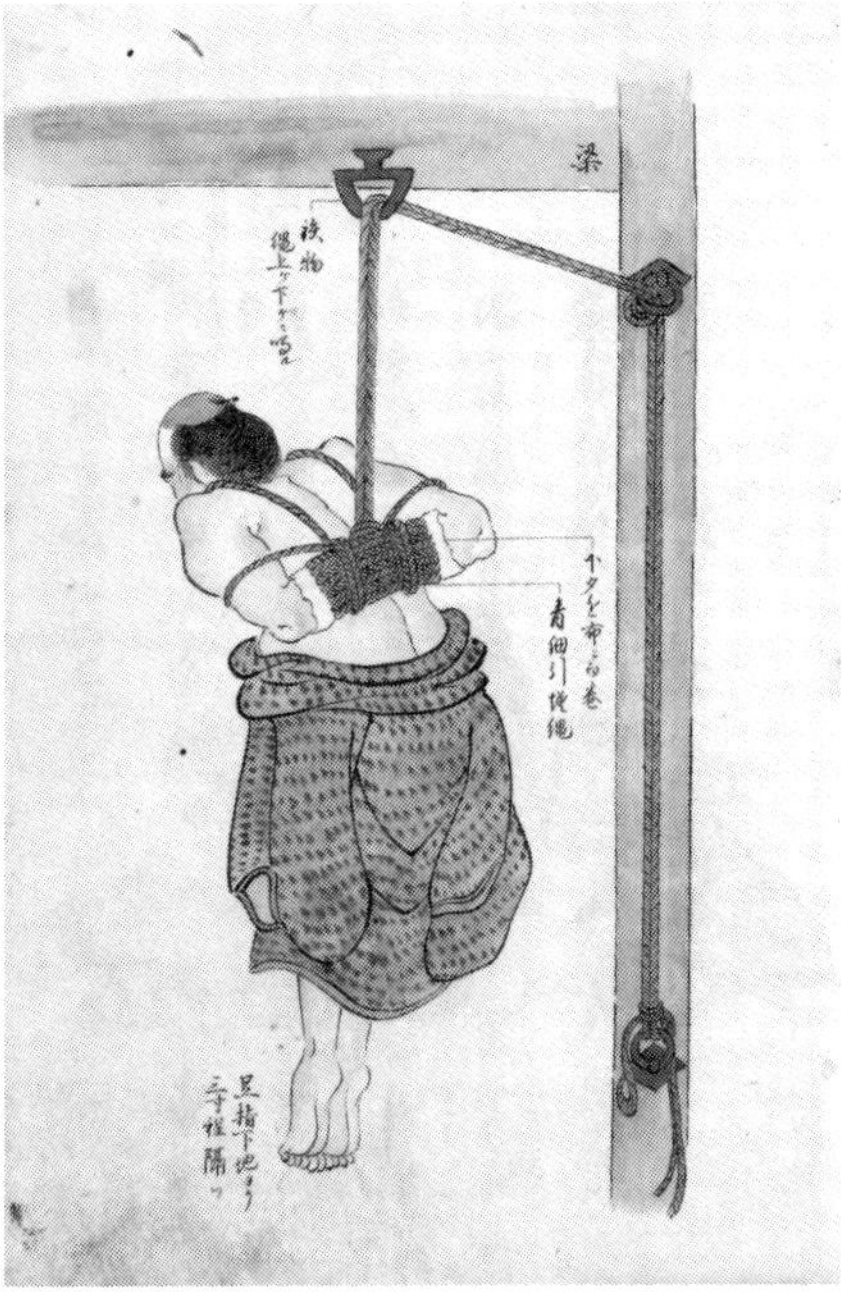

図15 「釣責」の図（徳鄰厳秘録）

牢問（責問）同様、囚人を「穿鑿所」に呼び出し、白状しないなら拷問を申し付ける旨を伝えて（白状するよう説得する）。掛りの役人と立ち会いの者が「拷問蔵」に着座。手鎖を付けられた囚人が連行され、ここでも白状するよう説得が行われた。

白状しない場合に執行されるのが「釣責」の拷問で、図には「足指下地ヨリ三寸程隔ツ」（地面より九cmほどつり上げる）、「鉄物縄上ケ下ケニ鳴ル」（身体を上げ下げするたびに金具が音を立てる）などの注記が添えられている。

国立公文書館蔵

拷問の前と後の儀式

佐久間長敬は明治二十五年（一八九二）頃の成立と推測される『江戸町奉行事蹟問答』でも、小伝馬町牢屋敷で行われた拷問に触れている。『拷問実記』に書かれていない場面もあるので補っておこう。

それは穿鑿所で「笞打」の責問（広義の拷問）を行う前に、囚人に申し渡す言葉。担当の与力は「其方《そのほう》の罪科は疑ひ入るゝことなし」（お前の有罪は疑いない）と決めつけながらも、「申抜《もうしひら》きあらば、何様《なによう》にも申立よ。決《けっし》て役人より無罪なる者を強《しい》て押附、科におとし入るゝに非ず。能《よ》く決心して申立べし」と懇々と諭したという。身の無罪を主張するチャンスを与え、冤罪《えんざい》が生じないように努めたというのだ。

拷問を受ける囚人に対する牢名主《ろうなぬし》や牢内役人たちのふるまいも興味深い（牢名主と牢内役人については後で詳しく述べる。とりあえずは同牢の囚人の長とその配下とご理解いただきたい）。再び『拷問実記』から。

拷問を受ける囚人に牢名主は「白状するな」と励まし、梅干の肉を口中に含ませる。梅肉は拷問中も喉の渇きを癒やし、呼吸を整える効果があるという。

拷問が済み身体を痛めつけられて牢に戻ってくると、畳の上に寝かしつける。白状しなかったと聞けば、一同で（牢内役人一同で）裸にして酒を吹きかけ、「手取り足取り、もみ柔《やわら》げ」、本人が痛さでヒイヒイ叫んでも揉み続ける。このようにすると、かえって身体の痛みは癒え、壮健になるとか。

では、白状したと聞いたときは……。もはや死刑はまぬがれないので、「捨て置くなり」（介抱せず放置する）という。『江戸町奉行事蹟問答』では、このくだりは「若《も》し囚人、責に堪兼《たえかね》、白状すれは、男気《おとこぎ》なきを罵《ののし》り、甚《はなはだ》蔑視するなり」とある。言い換えれば、拷問に堪え罪を認めなければ、男の意地（「男気」）を讃えられたのである。

狭義の拷問はほとんど行われなかった

『拷問実記』には、天保年間（一八三〇―四四）に「笞打」（「縛敲《しばりたたき》」）「石抱」「海老責」など二十数回の責問を受けながら白状しなかった無宿吉五郎《きちごろう》（正しくは「播州無宿大坂入墨定蔵事吉五郎」）に関する文書も収録されている。

それにしてもこの男、なぜ天保五年（一八三四）七月から同七年四月まで（数日から一ヶ月余の間隔を置いたとはいえ）繰り返し責められたのだろうか。大坂で入墨の刑を受けたのち、江戸で盗みをはたらいた吉五郎は、捕縛後も一度ならず供述を変え、そればかりか牢抜《ろうぬけ》（脱獄）まで企てたからである。

身心ともに強靱だったのであろう。天保六年九月二十二日に四時間も「海老責」されたが、「不決」（白状せず）。十一月十一日には、厳しく「笞打」され、石も八枚まで抱かされたが、白状せず。十二月二日に再度「海老責」になったが、やはり「不決」。翌七年三月二日にはついに石を十枚抱かされたが、それでも白状しなかった。

かくして北町奉行所では拷問すなわち「釣責」の執行を決断。四月十一日に一回目、二十一日に再度拷問が行われたが、吉五郎はついに口を割らなかった。結局、北町奉行の榊原主計頭《さかきばらかずえのかみ》（忠之《ただゆき》）から老中に伺を出し、「察度詰《さっとづめ》」（自白が得られなくても証拠が明らかであるので犯人と推定し、裁判を終えること）で吉五郎は死刑になった。

ところで拷問の執行を決断するに当たって、榊原主計頭から奥右筆《おくゆうひつ》の田中休蔵（奥右筆組頭の田中久蔵か。奥右筆には仕置伺の当否を吟味する職掌があった）に出した文書の中に次のような注目すべきくだりがある。

拷問の儀、文化五辰年以来（二十九年間）申し付候程の者之れ無く暫《しばら》く中絶し候儀故、一応御談じにおよび置候（氏家注・括弧内は編者の補記であろう）

町奉行所では、文化五年（一八〇八）から天保七年（一八三六）の今年まで、実に二十九年もの間、「拷問」すなわち「釣責」を行っていないという。

小伝馬町の牢獄には寺社奉行や勘定奉行が裁判する囚人たちも収監されていたが、彼らの責問や拷問も一括して町奉行所が代行していたから、右の年数は、三奉行の囚人全体についてのものに違いない。つまり吉五郎の拷問は、小伝馬町牢屋敷で実に三十年ぶりの執行だというのだ。吉宗の拷問改革以降、幕府が、責問はともかく拷問に対していかに慎重になっていたかがうかがえる。

獄門をめぐる川路聖謨の発言

すくなくとも文化から天保にかけて（十九世紀前半）は、狭義の拷問（釣責）はほとんど行われなかったという意外な事実。同様のことは拷問に限らず、残酷な刑についても言えるようだ。

弘化三年（一八四六）三月十二日、奈良奉行として勤務地奈良に到着した川路聖謨《かわじとしあきら》（一八〇一—六八）は、四月二十二日に同地の牢屋敷を訪れた（『寧府紀事《ねいふきじ》』）。なんと牢屋敷の「拷問所」には「水責の道具」や昔罪人を釜ゆでにした「大釜」が置かれているではないか。さすがに「大釜」は底が朽ちていて、残忍な刑が行われていた戦国期の遺物然としていたが（「いか成残忍のことにや　松永か頃の余臭なるへし」）、「水責の道具」のほうは、絵本に画かれているような物（「草そうしに画かこときもの也」）だったにもかかわらず、近年まで実際に使われていた（「近頃まで用たり」）という。川路は苦笑。水責など江戸では考えられなかったからだ。

前日にも、川路は奈良奉行所で「近頃まても死罪の上獄門申付るなと丶いひし」と聞かされ仰天している。「死罪の上獄門」（斬首されたのち晒し首にする）に川路はなぜそれほど驚いたのか。

川路は『寧府紀事』の欄外にこう書き添えている。「江戸にてもとく古くは死罪之上獄門或は首を切獄門にかけることもありし也」。ずっと前には江戸でも死罪にして斬った首を獄門にかける（晒し首にする）こともあったが……というのである。ということは、川路が「とく古く」（ずっと前）と言う頃から、江戸では獄門が行われていなかったのだろうか。

そんなことはない。『徳川禁令考』の後編「司刑曹遵則」には、文化三年（一八〇六）と六年に品川（鈴ヶ森）で獄門になった例が挙げられている。著名な盗賊鬼坊主《おにぼうず》清吉《せいきち》（無宿清吉）が仲間と共に小塚原で獄門になったのも、文化二年。さらに著名なところで鼠小僧《ねずみこぞう》次郎吉《じろきち》は天保三年（一八三二）にやはり小塚原で獄門になっていたではないか。天保三年は、川路が奈良奉行になった弘化三年のわずか十四年前だ。

川路の知識不足だったのだろうか。それとも単純に勘違いか。彼が刑政に無知な旗本なら、無知や勘違いで済ませることができるのだが、川路は、無知などころか寺社奉行吟味物調役《ぎんみものしらべやく》を務めた当時から「聴訟断獄《ちょうしょうだんごく》のことに熟し」、林述斎《じゅっさい》や津山藩ほか諸方から刑法上の質疑を受けた優秀な法曹官僚でもあった（川路寛堂『川路聖謨之生涯』）。奈良奉行の前に佐渡奉行も務め、裁きの経験も豊かだった。

川路の言葉は〝江戸では獄門になる例が皆無〟というのではなく、〝きわめて稀である〟という意味であると理解すべきなのであろう。吉宗以降、幕府における刑罰軽減の傾向は、川路の言葉からもうかがえるのである。

刑の苛烈さが増した幕末

とはいえこのような状態がいつまでも続いたわけではない。慶応二年（一八六六）に小伝馬町牢屋敷で刑を申し渡された八百六十六人の刑罰別の人数を記した文書（「寅年中御仕置相済候分寅年より卯年ぇ居越候牢舎人数書付」）によれば、獄門は四十六人。ほかに「引廻之上獄門」が二人いるので、獄門は計四十八人となる。

右を吉宗の死の二年前である寛延二年（一七四九）と比べると、その差は顕著だ（『享保撰要類集』附録下）。寛延二年には獄門は三人だけ。死罪の数は、慶応二年が六十四人（「死罪」四十八人、「引廻之上死罪」十六人）で、寛延二年が四十五人（「死罪」四十一人、「引廻之上死罪」四人）と大差はないが、獄門の数は慶応二年は十五倍以上に達している。

明和年間の例も挙げてみよう（『旧政府撰要類集抜萃』より）。明和二年（一七六五）に刑を申し渡されたのは二百五十一人で、死刑になったのは四十三人。うち獄門（「獄門」と「引廻之上獄門」）は十一人だ。明和四年（一七六七）には四百九十五人が刑を申し渡され、死刑が六十人。うち六人が獄門に処せられている。

以上、数年の例に過ぎないが、刑の執行が幕末期に苛酷さを増した様子が読み取れる。

七十歳以上の高齢者への拷問

ところで責問や拷問は、七十歳以上の高齢者に対しても容赦なく行われたのだろうか。

『撰要類集』に、松平伊賀守（忠固《ただかた》）から遠山左衛門尉（景元《かげもと》）にあてた「答書」が収録されている。

――甲州小屋敷村の神主土屋石見《いわみ》は、七十九歳の高齢。同人の裁判を担当する寺社奉行（松平伊賀守）から、なかなか白状しない石見を責問するよう、町奉行（遠山左衛門尉）に要請があった。しかし石見が高齢のため、遠山は七十歳以上の高齢者を牢問（責問）する際の留意事項の先例（「心得方」）を調査して送ってほしいと寺社奉行に申し入れた――。

これを受けて、寺社奉行の松平伊賀守は、「答書」で次のように答えている。

――七十歳以上の「極老《ごくろう》」の者の牢問に関する取り決めや規定はなく（評定所で）評議された先例もありません。しかし石見という者は「姦智深く」、罪状も明白。七十九歳ではありますが、老耄《ろうもう》（ぼけ）や物忘れもありません。公儀を恐れず悪巧みを重ねたこの者は、なんとしても罪を自白させなければなりません（「極老に候迚《とて》　吟味を不詰其侭《つめずそのまま》に可捨訳は勿論　外に取計方も無之」）。先例にかかわらず（牢問を執行すべきです）――。

　土屋石見がどのような罪を犯したのかはさだかでないが、どうやら神主の間の勢力争いが背景にあったようだ。

　ともあれ町奉行と寺社奉行の右のやりとりから、幕府が当時高齢者の牢問（責問）に慎重だった様子がうかがえるのである。すくなくとも、〝七十歳以上でも心身共に丈夫な悪党は、ビシビシ責問して自白に追い込め〟といった乱暴なものでなかったのは事実だ。

　町奉行の遠山左衛門尉は、時代劇でお馴染みの遠山の金さんにほかならないが、高齢者の責問に慎重だったのは、金さんが人情深かったから、というわけでもなさそうである。

十五　性愛の罪と罰

娘や妹を父兄が訴えた背景

男女の性愛をめぐる罪と罰と言えば、まず人妻の姦通が思い浮かぶが、江戸時代の不義密通のヒロインは人妻だけではなかった。娘や妹が父親や兄に無断で男のもとに走るとどうなるか。『御仕置裁許帳』には次のような例が載っている。

貞享《じょうきょう》二年（一六八五）のこと。浅草森田町伝左衛門店に住む長九郎という男が、弥右衛門の娘「かめ」を女房にほしいと弥右衛門に申し出た。弥右衛門の答えは「ノー」（「合点不仕《つかまつらず》」）。にもかかわらず、翌日「かめ」が長九郎の住まいにいるのを見た弥右衛門は（憤懣《ふんまん》やるかたなく）町奉行所に訴え出た。

九月十八日、奉行所に呼び出された長九郎が言うことには、「私たちは三年前から出来ていました。今度もあいつ（かめ）のほうから押しかけて来たのです」。

奉行所の裁きは、「親が反対しているのにこっそり同居し、しかも三年前から密通していたとは、不届千万《ふとどきせんばん》」（「親も同心不仕候者をかくまひ置、殊に三年以前より密通仕罷《まかり》在《あり》候由、旁《かたがた》不届」）であるとして、長九郎と「かめ」は入牢（「籠舎《ろうしゃ》」）。長九郎は翌年六月二十八日に江戸追放となった。一方「かめ」は、揚屋《あがりや》（女牢《おんなろう》）に入れられたのち、十月十九日に親もとに預けられ、長九郎が江戸追放となった同日、赦免《しゃめん》（釈放）された。

これより前、天和《てんな》二年（一六八二）十月には、木挽町三丁目の新右衛門が、妹の「つう」が太兵衛という男に誘い出されたと町奉行所に訴え出ている。太兵衛がしばしば訪れていた茂兵衛が呼び出され、太兵衛と「つう」の行方を突き止め、二人は奉行所に連行された。取り調べの結果、太兵衛が「つう」を誘い出した事実が判明。太兵衛は籠舎。「つう」は太兵衛と合意の上（「相対にて」）兄の家を出たのが不届であるとして揚屋に入れられた。

二人はその後どうなったか。「つう」は貞享元年（一六八四）十一月十六日に赦免となり、太兵衛も同年十二月二日、幕府の法事に伴って赦免された。

親や兄（親権者）の反対を押し切って一緒に暮らし始めた二組の男女のうち、長九郎が江戸追放になっただけで、あとの三人は入牢後赦免されたのである。

意外に軽い密通の刑。しかしこの二つの事例を取り上げたのは、密通の刑の軽さに注目したからではない。注目したのは、父親であれ父親代わりの兄であれ、娘や妹が男と密通し、許しも得ずに夫婦同然の関係になったという理由で奉行所に訴え出た点である。

娘や妹の〝ふしだらな〟行状を公にし、奉行所の裁きで決着すれば、娘や妹にも入牢等の罰が科されることは当然予期されたはず。いくら密通が御法度で、結婚には父兄の承諾が不可欠だったとしても、酷すぎると思う読者もすくなくないだろう。

しかし本書の著者の感想は逆で、父や兄が、娘や妹およびそれぞれの相手に、自身の手で制裁（罰）を下さず奉行所に訴え出たところに、心優しさを感じないではいられない。心優しさは穏便さと言い換えてもいい。

なぜ奉行所に訴えるのが優しく穏やかな行為なのか。それは、家や一族の名誉を汚すような性的逸脱（不義密通）を犯した娘や妹は、父や兄の手で殺害してもかまわない（あるいは殺害すべきだ）とする習俗が、すくなくとも江戸前期には残存していたからである。

駈け込んだ娘を斬った父

元和《げんな》六年（一六二〇）、出羽国藤琴《ふじこと》村（現在の秋田県山本郡藤里町）の孫四郎の女房が、吉蔵（「津軽かねほり吉蔵」）という男と駈け落ちし、芹沢村の父源左衛門のもとに駈け込んだ。

源左衛門はどうしたか。彼は娘をかくまうどころか、吉蔵ともども娘を斬って（「むすめをも下おとこの吉蔵をも切候て」）、二人の首を、追って来た藤琴村の者に渡したという（『梅津政景《うめづまさかげ》日記』）。

源左衛門は、不義を犯した娘と相手の男を殺《あや》めることで、汚された家や一族の名誉を回復しようとしたのである。とはいえ彼は薄情極まる父ではなかった。その証拠に、源左衛門は、娘の首だけは返していただきたいと懇望している（「娘の頸《くび》をは返し候様にと、所望致候由」）。間違いを犯した娘だが、せめてその遺体を首と共に手厚く葬りたかったのだろう。吉蔵の首は藤琴村で晒され、孫四郎の女房の首は源左衛門に返された。

〝名誉の殺人〟

舞台は現代のトルコ共和国。

トルコ南東部の都市ウルファで、十四歳の少年メフメト・タメルが、カフェで男と付き合っていたというだけの理由で、十六歳の従姉《いとこ》セブダ・ギョクの喉を切り裂いた。のちに殺害を悔いているかと問われたとき、タメルは「どうして悔いることがあるのか？　僕は自分の尊厳と名誉を清めたんだ」と答えた。検死の結果、従姉は処女だった（男と性的関係はなかった）。タメルは二年十ヶ月服役した後、釈放された。

イスタンブールで絞め殺された少女ヌランのケースはさらに悲惨である。なぜなら彼女の首にワイヤーをかけたのは、実の父親だったからだ。家族はクルド人が多数居住する村からイスタンブールに移り住んだ。ヌランは小学校を四年足らずで退学させられた。十四歳でミニスカートをはくと、父親は痣《あざ》ができるほど彼女をひっぱたいたうえナイフで足に切り付けた。繰り返される折檻《せっかん》。思い余って故郷の村に帰ろうと家を出た彼女だったが、深夜の街で見ず知らずの若者に騙され、犯されてしまう。

家出して身を汚し、一族の名誉を汚したヌランをどうすべきか。家族と親類縁者が集合して彼女に対する処置を相談した。すすり泣きながら母親にすがりつくヌラン。しかし母は「汚らわしい」と娘を突き放した。結局、父親が自分の手で娘を殺害することになった。

右は、一九九六年に「最も勇気ある女性ジャーナリスト賞」を受賞したアイシェ・ヨナルの著『名誉の殺人―母、姉妹、娘を手にかけた男たち』（安東建訳）に収められている〝名誉の殺人〟の事例である。

著者によれば、トルコでは、二〇〇〇年から二〇〇五年の間に、千八百六人の女性が〝名誉の殺人〟の犠牲になり、ほかに五千三百七十五人が家族からの圧力で自殺したという。

不倫であれ異性交遊や恋愛であれ、いやヌランのようにレイプの犠牲者であったとしても、〝ふしだら〟と見なされた女性は、家族や親類によって身体を傷つけられ、殺害されなければならないのが〝名誉の殺人〟と呼ばれる慣習である。

なぜ彼女たちは、父母や兄弟等の手で命を奪われるのか。

彼女たちが属する文化では、男性は女性が貞操の美徳を厳守するよう監督しなければならず、もし彼女たちがその規範に背けば、これを殺害する。殺害をためらうと「近隣で通常の生活を続けることはできず、見くびられ、辱《はずかし》められる」からだ。男たちは「近隣住民や友人や家族から男として扱われるために」、妻や娘や姉妹を殺すのだという（アイシェ・ヨナル前掲書）。

著者は「殺すことで家族あるいは男が名誉や威厳を得るというのは正確ではない。しかし、もし罪ある女性が殺されなければ、その家族の高潔さが保たれないというのはほぼ真実だろう」とも書いている。

トルコで〝名誉の殺人〟を執行するのは、貧しく敬虔なイスラム教徒だが、〝名誉の殺人〟は、トルコに限らず中東やアフリカ、南アジアほか世界各地で今日も行われ、イスラム教成立以前から存在していた。背景には宗教だけでなく貧困問題があるとされている（訳者あとがき）。

家父長による同様の行為は、わが国においても、男性が家族の女性を支配する社会や武士の世界でしばしば行われていたと推測される。『梅津政景日記』に見える元和六年（一六二〇）の事件は、そのほんの一例に過ぎないのであろう。

江戸時代の性愛の倫理

幸いなことに、わが国では、不義を犯した妻とその間男《まおとこ》を夫が殺害するいわゆる〝妻敵討《めがたきうち》〟が武士の世界で稀《まれ》に行われたのを除いて、娘や姉妹が男と噂が立てられたというだけで、家の名誉を汚したとして父親や兄弟に殺害されるような例はほとんど見られない。〝名誉の殺人〟は、泰平の世が続くにつれて、武士の世界からも伝統的な村社会からも、姿を消していく。

なぜそうなったのか。もっとも大きな理由は、人妻の不義（不倫）や未婚女の密通（その多くは父兄の承諾を得ない恋だった）に対する罪の意識が、社会全体で希薄になったこと。あるいはそのような〝不名誉〟を拭い去るための血の制裁を、名誉に敏感な武士ですらためらうようになったためだった。

（以下、拙著『江戸のエロスは血の香り』と記述内容が重なるが）例を挙げてみよう。天明二年（一七八二）、播磨国龍野《はりまのくにたつの》藩士の栗田右膳《うぜん》の妻は、右膳が江戸勤務で留守中に、三人の男と関係していた。江戸から戻った右膳は、妻の不義を知っても糾弾せず、離婚で事を済ましてしまう。そしてひと月も経たないうちに再婚。何事もなかったように平穏な生活に戻った。一方、離婚された右膳の妻は、翌年また別の男と駈け落ちしたという（『播州龍野藩儒家日記』）。

名誉を重んじ不名誉に傷つきやすい武士にしてこの体たらくだ。庶民の世界は推して知るべしだろう。

武士が名誉に敏感で血の制裁をためらわなかった江戸初期はどうか。当時でも人妻の貞操が厳重に守られていたとは言い難い。

会津藩の正史『家世実紀』をひもといてみよう。正保《しょうほう》三年（一六四六）に十右衛門という老いた浪人が御旗同心の嘉左衛門を討ち果たした事件の発端も、人妻の不倫だった。

十右衛門は、近所の清蔵が江戸に上る際に留守中の妻子のことを頼まれた。ところが清蔵の妻は、夫の留守に乗じて嘉左衛門ほか複数の男と自宅で逢瀬を重ねた。見かねた十右衛門は、彼女と嘉左衛門に二度と淫らな関係を持たないという誓約書を書かせたのだが……。

関係を絶つどころか、不義を邪魔されて立腹した嘉左衛門は、仲間を連れて十右衛門宅に押しかけ、十右衛門の顔面を踏みつけた。憤懣収まらぬ十右衛門は、数日後、嘉左衛門宅に討ち入った。藩は十右衛門の行為を「神妙」であるとしてその命を助けたが、一方、清蔵の妻は、もう一人の不倫相手と共に磔《はりつけ》に処せられた。

それにしても、清蔵の妻も嘉左衛門ほか相手の男たちも、人妻との不義は発覚すれば死罪と承知のうえで悦楽に我を忘れたのだろうか。恋のためなら死んでもいいと。

いや、まさかそれほどの覚悟で色欲に耽ったとは考えられない。夫が長期不在ならば、よほど運が悪くない限り、大事には至らない。彼女と彼らの心の中にはそんな確信があったのではないだろうか。言い換えれば、人妻との不倫は（とりわけ夫が江戸藩邸勤務等の場合）さほど珍しくはなかったのかもしれない。だからこそ、清蔵も留守中のことを十右衛門に頼んだのであろう。妻をしっかり監視してくださいという気持ちをこめて。

いずれにしろ江戸時代の性愛の倫理は、ときに一罰百戒的に過酷な刑罰が執行されることはあっても、総じて（思いのほか）ゆるやかだったようである。

泰平の世は、この傾向に拍車を掛けた。人妻の不倫が発覚しても流血沙汰に発展するケースは稀になり、武士の場合は離婚によって、庶民の間では、間男の側から「首《く》代《だい》」と呼ばれる金を受け取って示談（「内済《ないさい》」）にするのが一般的になる。その金額は七両二分とか五両とか言われたが、間男に支払い能力がなければ、さらに手ごろな金額で示談が成立した。妻の髪を切るだけで事済みになった例もある。

不倫の流行

『鶉衣《うずらごろも》』の著者として知られる俳人で尾張国名古屋藩士の横井也有《やゆう》（一七〇二―八三）は、明和二年（一七六五）に著した『小革籠《こかわご》』の中で、近頃はどこもかしこも不倫の噂ばかり（「近年は野にも山にも密夫《みっぷ》のさた」）と、不倫の流行を嘆いている。さらに「近年は人中でおならひつたる程にも思はず頬《ほお》かひ拭《ぬぐ》つて居る有様」であるとも。昔は不倫が発覚すると、恥じて自害する女もいたが、昨今では人前でオナラをしたほどにも思わず、知らぬふりをしているというのだ。

もう一例。天保三年（一八三二）の端書き（序文）がある春本《しゅんぽん》『恍惚談《こうこつだん》』の一話「江戸下谷鑓屋町女房共の事」では、材木問屋の三十歳前後の女房が、亭主にこう語っている。「今の江戸では、色事せぬ女房は、大方町中に私一人、皆浮気な中なればば（下略）」。

「町内で浮気をしていない女房は私だけさ」という彼女の言葉を真に受けるのはいかがと思うが、浮気な色事（不倫）に対して深刻な罪の意識がない女房がすくなかったのは事実ではないだろうか。

〝名誉の殺人〟と『公事方御定書』

さて、父兄に無断で男と関係を結んだ娘や姉妹を殺害する〝名誉の殺人〟について、幕府は『公事方御定書』を編纂する過程でどのように対応しているだろうか。『公事方御定書』の下巻（『御定書百箇条』あるいは『御定書』とも）の「四十八　密通御仕置之事」には、「密通之男女共に夫殺候は丶　無紛《まぎれなき》におゐては　無構《かまいなし》」とある。この法文は寛保《かんぽう》三年（一七四三）に追加されたもので、妻が密通した場合、密通の事実が確かであれば、夫は妻と間男（密通の相手）を殺害しても（いわゆる妻敵討《めがたきうち》）、お構いなし（無罪）と定めている。

「四十九　縁談極《きまり》候娘と不義いたし候もの之事」では、「縁談極置候娘と不義いたし候　無紛におゐては　男幷《ならびに》娘共に切殺候親　無構」と定めている。縁談が決まった娘が他の男と不義を犯した場合、それが事実であれば、親は、娘と相手の男（間男）を斬り殺しても罪にならないというのだ。

この法文は、元文《げんぶん》五年（一七四〇）の次の事件を判例として加えられたものだった。

元文五年閏七月四日、下総《しもうさ》国結城郡上山川村の百姓八左衛門が、実の娘と、その密通相手の四五右衛門を殺害した。

娘は十五歳で、四五右衛門は四十九歳。年齢が不似合いな点も問題だったが、それ以前に、娘は常陸国真壁郡西保末村の元右衛門の悴との縁組が決まっていた。正月に婚約の盃を済ましていたにもかかわらず、娘と四五右衛門は七月に密会していたところを、複数の村人に目撃されていた。

〝ふしだらな〟娘とその間男を斬り殺した八左衛門にどのような刑を科すべきか。勘定奉行（上山川村は幕府領で、裁判は勘定奉行が担当）は、犯罪事実等を記した「吟味書」に奉行自身の見解を記した「黄紙《きがみ》」と呼ばれる文書を貼付して、老中に伺を立てた。

「黄紙」には、「娘と間男をこのまま放置したら、婚約を結んだ元右衛門父子に申しわけが立たないので、斬り殺したのでしょうが、そうまでしなくても他に方法があったはず。不届なので、重追放にすべきでしょう」（「其侭《そのまま》差置候ては　元右衛門父子え対難相立《あいたちがたく》切殺候得共　致方も可有御座処《ござあるべきところ》　卒忽《そこつ》之仕方不届に御座候間　重き追放可被仰付《おおせつけらるべく》候哉」）と記されていた。

ところが老中の指示は無罪（「構無之」）。この判例から、「縁談が決まった娘とその間男を娘の親が殺害しても、無罪」という法文が設けられたのである。

『公事方御定書』から削除された法文

父親はふしだらな娘を殺してもいい。まるで〝名誉の殺人〟を認めたようにも読めるが、一方で『公事方御定書』では、娘に対するさらに横暴な殺人行為を認める法文が削除されていた。削除されたのは次の法文である。

致密通候男女を　娘之親於切殺《きりころすにおいて》は　無構　但　麁忽《そこつ》之仕方においては咎

「密通している男女を、娘の親が斬り殺しても、お構いなし。ただし事実を十分確かめず（密通の確証がないのに）軽率に殺害した場合は刑を科される」と意訳できる。たとえ縁談が決まっていない娘でも、親に内緒で男と通じた場合は、親は相手の男ともども殺害してもよいというのだ。

なぜこの法文が『公事方御定書』から削除されたとわかるのか。右の法文はどこに載っているのか。

載っているのは、『律令要略』。寛保元年（一七四一）に、「氏長」という人物によって編まれた、幕府法に関する私撰の法律書である（高塩博「『律令要略』について」）。八百二十一の法文が六十四項に類集されているが、問題の法文は、三十四項の「密通」に記載されている。

そもそも『律令要略』は、どのような目的で編纂されたのだろうか。高塩氏によれば、『公事方御定書』が刑事中心で民事訴訟の規定が僅少《きんしょう》のため、刑事・民事の規定を合わせて収録した『律令要略』が作成されたのだという。高塩氏はまた、編者の

「氏長」とは、実は『公事方御定書』の編纂を担当した実務役人の一人で、評定所留《ひょうじょうしょとめ》役《やく》を務めていた浅井半左衛門ではないかと推測している。

ところで『律令要略』には編纂作業中の『公事方御定書』の法文が多数含まれている。密通した娘とその相手を娘の親が殺害しても無罪とする〝名誉の殺人〟を認める法文も、編纂過程の『公事方御定書』に含まれていたに違いない。最後の段階で『公事方御定書』から削除されたのであろう。

いったい誰の判断で削除されたのか。確証はないが、『公事方御定書』の法文案に繰り返し修正意見を示した吉宗本人と考えるのがもっとも妥当ではないだろうか。

はたしてそうだとすれば、吉宗は、娘に対する親の〝名誉の殺人〟にも制限を加えたことになる。親に隠れて密通（恋）をしたというだけで娘を殺すなんて、ありえないと。

第三部　冤罪

十六　冤罪はつくられる

十二歳で町奉行所与力見習になった男

天保十年（一八三九）に生まれた佐久間長敬《おさひろ》は、嘉永三年（一八五〇）、祖父の跡を継いで、代々町奉行所与力を務める佐久間家の当主となり、あわせて町奉行所与力見習となった。ときに十二歳。満年齢ならまだ十歳か十一歳だ。町奉行から「十五歳と心得べし」との達があり、十五歳として勤務したという。

その年齢では、いかに優秀でも与力見習は務まらない。ご心配なく。彼には父という最高の先生がいた。

父の長興は、吟味《ぎんみ》（取り調べ）に長け〝鬼佐久間〟と恐れられた与力だったが、鳥居甲斐守（耀蔵《ようぞう》）の事件に連座してお咎めの身となり、別家して、佐久間家の当主を継がなかった。

しかし息子が与力見習となった二年後の嘉永五年、本家相続人の長敬が幼年のため後見人として同居することを許され、長敬は長興から、町奉行所与力としての知識や心得をたたき込まれたのである。

大審院検事総長や司法大臣を務め、『名判官物語―徳川時代の法制と大事件の裁判』の著者でもある小山松吉（一八六九―一九四八）も、「長敬が少年にして与力と為り、吟味の役を承り相当の成績を挙げ得たのは、長興の指導大に与《あずか》つて力あり」（「佐久間長敬の略歴」）と述べている。

長敬はその後、十九歳で吟味方与力に昇進。明治維新後は、市政裁判所勤務・司法権少判事・足柄裁判所長などを経て、明治六年（一八七三）に辞職。同二十一年に隠居し、大正十二年（一九二三）に八十五歳で没した。

囚人尋問マニュアル『吟味の口伝』

長敬は、安政五年（一八五八）、二十歳で『吟味の口伝《くでん》』を著した。文字通り囚人を尋問するコツを記したマニュアルである。

二十歳の若造がまるでベテランのような口伝を記したのは、二十歳といっても在職九年だったのに加えて、名与力だった父親からマンツーマンで指導を受け、知識も経験もすでに並みの与力を凌駕《りょうが》していたからだろう。

論より証拠。『吟味の口伝』をひもといてみよう。

「囚人の顔を見詰めて吟味するが肝要に候」（心の動きはかならず顔に表れる）。「慈悲の心、自然と彼れの心に感じ、責められながらも余儀なしと思はしむるが専一《せんいつ》に候」（囚人から敵視され恨まれてはいけない。慈悲深い与力だから厳しく尋問されても仕方がないと思わせるのがコツ）。

慈悲深さもテクニックのうち。その一方で、長敬は「罪人を鞫問《きくもん》するに、人情に入るべからず」とも書いている。悪事は本来人情に外れた行為で、悪人は普通の人情では想像もつかないことをする。だから「悪人を調べ候には、悪人の心になり考へ見るべし」。こちらも悪人の心になって尋問せよ、というのである。

尋問の際は、「ゆるみなく責め問ひ、遁辞《とんじ》の工夫をなさしめざる様に致すべく候」とも。相手に言い逃れの余裕を与えぬようテンポ良く問い詰めろという意味だろう。「女の責問《せめどい》」すなわち女囚を「笞打《むちうち》」や「石抱《いしだき》」などで自白させようとするときは、特に注意を要するという。

なぜなら、そのような場合、したたかな女は、一打ちされただけで「忽《たちま》ち後へ倒れかゝり両足をひろげ、陰部を憚《はばか》りもなく現し」たり、「大小便をなし、一時の責苦を逃ん」としたりするからだ。緊縛とスカトロ。〝江戸女囚残酷物語〟さながらの光景が現出することもあったらしい。

しかし『吟味の口伝』の中で最も興味深いのは、あるベテラン与力の懺悔《ざんげ》話である。

尋問上手と評判のこの与力、思うところがあって、町奉行から帰宅後、そのままの服装で（つまり与力の服装で）下男を呼び付け、下男がなにも盗んでいないと承知しながら、「金を盗んだな」と詰問《きつもん》した。

身に覚えがない下男が驚きかつ否定したのは言うまでもない。しかし与力に理路整然と尋問されるうちに、ついに盗みの罪を認めてしまう。虚偽自白に追い詰められたのである。

罪を犯していない下男が、にもかかわらず自分の尋問で自白する様子を目の当たりにした与力が受けたショックは大きかった。

自分はこれまでどんなに強情な囚人でも自白させてきたが、なかには冤罪の者も多かったのでは、と気づいたからである。与力は囚人を自白させてきた自分の尋問方法に疑念を抱き始めていた。そこで気心の知れた下男で試みたところ、はたして恐れていた通りの結果に……。

「余り此方の詞《ことば》強く、少しもゆるみなく責め問へば、愚人は終《つい》に閉口し罪に落ちる事、此僕の如し」。あまり厳しく問い詰めると、性根がすわっていない普通の人は、やがて反論をあきらめ身の潔白を主張しなくなり、この下男のように犯してもない罪を認めてしまう。恐ろしくなった与力は、職を辞して隠居したと長敬は記している。

大岡越前の後悔

取り調べ（吟味）を行う者が熟練していればいるほど、虚偽自白を促し、冤罪を起こしがちというのは、なにも町奉行所の与力に限ったことではない。

長敬より百六十年以上も前に生まれ、享保二年（一七一七）から元文《げんぶん》元年（一七三六）まで二十年間も町奉行を務めた大岡越前守忠相《ただすけ》（一六七七―一七五一）もまた、同じ〝あやまち〟を犯したという。

文化十三年（一八一六）に成立した『世事見聞録《せじけんもんろく》』で、著者の武陽隠士《ぶよういんし》は「古老の物語に承りぬ」（古老から聞いた話である）として、大岡と将軍吉宗のある日のやりとりを紹介している。最初に意訳。念のために原文も。

吉宗「そのほうは何人くらい殺したか？」（死刑にした罪人の数はどれくらいかという意味）

大岡「二人殺しました」

吉宗「（笑いながら）二人とは百分の一か、それとも千分の一か（本当は二百人、いや二千人であろう）」

大岡「死罪にふさわしい罪を犯して処刑された者たちは、私が殺したのではありません。私が殺したと申し上げた二人のうち、一人は私の僉義《せんぎ》（取り調べ）が厳しすぎたために、犯してもいない罪を自白して死刑となった者。もう一人は、死刑になるほどの罪人ではなかったのに、判決が下る前に牢死（牢内で死亡）した者です」

（上略）其方は何程人を殺したるやと御尋の時　二人殺候と申上ければは　御笑被遊　二人とは百分一の員か千分一の数かと被仰ければは　中々左様には無御座　毎度数多《あまた》殺候は其身の罪科に承伏《しょうふく》の上に候へは　越前より殺候に無御座　右の弐人と申上たるは　壱人は私の僉義厳重に過き　覚なき罪に陥り死刑に相成候　此者罪科に承伏の体《てい》　何とやら心残り候間　緩々《ゆるゆる》心懸け穿鑿《せんさく》仕候へは　右の罪を犯候もの外より出候て後悔仕候事に御座候　又壱人は死刑に当り不申を牢死為《つかまつらせ》仕候

（下略）

大岡裁きで知られる名奉行大岡でも……。しかし武陽隠士が右の話を挙げたのは、大岡が無罪の者を死罪にしてしまったからではない。隠士が注目したのは、もう一つの〝殺人〟のほうだ。

すなわち大岡が町奉行だった享保年間には、未決囚を一人死なせたのをいつまでも後悔するほど牢死人がすくなかったという事実である。隠士は右の話を、「是を以て見る時は享保の頃迄《まで》は　牢死人は至て希《まれ》なる事にてありしと見ゆ」と結んでいる。『世事見聞録』が著された当時、牢死人の数は江戸だけで毎年千人を超えていたというから、隠士が牢死に注目したのも無理はない。

とはいえ「私は厳しく尋問して自白させましたが、その者の様子がどこか気になって、じっくり時間をかけて事件を調べているうちに、真犯人が判明。しかし自白した者はすでに死刑に処せられていました」という大岡の言葉も重い。佐久間長敬が『吟味の口伝』で紹介した町奉行所与力のように、大岡もその厳しい尋問によって、無実の囚人に虚偽の自白をさせてしまったのである。

ベテラン刑事の言葉

冤罪被害者を生む取り調べ。まさか現代は違うと思う（思いたい）が、どうだろうか。

一九七〇年五月十五日午前一時四〇分頃、愛知県豊橋市の文具店から出火。火は一時間後に消し止められたが、二階からこの家の母子三人の遺体が発見された。二歳と一歳の子どもは焼死。絞殺された三十五歳の母親には強姦された跡があった。

八月に文具店の二十一歳の店員が逮捕され、犯行を自白。十一月の初公判で犯行を全面的に認めたが、翌年三月の第二回公判では一転して否認した。血液型の違い、警察の誘導尋問などさまざまな事実が明らかになり、事件から四年後の一九七四年六月、無罪判決が下された。

　この事件（豊橋母子三人殺し事件）を精力的に取材した新聞記者、椎屋《しいや》紀芳《のりよし》の著書『自白　冤罪はこうして作られる』（一九八二年刊）に、ある老刑事が椎屋氏に語った、自白についての興味深い証言が掲載されている。

「殺しの調べというものはナ、〝私がやりました。動機はかくかくしかじかでございます〟だけではダメなんだ。そんな大筋のことなら、三ツ児の手をひねるように簡単だ。そんなことより、肝心なのは節々よ」

　自白させるだけでは殺人の取り調べにはならない。自白が犯行の大筋と一致しても、細部と合致してなければダメだという。

　老刑事はこうも語った。「うたった（自供した）うたった、といって跳び上がるようなこっちゃあ、しょせん殺しの調べは無理なんだよ」。真犯人しか知り得ない細部を語った自白でなければ使えないというのだ。

　右の証言で注目されるのは、とりあえず自白させるだけなら「三ツ児の手をひねるように簡単だ」と断言している点である。老刑事は続いて次のように語ったという。

　やってないものが死刑になるかも知れん事件を、やったというはずがない、と考えているだろう？　人間はな、そんなに強いもんではないよ。（中略）何ならやってみるか。お前さんでもいいよ。お前んとうは刑事の手の内を多少聞きかじっているから、少しゆとりを見て、そう三日でいい。三日あったら、お前に殺人を自白させてやるよ。三日目の夜、お前は、やってもいない殺人を、泣きながらオレに自白するよ。右の通り相違ありません、といって指印も押すよ。

無罪の被疑者に殺人を自白させるのは、熟練の刑事にはたやすいこと。椎屋氏に対して、お前さんのように刑事の手口を知っている者でも、三日もあれば自白させてみせると豪語した老刑事。その姿は『吟味の口伝』に記された町奉行所与力と、おそろしいほど酷似している。

百年以上の時間を超えて、取り調べ（吟味）の達人は、同時に虚偽自白（冤罪）を生む達人でもあった。

冤罪を生まない心得

もちろん、罪のない者を処刑し真犯人を放置するのは、幕府にとっても藩にとっても好ましくなかった。冤罪は警察や司法に対する信頼をゆるがし、ひいては為政者への畏敬や愛慕の念を失わせるきっかけになるからだ。

幕府の役人や藩主の中にも、冤罪を生まない取り調べや裁判の必要を訴えた人がいる。幕府老中や京都所司代を務めたのち下野国《しもつけのくに》烏山《からすやま》藩主となった板倉重矩《しげのり》（一六一七―七三）もその一人だ。

重矩が、訴訟の審理や裁判を担当する奉行の心得を説いた『自心受用集《じしんじゅようしゅう》』を開いてみよう。

人間タル者ハ　上下ニ依ラス皆神仏ノ体也　然ルヲ不僉義ニシテ命ヲ取ルコトハ天罰ノホトヲソロシキコト也　死罪ノ者コレ在ル時ハ　神仏ノ御身ニ刃《やいば》ヲ立ルト思ヒ　僉義ヲ明白セシムヘシ　奉行人昼夜此心掛肝要タルヘキ事

――人間は、身分の上下にかかわらず、みな神仏と同じように尊い。にもかかわらず審理（「僉義」）を尽くさず死罪にすれば、恐ろしい天罰が下るだろう。死罪の者を処刑するのは神仏の体を刃で傷つけるに等しい行為である。そう覚悟して審理は疑問点を残さぬよう行わなくてはならない。裁判を担当する奉行はこのことを昼夜心がけよ――。

人間は神仏同然であり、その貴重な命を奪うことは神仏に刃を当てるに等しい。人命尊重を高らかに謳《うた》い、だから冤罪による死刑は絶対に許されないというのだ。

有罪か無罪か。どの程度の刑がふさわしいか。その見極めのために十分な審理が尽くされなければならないのは言うまでもない。
では、判決後にあらたな証拠が出されたときはどうすべきか。重矩は次のように述べている。長めなので四つに分けて原文を挙げ、それぞれを意訳してみよう。

公事《くじ》訴訟釈《さば》キコレ有テ　後ホトスキ訟《うった》へ来ルトモ　一度釈キタル公事重《かさね》テ聞直ス儀コレ有マシキトノ御掟ハ尤《もっとも》也

【裁判で判決が下りた後、月日を経て裁判のやり直しを求めても、すでに判決が下っているので受け付けないという定めは妥当である】

然ル則《とき》ンハ前廉《まえかど》釈ノ刻　証人証拠クハシク相尋　理非分明ナル所肝要也　カクノ如キ作法相窮《あいきわむ》トイヘトモ　自然奉行人聞損シモ有ルヘシ　又ハ証人証拠ソノ節出サル儀モコレ有ルカ

【だから裁判のときは（あとで再審を求められぬよう）証人や証拠を詳細に取り調べ、理屈にかなった明快な審理が不可欠なのである。しかし理想的な審理を行ったつもりでも、裁判官（「奉行人」）がたまたま証言を聞き違える場合もあるし、証人や証拠が審理の場に出ない場合もあるだろう】

論人《ろんにん》当座蒙昧《もうまい》シテ分別ニアタハズ　故ニ一旦罪ニ陥ルトモ　重テ思案工夫ノ上ニ証人モ立合　千ニ一ツモ至極ノ理ヲ申出ル事モコレ有ヘシ

【動揺して十分な申しひらきができず有罪になった被告でも、あとで落ち着いて考え、証人を立ち会わせれば、稀《まれ》に（「千ニ一ツ」）ではあるが、身の潔白（無罪）を証明できることもある】

ソノトキハ　六《むつ》ケ敷《し》キ儀也トモ直心信心ニシテ僉義イタスヘシ　大慈大悲ト云フモ是ナランカ

【そのようなときはどうすべきか。たとえ難しい案件であっても、ひたむきに審理をやり直すべきだ。それこそ大いなる慈悲というものである】

このほか重矩は、訴訟の審理を行う日は、人より早く出勤し、その日の訴訟について心の準備をせよと戒め、訴訟人の言葉の巧みさに惑わされず、その「心根」（本心）を聴き取れと述べている。「盗人ヲトラヘテ是ヲ僉義イタス事ハ安ク　盗マサルヤウニ戒ル法ヲ難シトスル也　又盗マサル仕置ヨリ盗ヲイタスコトノ叶ハサル仕置ヲ克トセリ」とも。意訳すれば、「盗人を捕らえるのはやすく、盗みを思い止まらせる方法

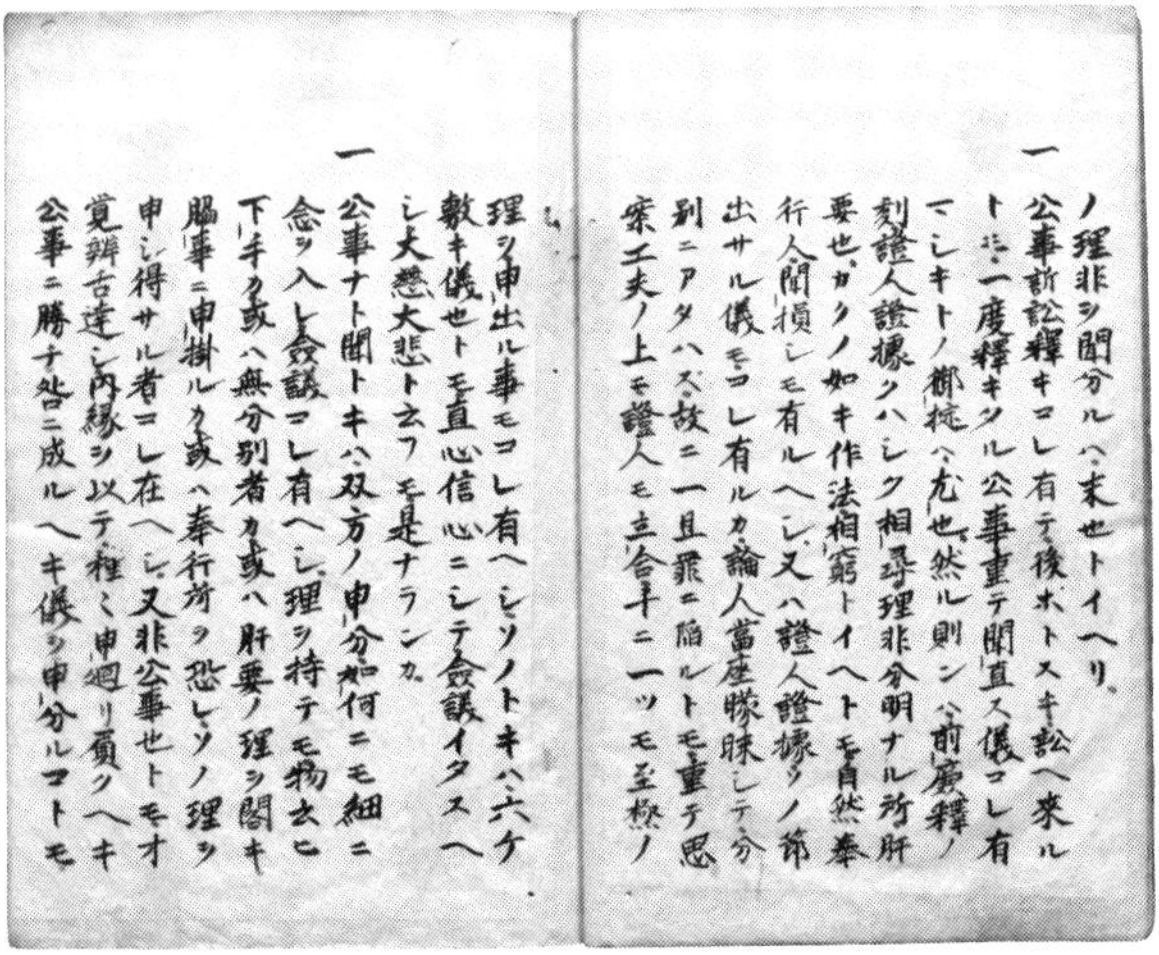
ノ理非ヲ聞分ルハ末世トイヘリ。
一 公事訴訟釋キコレ有テ後ホトスキ訟ヘ来ル
トキ一度釋キタル公事重テ聞直ス儀コレ有
ヘシキトノ御掟ハ尤也。然ル則ンハ前廣釋ノ
刻證人證據クハシク相尋理非分明ナル所肝
要也。カクノ如キ作法相窮トイヘトモ自然奉
行人聞損シモ有ルヘシ。又ハ證人證據ヲノ節
出サル儀モコレ有ルカ。論人當座朦昧シテ分
別ニアタハス故ニ一旦罪ニ陥ルトモ重テ思
案工夫ノ上モ證人モ立合キニ一ツモ至極ノ
理ヲ申出ル事モコレ有ヘシ。ソノトキハ六ケ
敷キ儀セトモ直心信心ニシテ僉議イタスヘ
シ大慈大悲ト云フモ是ナランカ。
一 公事ナト聞トキハ双方ノ申分如何ニモ細ニ
念ヲ入レ僉議コレ有ヘシ。理ヲ持テモ物云ヒ
下手ナル或ハ無分別者カ或ハ肝要ノ理ヲ聞キ
脇事ニ申掛ルカ或ハ奉行所ヲ恐レソノ理ヲ
申シ得サル者コレ在ヘシ。又非公事セトモオ
覚辯舌達シ内縁ヲ以テ種々申廻リ負クヘキ
公事ニ勝チ皆ニ成ルヘキ儀ヲ申分ルコトモ

図16　自心受用集

上図の左頁で板倉重矩はこう述べている。——「公事ナト聞《きく》トキハ双方ノ申分如何ニモ細ニ念ヲ入レ僉議コレ有ヘシ」（裁判のときは被告と原告双方の言い分を注意深く聴かなくてはならない）。なぜなら、たとえ申し分が正しくても（被告の場合、罪を犯していなくても）、口下手や無知のためそれを伝えられなかったり、話が脇道にそれて肝心なことを言い洩らしてしまったりするケースがあるからだ。緊張と動揺で言うべきことを十分に言えない者もいる。逆に話術や根回しが達者で、本来なら負けるはずの裁判で勝訴する者も——。奉行は双方の心理や話しぶりまで入念に見極めなければ、誤審や冤罪は避けられないというのである。

国立公文書館蔵

を考えるのは難しい。盗みを禁じる仕置（取締り、あるいは施策）より盗みができない仕置のほうがまさっている」となる。

処刑前に最後のチャンスを

板倉重矩ほど人命尊重を強調していないが（なにしろ重矩はすべての人間は神仏同様だというのだ）、冤罪の発生を抑止しようとした人はほかにもいた。

たとえば旗本の平岩若狭守親庸《ちかつね》。松崎観瀾《まつざきかんらん》は、『窓のすさみ』の中で、冤罪防止に努めた親庸の逸事を紹介している。

親庸は仙洞附《せんとうづき》として在京したのち、持弓頭《もちゆみがしら》となって江戸に戻り、宝永二年（一七〇五）六月から同五年四月まで「火付改加役《かやく》」を務めていた（加役は兼任のこと。火付改は火付盗賊改の前身で、火付盗賊改は当時は盗賊改・火付改・博奕《ばくち》改に分かれていた）。『窓のすさみ』によれば、ひさしぶりに江戸で再会した親庸と京都所司代の間でこんな会話が交わされたという（意訳）。

所司代「江戸は京より人も罪人も多い。死罪になる者も多いのでは」

親庸「たしかに罪人は多いのですが、死刑に処せられる者は意外にすくないようです」

所司代「それは結構なこと。ところで貴殿はどのようにして死罪を決めているのか」

親庸「幕府の大法に従い、三奉行（寺社奉行・町奉行・勘定奉行）と相談のうえ決定しています。それだけではありません。死罪を決定する前日、罪人を呼び出し、『お前は死罪をまぬがれないだろう。しかしここに至って申しひらき（言い分）があれば、よく考えて申し上げよ』と申し渡しています。百に一つですが、その結果死罪にならずに済んだ者もいます。そして死罪と決まった罪人たちには、『もはや仕方がない。覚悟せよ』と申し諭します。すると彼らは『死刑に処せられて当然です。なにも申し上げることはありません』と納得して処刑されるのです」

「此上にも申披《もうしひら》くべき筋あらば随分かんがへ其よしをいへ」（原文）と最後のチャンスを与え、冤罪で人命が失われる悲劇をすくなくしようとしているというのである。

平岩親庸は、その後勘定奉行に昇進し、正徳三年（一七一三）十一月に致仕《ちし》（隠居）。享保十一年（一七二六）十月に八十三歳で没した。

一千万人に一人でも

「冤罪で処刑される者があれば、それは私の罪である」と宣言した藩主もいる。尾張国名古屋藩主の徳川宗春《むねはる》（一六九六―一七六四）は、享保十六年（一七三一）、初めて国入りする際に『温知政要《おんちせいよう》』と題する施政方針を示した。その中で宗春が述べた冤罪に対する断固たる決意は、今日読んでも感動的である。まずは原文をご覧いただこう。

政事の中に万一あやまりたる事有ても　忽《たちまち》あらため直す時は　本理に叶ひて其《その》過《あやまち》も消　よろしく成事　只刑罪の者は　一旦あやまりて後には何程悔ても取かへしのならぬ事なれは　吟味の上何篇も念を入　大事にかくへき事也　たとへは千万人の中に壱人あやまり刑しても天理に背き　第一国持の大なる非なり

意訳すると。

――政策に万一あやまりがあっても、ただちに修正すれば、事態は改善され、為政者の罪がいつまでも問われることはない。しかし人を裁く場合には……。あやまって（無罪の者を処刑したら）、どんなに悔いても取り返しがつかない。だから罪人の取り調べや審理は入念に行われなければならない。たとえ一千万人に一人であっても、冤罪で処刑される者がいたら、それは天の道理に背くことであり、なにより国を治める者（すなわち宗春自身）の大きな非（罪）である――。

宗春は、名古屋城下で芝居や遊廓の営業を許すなど、積極的な景気振興策を実施した大名としても知られている。しかしその政策と自由奔放な私生活が幕府（将軍は吉宗）に咎められ、四十四歳で藩主の座を追われ、明和元年（一七六四）に六十九歳で没するまで、謹慎生活を送った。冤罪を恐れた宗春はまた、死刑を執行しないなど、裁判・行刑面で寛大だったと伝えられている。

十七　小さな事件

仕組まれた冤罪事件

名君や名奉行がどんなに〝冤罪ゼロ〟を唱えても、冤罪事件は繰り返された。そのほんの一例をご紹介しよう。

慶応二年（一八六六）十一月、幕府領の下総《しもうさ》国猿島《さしま》郡沓掛《くつかけ》村（現在の茨城県坂東市のうち）の医者松翁《しょうおう》の親類一同が差し出した歎願書には、冤罪事件の詳細が記されている。原文を交えながら事件の経緯をたどってみると。

■十月十四日昼、松翁の息子の貞吾が、本家の久右衛門の後家「つる」と口論し、貞吾は「つる」ほか計三人を殺害して逃亡した。

松翁は高六十石。「つる」は松翁の姪で、貞吾が彼女の暮らし向きの面倒を見ていた。

■「つる」の親類たちが、松翁とその三男の応助《おうすけ》が貞吾の共犯者であると訴え、十月十五日、松翁と応助は河野啓三郎（代官北条平次郎の配下）の取り調べを受けた。河野は松翁と応助を最初から共犯者として扱い、二人に縄を掛けて取り調べた（「松翁幷《ならびに》三男応助え縄を掛　親子同腹に相違無御座旨を以御吟味被遊」）。

河野は「つる」の親類から賄賂を受け取っていたという。

■河野の手下の「道案内」（目明かし）たちが、松翁と応助に拷問を繰り返し、強制的に押印させ罪を認めさせた。その結果、父子は檻《おり》に入れられた。

松翁は老衰の身（七十代か）で隠居同然。事件当日（十四日）は同じ村の百姓の息子に読書の手ほどきに出かけ、事件が起きたことすら知らなかった（「右之次第は更に存不申候」）。

応助も当日は下男を連れて他の村に稲刈りに出かけ、組頭からの知らせで事件を知り、ただちに帰宅した（したがって事件についてはなにも知らない）。応助は松翁と共に

「つる」宅に駈け付けた。「つる」の親類たちは、その際応助が懐に脇差《わきざし》を入れていたと証言しているが、事実無根である（「無跡形拵《あとかたもなきこしらえ》之義申立候」）。拷問を行った道案内は、国次・常蔵・歌八ほか計五人。彼らは十五日の夜七つ（午前四時頃）まで拷問を続け、二人を無実の罪に落として口書《くちがき》（供述書）を作成。「つる」の親類で村の名主を務める吉兵衛が、松翁の印形を勝手に押し、応助は手を取られて無理やり爪印《つめいん》を押させられた。二人はそれぞれ鎌庭村と諸川町に「圏預け」（入牢）となる。

十一月六日、河野啓三郎が再び訪れ、名主の吉兵衛ほか「つる」の親類たち（計四人）を呼び出し、「証人はいるか」と尋ねた。

吉兵衛が「もちろんいます」（「聢《しか》と証人有之《これあり》」）と答えると、河野はその証人を差し出すよう命じた。実は証人などいない。吉兵衛らは困って、証人をでっちあげることにした。

まず候補に挙げられたのは、大生《おおの》郷《ごう》村新田（現在の茨城県常総市のうち）の百姓庄兵衛。しかし庄兵衛は一里半も離れた所の者で、証人にはなりえないとされた。

次に候補となったのは、林兵衛という借家人。庄兵衛が林兵衛に酒を飲ませて吉兵衛宅に連れて行ったところ、地主と親分が承知するなら証人になってもいいと言った。

吉兵衛はさっそく林兵衛の地主と親分に相談するが、二人とも「絶対にダメだ」と承知しなかった（「以之外《もってのほか》不承知」）。

なぜダメなのか。それは事件当日、林兵衛は「常州真壁《まかべ》辺」（現在の茨城県桜川市のうち）まで飛脚として出向き、村にいなかったから。そんな者を証人に立てたら、自分たちまでお咎めを受けるかもしれないと言う。

吉兵衛らはどうしたか。なんと、仕方なく一度はあきらめた庄兵衛を証人にした（「無拠《よんどころなく》庄兵衛を相立」）。ありえない証人。それでも松翁と応助は、河野に同道して江戸に身柄を移された。

吉兵衛ら「つる」の親類は、松翁の印形を奪い取ったまま返そうとしなかった。

老衰の松翁と病身の応助をこのまま牢に置いたら、未決囚のまま死んでしまうでしょう（「存命之程難計《はかりがたし》」）。親類一同悲歎にくれています（「親類之もの共昼夜悲歎罷《まかり》在《あり》」）――。

そう述べたあとで、歎願書は「右両人出牢《しゅつろう》相成候様偏《ひとえ》に奉願上候」という文字通り歎願の文章で結ばれている。無実の罪で牢獄にいる二人をなんとしても釈放していただきたいというのである。

もちろん歎願書だけでは、松翁父子が殺人事件の共犯者ではないと断言はできない。

歎願書はあくまで松翁父子の親類側が差し出したものであり、これだけでは「つる」の親類側の言い分を正確に知ることができないからだ。

しかし長時間の拷問と罪状を認める文書への強制的な押印。それにもまして証人のでっち上げという事実は、この一件が暴力的に仕組まれた冤罪事件だったことを物語っている。

役人の悪弊が冤罪を生む

冤罪はなぜ繰り返されたのか。

沓掛村の一件は、殺害された女性の親類たちが（役人と結託して）松翁父子に共犯の罪を負わせようとしたものだったが、前述の町奉行所与力や大岡忠相《ただすけ》の話が物語るように、犯人逮捕や裁判に関わる役人によって冤罪がつくられたケースもすくなくない。

それでも佐久間長敬《おさひろ》が紹介した与力や大岡には、無実の者に無理やり罪を自白させようという悪意は感じられない（だからこそ、二人ともものちに深く悔いたのである）。しかしなかには、悪意こそないが、被疑者をなにがなんでも有罪にしようという誤った意識を持った役人もいた。

伊予国松山藩の旧藩士、服部嘉陳《はっとりよしのぶ》（一八三四―九一）も、そんな役人の犠牲者の一人だった。

服部は、明治五年（一八七二）末に石鉄《いしづち》県（のちに神山《かみやま》県と合併して愛媛県となる）の県官を殺害した嫌疑で東京へ護送され、獄に入れられた。しかし明治七年一月に無罪が判明し釈放。突然の逮捕と獄中生活を体験した彼は、明治七年三月、冤罪の原因と防止策を述べた建言を政府に提出した。

この文書の資料的価値を考慮すると、意訳だけで済ませるわけにはいかない。長くて恐縮だが、まずは原文をご覧いただこう（読みやすいように片仮名を平仮名に変えた）。

第一条で服部は次のように述べている。

凡そ冤罪の多きは固《もと》より官吏の粗暴に出ると雖《いえ》とも　官の弊風に由て来ることも亦多し　当今小吏卑官《しょうりひかん》己れか官を求め又己れか官を失はんことを恐れては官に媚《こび》るの弊あり　小吏卑官稍々《やや》人才なるも　此弊風一とたひ生しては天稟《てんぴん》の佳質も忽ち変して愚人となり　徒《いたずら》に官に諛《おもね》るを以て事とす　既に官に諛るもののある寸《とき》は官も亦之れか爲《た》め誑惑《きょうわく》せられて諛《へつ》らはさるものを謬《あや》まること甚た衆《おお》し　蓋《けだ》し媚諛《びゆ》の策才幹を示すにあり　犯人ありて捕し得す　罪囚ありて鞠《きく》し得さるは才と言ふへからす　故に確証を得さるにも縛を以て功とし　已に之を縛すれは必す之を罪に入るゝを以て能となし　以て官を進め官を失はさるの地をなす　是即ち愛せす

憎ます而《しか》して冤罪多きの根となるなり

そして意訳。

――冤罪が多いのは、言うまでもなく（犯人を捕らえたり罰したりする）役人が粗暴だからである。しかしそれだけではない。役人の世界の悪しき風習が冤罪を生む場合もすくなくない。昨今の小役人には、昇進を願い、あるいは職を失うのを恐れて上司に媚びる風がある。小役人のなかには人並み以上の能力を備えた者もいるが、彼らもこのような悪習に染まると、天性の才知を失って愚人と化し、上司に媚びるばかりだ。すると上司のほうでもそれに慣れ、媚びへつらわない者を低く評価するようになる。

さて、媚びへつらうためには、なにより上司を喜ばせる能力を示さなくてはならない。犯人を逮捕する能力、そして被疑者を尋問し自白させる能力だ。だから確かな証拠もないのに逮捕し、逮捕された者はかならず有罪にしようとする。それによって昇進し保身をはかるために。これこそ冤罪が多い根本的な原因である――。

図17
服部嘉陳の建白書

第一条は、本文で紹介した通り。第二条は「凡ソ確証ナキ嫌疑ハ　ソノ身分ニ応シテ之レヲ寛待セサルヘカラス　其始メ之ヲ呼モ一紙ノ奉札ヲ以テ之ヲ召ヒ容易ニ縄ヲ懸クヘキニ非サルヘシ」。確証がない場合は、嫌疑が掛かっていても身分に応じて（嘉陳は士族）待遇すべきだというのである。

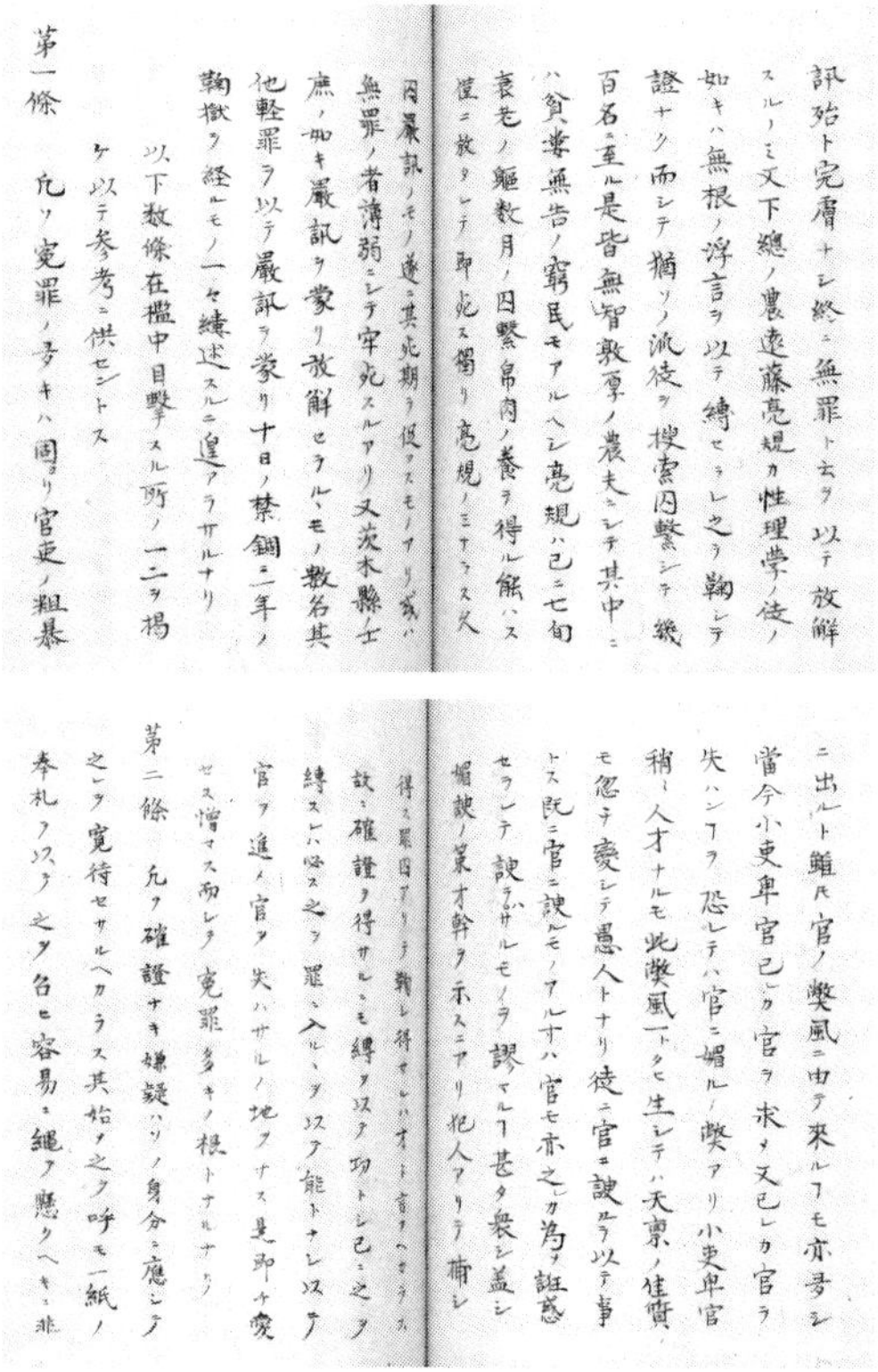
訊殆ト完膚ナシ終ニ無罪ト云ヲ以テ放解
スルノミ又下總ノ農遠藤亮規カ性理學ノ徒ノ
如キハ無根ノ浮言ヲ以テ縛セラレ之ヲ鞫シテ
證ナク而シテ猶ソノ派徒ヲ捜索囚繋シテ幾
百名ニ至ル是皆無智敦厚ノ農夫ニシテ其中ニ
ハ貧婁無告ノ窮民モアルヘシ亮規ハ已ニ七旬
衰老ノ軀数月ノ囚繋肉ノ養ヲ得ル能ハス
遂ニ故ヲ以テ即死ス獨リ亮規ノミナラス又
囚暴訊ノモノ遂ニ其死期ヲ促スモノアリ或ハ
無罪ノ者薄弱ニシテ牢死スルアリ又茨木縣士
庶ノ如キ嚴訊ヲ蒙リ放解セラルヽモノ数名其
他軽罪ヲ以テ嚴訊ヲ蒙リ十日ノ禁錮ニ年ノ
鞫獄ヲ経ルモノ一々縷述スルニ遑アラサルナリ
以下数條在檻中目撃スル所ノ一二ヲ揭
ケ以テ參考ニ供セシトス
第一條　凡ソ寃罪ノ多キハ固リ官吏ノ粗暴
ニ出ルト雖モ官ノ弊風ニ由テ来ルコトモ亦多シ
當今小吏卑官已レカ官ヲ求メ又已レカ官ヲ
失ハンコヲ恐レテハ官ニ媚ルノ弊アリ小吏卑官
稍〻人才ナルモ此弊風一タヒ生シテハ天稟ノ佳質
モ忽チ變シテ愚人トナリ徒ニ官ニ諛ルヲ以テ事
トス既ニ官ニ諛ルモノアルナハ官モ亦之レカ為メ誑惑
セラレテ諛ラサルモノヲ謬マルコ甚タ衆シ蓋シ
媚諛ノ巣才幹ヲ示スニアリ犯人アリテ捕レ
得ス罪因アリテ鞫シ得サレハ才ト言フヘカラス
故ニ確證ヲ得サルヽモ縛ヲ以テ功トシ已ニ之ヲ
縛スレハ必ス之ヲ罪ニ入ルヽヲ以テ能トナレハナ
官ヲ進メ官ヲ失ハサルノ地トナス是即チ愛
セス憎マス而シテ寃罪多キノ根トナルナリ
第二條　凡ソ確證ナキ嫌疑ハソノ身分ニ應シテ
之レヲ寛待セサルヘカラス其始メ之ヲ呼モ一紙ノ
奉札ヲ以テ之ヲ召ヒ容易ニ縄ヲ懸クヘキニ非

国立公文書館蔵

十八　法医学と犯罪捜査

中国の裁判実話集『棠陰比事』

冤罪を生み続けるのは、役人世界の構造的な弊風（悪習）であると喝破《かっぱ》した服部嘉陳《はっとりよしのぶ》。

ところがこのような弊風は、中国南宋の時代、嘉定四年（一二一一）に成立した『棠陰比事《とういんひじ》』という裁判実話集ですでに指摘されていた。

中国では、真犯人を検挙し冤罪を防止するために、古くから裁判実話集が作成されていた。十世紀後半（後周、北宋の時代）に和凝《かぎょう》父子によって編纂されたのが『疑獄集』で、二百余の裁判実話を収録。北宋の鄭克《ていこく》は『疑獄集』を補正し、四百八十話から成る『折獄亀鑑《せつごくきかん》』を編み、さらに南宋の桂万栄《けいばんえい》が両書をもとに『棠陰比事』（百四十四話を収録）を著すという具合である。

書名の「棠陰」は、中国の周の時代、召伯が各地を巡行した際に、住民の負担にならぬよう甘棠の木陰で野宿しながら裁判を行った故事に由来し、「正しい裁き」を意味するという（駒田信二訳『棠陰比事』解説）。

役人の弊風が冤罪を生むというのは鄭克の指摘で『棠陰比事』に引用されている。原文を「鄭克曰く。按ずるに巡捕の吏、或いは盗を縦《ゆる》して平民を捕へ繋げて以て命に応じ……」と読み下したところで、難解さに変わりはない。駒田氏の訳文を借用させていただこう。

鄭克いう。思うに、巡捕の役人は、盗賊を見逃がして良民を捕え、以て命《めい》をはたしたとし、あるいは盗賊を取り逃がして良民を捕え、以て責任を逃がれ、あるいはまた盗賊を捜しながら良民を捕え、以て恩賞にあずかろうとする。もし牢役人がこれと結託をするならば、冤罪はいくらでもつくり出されるのである。これは裁く者が見破るよりほかない。

犯人逮捕の役人たちは、盗賊を逮捕できないと、かわりに無実の良民（原文は平民）を逮捕して責任をのがれるばかりか、（盗賊逮捕の）ご褒美にあずかろうとする。こんな連中が牢役人（原文は獄吏）と共謀すれば鬼に金棒、無実の良民に罪を負わせるなんて、いとも簡単だ。したがって裁判官は役人たちの弊風を十分承知したうえで、冤罪を見破らなくてはいけない。

さすがに服部嘉陳を逮捕した役人たちはこれほど悪辣《あくらつ》ではなかっただろうが、本質的に違いはなかったと察せられる。冤罪をつくり出す官の弊風は、古くから指摘され、今日なお完全に払拭されてはいないようだ。

林羅山の判例研究と裁判小説の流行

わが国に伝来した最初の『棠陰比事』は、朝鮮で出版されたものだったという。徳川家康以下四代の将軍に仕えた儒者林羅山《はやしらざん》（一五八三―一六五七）旧蔵の『棠陰比事』は、昌平坂学問所を経て、現在は国立公文書館内閣文庫の蔵書となっている。元和《げんな》五年（一六一九）十一月、羅山が同書に記した跋《ばつ》（あとがき）によれば、羅山は朝鮮版『棠陰比事』を書写したのち、さらに別の朝鮮版で校訂したという。すなわち中国で出版された『棠陰比事』が朝鮮で一度ならず出版され、その朝鮮版を羅山は丹念に書き写したのである。

羅山はまた『棠陰比事』より早く成立した『疑獄集』も写本で所蔵し、寛永三年（一六二六）四月に閲読している。羅山がこれらの書物から得た知識が、どの程度幕府の刑法や裁判に影響を及ぼしたかはさだかでない。しかし羅山が子孫や弟子そして知人にその知識を伝えたことは容易に推測され、また諸大名との交流を通じて、冤罪防止や公正な裁判の実例が全国各地に伝わったと考えるのは可能だろう。事実、羅山は慶安三年（一六五〇）に、紀州徳川家の初代徳川頼宣《よりのぶ》の求めに応じて、『棠陰比事』を平易な言葉で解説した『棠陰比事諺解《げんかい》』を著している。

裁判実話集といっても、堅苦しい判例の羅列ではなく、物語集としても魅力的だったことが本書の普及をうながした。井原西鶴（一六四二—九三）は本書に影響されて『本朝桜陰比事《ほんちょうおういんひじ》』（一六八九年刊）を著した。これは裁判の実例集ではなく裁判物語（文学作品）だったが、『棠陰比事』から原話を採り、小説的に仕上げた話も含まれている。

西鶴の作品だけではない。板倉勝重《かつしげ》（一五四五—一六二四）・重宗《しげむね》（一五八六—一六五六）父子が京都所司代時代に行った名裁きの例を収めた『板倉政要《いたくらせいよう》』にも、『棠陰比事』の事例をあたかも板倉が裁いたように書き改めたものがある。影響は大岡政談（大岡越前守忠相の名裁き集）にも及んだ。

『棠陰比事』がもたらした裁判小説（名裁き物語）の流行は、文学作品として読者を楽しませただけでなく、難解な漢文に馴染みの薄い大名や役人に、犯人捜査の方法や裁判の留意点を教える役割を果たしたに違いない。

裁判小説の流行によって、人々がそれまで以上に真犯人の逮捕や公正な裁判を求め

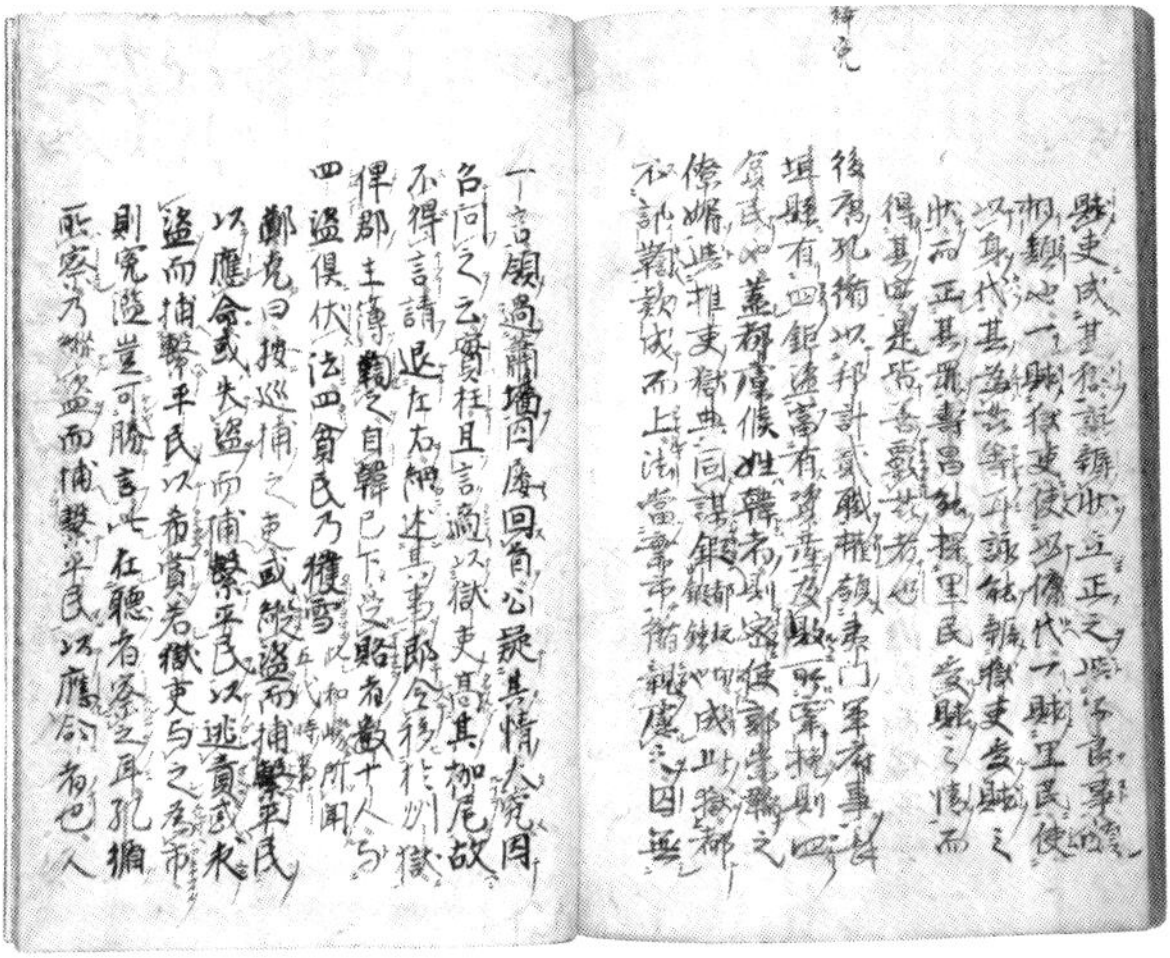

図18　棠陰比事

上図の中央には次のような冤罪事件が。
――後唐の時代（九二三―九三六）、大盗であるとして四人の貧民が捕えられた。賄賂を受け取った役人が裁判官や獄吏（牢役人）と共謀して貧民を罪に陥れたのである。判決に疑いを抱いた孔循という役人が、死罪の判決を受けた四人を呼び出して調べたところ、貧民たちは初めのうちは口を閉ざしていたが、やがて「私たちは無罪です」と告白した。真実を述べようとしても、獄吏が首枷《くびかせ》を持ち上げるので話せなかったというのである。孔循は貧民たちを別の牢獄に移して取り調べ、その結果、四人の大盗と賄賂を受け取った役人たちは処罰され、貧民たちは釈放された――。

国立公文書館蔵

るようになると、裁く側にもおのずと期待に応えようとする（名裁きを心がける）意識が生まれるからだ。

中国から伝来した法医学

『棠陰比事』ほか中国の裁判実話集には、冤罪を生んではならないという倫理的な教訓だけでなく、真犯人を見つけ出すための捜査や尋問のテクニックも具体的に記されている。したがって犯罪捜査や裁判にたずさわる者にとっては、参考書としての役割も果たしたと思われる。一例を挙げてみよう。

夫を殺したのち家に火を付けた女は、夫は焼死したと述べた。夫の一族が不審を抱き役所に訴えたが、女はあくまで夫は焼死したと言う。裁判官を務めた張挙《ちょうきょ》は、豚を二匹用意させ、一匹は殺したのち、もう一匹は生きたまま薪で焼いた。二匹の豚の口中を調べると、殺してから焼いた豚の口の中には灰がなく、生きたまま焼いた豚の口の中には灰があった。

さて死んだ夫の口の中を調べると、灰がない。このことから女のウソが露顕し、厳しく問い詰めると、女は夫殺しの罪を認めた。

右は『疑獄集』に「張挙弁焼猪」として載っている。『棠陰比事』には「張挙猪灰」と題して再録された。二匹の豚を用いた実験の結果がどうして女の罪をあばいたのかは、あらためて説明するまでもないだろう（生きたまま焼死したなら灰を吸い込んでいるはずというわけ。念のため）。張挙は三国時代（後漢末）の人。すなわち中国では、三世紀初めにすでに法医学と呼べるような手法が裁判で用いられていたのである。

さまざまな面で先進国だった中国からは、さらに詳細な内容の法医学書がわが国に伝来した。

中国では南宋の時代に世界最古の法医学書と言われる『洗冤集録《せんえんしゅうろく》』（『洗冤録』とも）が刊行され（一二四七年）、元の時代にこれを修正増補した『無冤録《むえんろく》』が著された（一三〇八年）。『無冤録』は朝鮮を経てわが国に伝わり、医者の河合《かわい》尚久《なおひさ》が元文《げんぶん》元年（一七三六）にこれを和訳。明和五年（一七六八）に『無冤録述《むえんろくじゅつ》』として刊行された。

『無冤録述』は、その後明治三十四年（一九〇一）頃まで「幾度も増刊されて広く頒《はん》布《ぶ》し、実際にも盛んに用いられた」（『日本裁判医学史』）。実用的で頻繁に用いられたという。水戸藩の郡方役人を長年務めた坂場流謙も、その著『国用秘録』の中で、変死体を検死する際の参考書（「横死吟味仕方の書」）として推奨し、死体の検分や犯人捜査に当たる役人の必見の書である（「此書を見るべし」）と述べている。

『無冤録述』にはどのようなことが書かれているのだろうか。医師でもなく検死の経験もない著者（氏家）には、書かれている内容が正しいか否か判断できないと断ったうえで、ご紹介しよう（【 】内は氏家による）。

【他殺か自殺（自縊《じい》）か、首吊り死体の見分け方】

殺してから縄で首を縛った死体には、縄の（顕著な）痕《あと》が付かない。死亡後は強く首をしめても紫赤色にはならず、白い痕が付くだけ。（自殺に見せようと）火箸《ひばし》で焼いて痕を付けても、それは焦げ色でジクジクと湿気を帯びて（自殺で首を吊った痕とは違う）。

ただし、生殺《なまごろ》し（半死半生）にしてから首を吊らせた場合もある。このような死体は他殺か自殺か容易に判別できない。

屋内で首を吊った死体を検分するときは、縄を掛けた所の上の塵《ほこり》に注目せよ。自殺ならば塵は乱れ散っているはず。塵が乱れていなければ、殺害後に首吊りに見せかけた可能性が高い。

首を吊った縄を杖で敲《たた》き、固さを確かめよ。首吊り自殺なら、縄はきつく締まっているはず。ゆるみがあれば別の場所で殺害した死体の首に縄を掛けて吊ったと見るべきだ。

【さまざまな水死体の見分け方】

水に入って死んだ者の死体は、肉の色がふやけて白く、口を閉じ両手を握り、眼はすこし開き、腹はすこし脹《ふく》らんでいる。

水中に落ちて死んだ者の死体は、手を開き、眼はすこし開いている。腹はすこし脹らんでいる。

身投げ（自殺）をした者の死体は、手を握り、眼を閉じ、腹は大きく脹らんでいる。

水中で泳ぎそこなって死んだ者の死体は、顔が赤く、身体に傷がない。

水中でもがき苦しんだ者の死体は、口や鼻から水沫《すいまつ》が流れ出し、腹は水が入って脹らんでいる。脚の屈折した部分（「脚ノカヾマリ」）などに砂や泥が入っている。

【刃物で切られた死体の見分け方】

刃物で切られた者は、切られたとき身につけていた衣服に、切られた痕か血が付いている。身体の傷と衣服の痕を引き合わせて検分せよ。

刀で刺され腸がはみ出した死体では、傷は一ヶ所（切られたのは一回）なのに、腸に複数箇所の傷がある場合がある。これは腸が腹中で回り重なっているからだ。

生きている者を刃物で切った場合は、傷痕の皮や肉が縮まって血が集まっている（凝血している）。手足を切断したときは、筋と肉がまといつき、皮は縮まり、骨が露

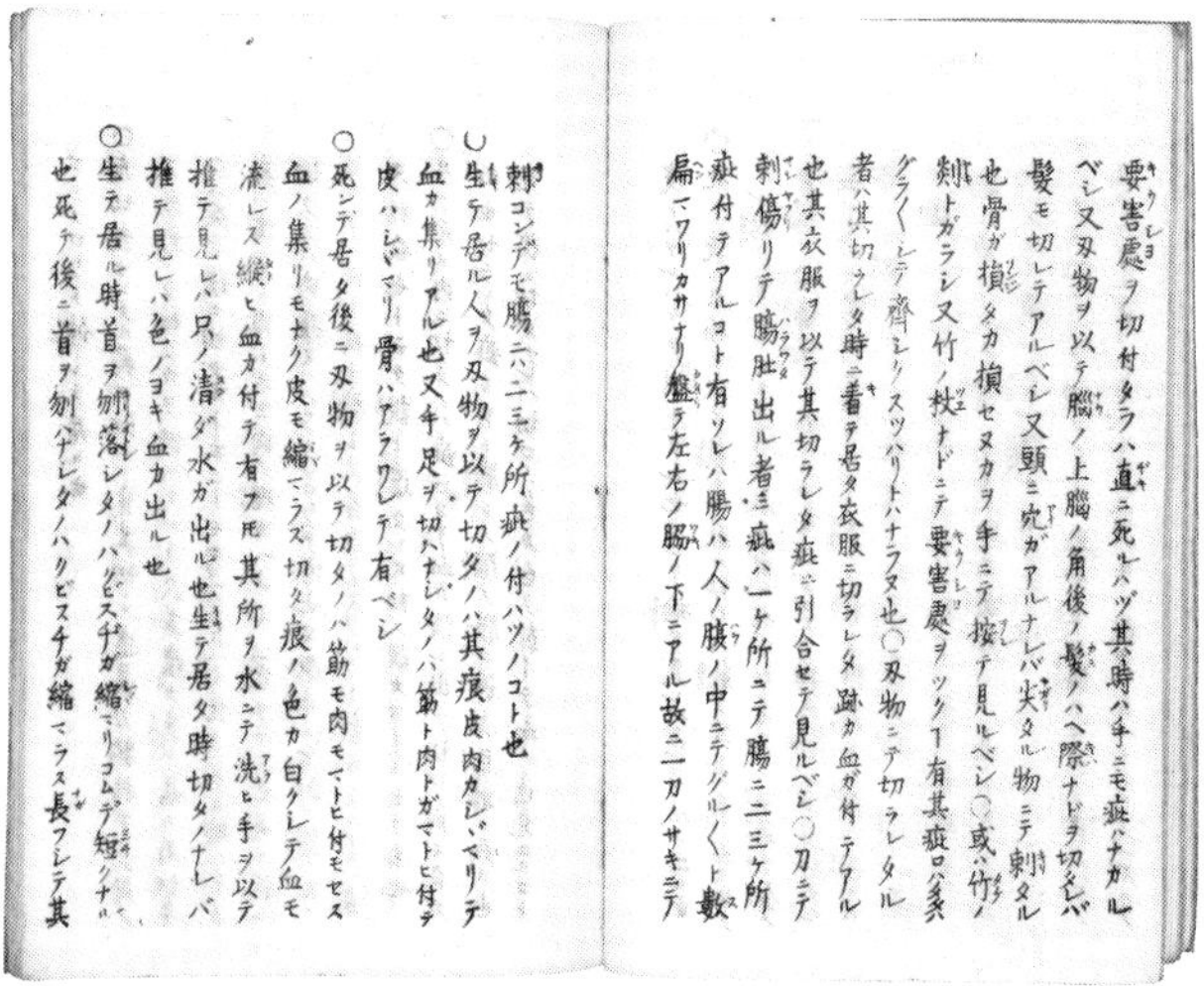
要害處ヲ切付タラハ直ニ死ルハヅ其時ハ手ニモ疵ハナカル
ベシ又刃物ヲ以テ脳ノ上脳ノ角後ノ髮ノハヘ際ナドヲ切タレバ
髮モ切レテアルベシ又頭ニ疵ガアルナレバ尖タル物ニテ刺タル
也骨ガ損タカ損セヌカヲ手ニテ按テ見ルベシ○或ハ竹ノ
尖トガラシ又竹ノ杖ナドニテ要害處ヲツク事有其疵口ハ多
グラグラシテ脅シ々スツパリトハナラヌ也○刃物ニテ切ラレタル
者ハ其切ラレタ時ニ着テ居タ衣服ニ切ラレタ跡カ血ガ付テアル
也其衣服ヲ以テ其切ラレタ疵ニ引合セテ見ルベシ○刀ニテ
刺傷リテ腸肚出ル者ニ疵ハ一ヶ所ニテ腸ニ二三ヶ所
疵付テアルコト有ソレハ腸ハ人ノ腹ノ中ニテグルグルト數
扁マワリカサナリ盤テ左右ノ脇ノ下ニアル故ニ一刀ノサキニテ
刺コンデモ腸ニハ二三ヶ所疵ノ付ハヅノコト也
○生テ居ル人ヲ刃物ヲ以テ切タノハ其痕皮肉カレバマリテ
血カ集リアル也又手足ヲ切ハナレタノハ筋ト肉トガマトヒ付テ
皮ハレバマリ骨ハアラワレテ有ベシ
○死ンデ居タ後ニ刃物ヲ以テ切タノハ筋モ肉モマトヒ付モセズ
血ノ集リモナク皮モ縮マラズ切タ痕ノ色カ白クレテ血モ
流レズ縦ヒ血カ付テ有テモ其所ヲ水ニテ洗ヒ手ヲ以テ
推テ見レバ只ノ清ダ水ガ出ル也生テ居タ時切タノナレバ
推テ見レバ色ノヨキ血カ出ル也
○生テ居ル時首ヲ刎落レタノハクビスヂガ縮マリコムデ短クナル
也死テ後ニ首ヲ刎ハナレタノハクビスチガ縮マラズ長クレテ其

図19　無寃録述

図の左頁中央にはこう記されている（意訳）。
――死後に刃物で切られた部分は、筋や肉がまといつかず、血だまりがなく、皮膚も縮れていない。傷は白色で出血もない。たとえ血が付いていても、水で洗ったのち指で押すと、（血ではなく）澄んだ水が出てくるだけだ。生きているうちに切られたのなら、押せば鮮血（「色ノヨキ血」）が出るはずである――。

生々しい記述だが、死体を前にして、その傷が生前のものか死後に切られたものかを判断するためには不可欠な知識と言える。真犯人を捕縛し冤罪事件を生まないためにも、検死を行う役人はこのような知識に習熟していなければならなかった。

国立公文書館蔵

出している。

死者を刃物で切った場合は、筋も肉もまといつかず、皮も縮まない。傷の色は白く、血も流れない。生きている者の首を切り落とした場合は、首筋が縮まり込んで、短くなっている。

死者の首を切り落とした場合は、首筋は縮まらず長さも変わらない。


「壊爛死《かいらんし》」の項では、「くづれ爛《ただ》れてある屍を改むる時に臭穢《しゅうえ》をきらひ疎略にすることなかれ　見誤ることとあり」と腐乱死体を扱う際の心得も記している。

変わったところでは「男子作過死」、性行為の度が過ぎて腹上死した男性の死体の特徴についても。「真にそれなれば死んで後までも陰茎がきつと怒長（怒張）して居るものなり、にせ物は痿《なえ》てあるなり」。行為の最中に絶命した男性の陰茎は勃起したままであるが、偽の腹上死、すなわち腹上死と見せかけた他殺体の陰茎は萎えているというのである。


内容の紹介はこの程度に止めたい。変死体が発見されたとき、他殺か自殺か、あるいは病死や事故死かを死体の状態から判定するのは犯罪捜査の第一歩である。そのために欠かせない検死の基本が詳細かつ具体的に記されているのがおわかりいただけたと思う。

今日の法医学の水準から見れば荒唐無稽《こうとうむけい》な記述も含まれているに違いないが、ともあれ大陸からもたらされた法医学の文献が、わが国の犯罪捜査に大きく貢献したのは事実である。

江戸城内にあった紅葉山《もみじやま》文庫（家康以来の将軍の蔵書などを収めた書庫）には、中国清朝の乾隆《けんりゅう》四十九年（一七八四）に出版された『洗冤録』という法医学書が収められていた。書名が示すように法医学の書で、南宋の時代に著された『洗冤録』を清の陳明善が袖珍本《しゅうちんぼん》（袖の中に入るような小形本）に編集し、救急治療法等を増補したものである。

小形本にしたのは、検死を担当する役人がより使いやすくするため。残念ながらこの本は幕府の役人によって実際に用いられた形跡はない。それでも紅葉山文庫の蔵書になったのは、幕府が中国の法医学の知識を積極的に収集しようとしたためであろう。

第四部　地獄の慈悲——小伝馬町牢屋敷

十九　牢獄の世界

江戸後期、牢死者が急増

庶民の縁座が廃止されるなど、全体的に緩やかになった幕府の刑罰。その一方で死刑者の数や牢死人（判決が下るのを待たず入牢中に死んだ人）の数は、江戸後期から幕末にかけて増加傾向をたどっている。

再び『世事見聞録《せじけんもんろく》』（一八一六年序）を開いてみよう。著者の武陽隠士《ぶよういんし》は「非命に死せるもの、事」と題して、次のように記している。

先御当代（十一代将軍家斉《いえなり》の時代）御仕置のものは死刑以上三百人に及ひ　牢死人年々千人以上といふ　又首縊《くびくくり》　身投自殺其外変死のもの千人已上《いじょう》　行倒れと唱るもの千人已上といふ

自殺や行き倒れ（行旅死亡人《こうりょしぼうにん》）はともかく、江戸だけで毎年三百人の死刑が執行されているというのにまず驚かされる。それにもまして江戸の牢死人が毎年千人以上という数字には。

武陽隠士によれば、大坂が死刑百人・牢死人三、四百人。京都が死刑五、六十人・牢死人二百人ほど、というから『世事見聞録』が書かれた十九世紀前期、江戸・大坂・京都の三都だけでも、年間四百五十人以上が死刑になり、千五百人以上が牢内で死亡したことになる。

江戸だけで牢死者千人以上という数字は真実だろうか。平松義郎『近世刑事訴訟法の研究』は、江戸時代後期には「牢死者は驚異的多数に上った」と述べ、注で具体的な数字を挙げている。それによれば、「安政ないし慶応年間」（すなわち幕末）の牢死者は年に千二百人から二千人に達したという。これに対して「天明、寛政、文化初年」（十八世紀末から十九世紀初め）は年に百人程度。その後文政初年（文政元年は一八一八年）には二百人を超えるようになったとしている。

平松氏の数字は当時の公文書に基づくもので信憑性《しんぴょう》が高い。『世事見聞録』の牢死者の数は誇張されていると言うべきだが、いずれにしろ幕末には千人を超え千数百人に達するのだから、武陽隠士は近い将来を予見したとも言えるだろう。

ところで、厳密に言えば囚人の死亡には牢死と溜死《ためし》があった。牢死は文字通り収容された牢内で死亡することであり、溜死とは重病の囚人を療養する溜《ため》という医療施設（浅草と品川にあり、それぞれ「非人頭《ひにんがしら》」の車善七《くるまぜんしち》と松右衛門《まつえもん》が管理運営していた）に移され（溜預《ためあずけ》）、そこで死亡することを意味している。

町奉行所の記録『嘉永撰要類集』牢屋敷之部に、町奉行遠山左衛門尉（景元《かげもと》）から老中阿部伊勢守（正弘《まさひろ》）に差し出された文書があり、その中に弘化元年（一八四四）と同二年の牢死と溜死の人数が記載されている。

それによれば、弘化元年正月から十二月までの死亡者の数は六百二十六人。うち牢死は百四十二人で溜死は四百八十四人。翌弘化二年の正月から十二月までの死者数は七百六十八。うち牢死が百三十五人で、溜死は六百三十三人だった。この数字を見ると、『世事見聞録』が挙げた「牢死人」の数は、どうやら牢死と溜死を合わせた人数のようだ。平松氏が挙げた「牢死者」も同様であろう。

弘化元年と二年の死者総数に占める溜死の数は八〇％。あわせて「加役方掛《かやくかたかかり》」（火付盗賊改が逮捕投獄した）囚人の死者の多さにも驚かされる。その数は二年間で八百一人。総死者数千三百九十四人の五七％を占めている。

牢死・溜死の人数を挙げたあとで、遠山左衛門尉（景元）は次のように述べている。

書面囚人之内　牢溜おゐて死失之もの多く　加役方掛には別て多分に相見候　右

之内には格別之罪状にも無之　非命之死を遂候ものも可有之哉　左候ては御仁恵之御趣旨にも背　不軽事に候間　篤《とく》と打合勘弁いたし　成丈《なるたけ》死失相減候仕法取調可申上旨被仰渡《おおせわたされ》　奉承知候

「獄中や溜で死亡する囚人が多い。とりわけ加役方の囚人の死亡は多すぎる。なかには軽い罪を犯しただけなのに牢や溜で死亡した者もいるはずだ。これでは公儀の仁恵の趣旨が損なわれてしまう。大変なことだ。牢死や溜死の数をできるだけ減らす方法を検討するように」という阿部伊勢守の指示を受け、遠山は「承知いたしました」と返答したのである。

それにしても、なぜこれほど多くの囚人が命を落としたのだろうか。

平松氏は、牢獄に定員をはるかに超える囚人が押し込まれ（「恐るべき過剰拘禁」）衛生状態が悪化したことと、「牢名主制度の悪弊」の結果であると指摘している。

すし詰め状態の牢獄

江戸小伝馬町の牢屋敷は幕府の最大の牢獄で、慶長年間に設けられ（それまでの牢獄は常盤橋《ときわばし》の外にあったという）、幕府の最高裁判所に当たる評定所《ひょうじょうしょ》・三奉行（寺社奉行・町奉行・勘定奉行）・火付盗賊改がそれぞれ担当する未決囚と若干の既決囚（永牢《ながろう》や遠島前の者など）が収監された。

牢屋敷の長官（囚獄《しゅうごく》と称された）は町奉行支配（管轄下）の石出《いしで》帯刀《たてわき》の世襲（高三百俵）で、配下の牢屋同心・牢屋下男《しもおとこ》が囚人の監視や行刑ほか牢屋敷の各種雑務を担当した。牢屋同心の人数は、天和《てんな》三年（一六八三）に十名増員され五十名となり、のちにさらに五十八名となった（下男も三十名から三十八名に）。牢屋敷の総坪数は二千六百七十七坪余で、石出帯刀の役宅、牢役人の執務所と各種の牢、そして処刑場等から成っている。

牢は身分や性別によって分かれ、庶民を収容するのは、東西の「大牢《たいろう》」（各三十畳）と「二間牢《にけんろう》」（各二十四畳　無宿牢とも）、「百姓牢」（二十八畳）。御目見《おめみえ》以上の旗本（五百石以上を除く）が入るのが「揚座敷《あがりざしき》」（四部屋で各六畳）で、御目見以下の御家人や陪臣《ばいしん》、僧侶神職などは「揚屋《あがりや》」（五部屋で、九畳から十八畳）に入れられた。

女性用の「女牢《おんなろう》」には「揚屋」の一部が当てられ、旗本の妻女は「揚座敷」に収容されることもあった（平松前掲書）。

小伝馬町牢屋敷には、江戸後期に二百人から四百人が収容されたが、多いときは七百人、九百人に達したという。その過密状態は、明治二十六年（一八九三）に出版された『徳川幕府刑事図譜』の「旧江戸伝馬町牢獄内昼の図」にも描かれている。

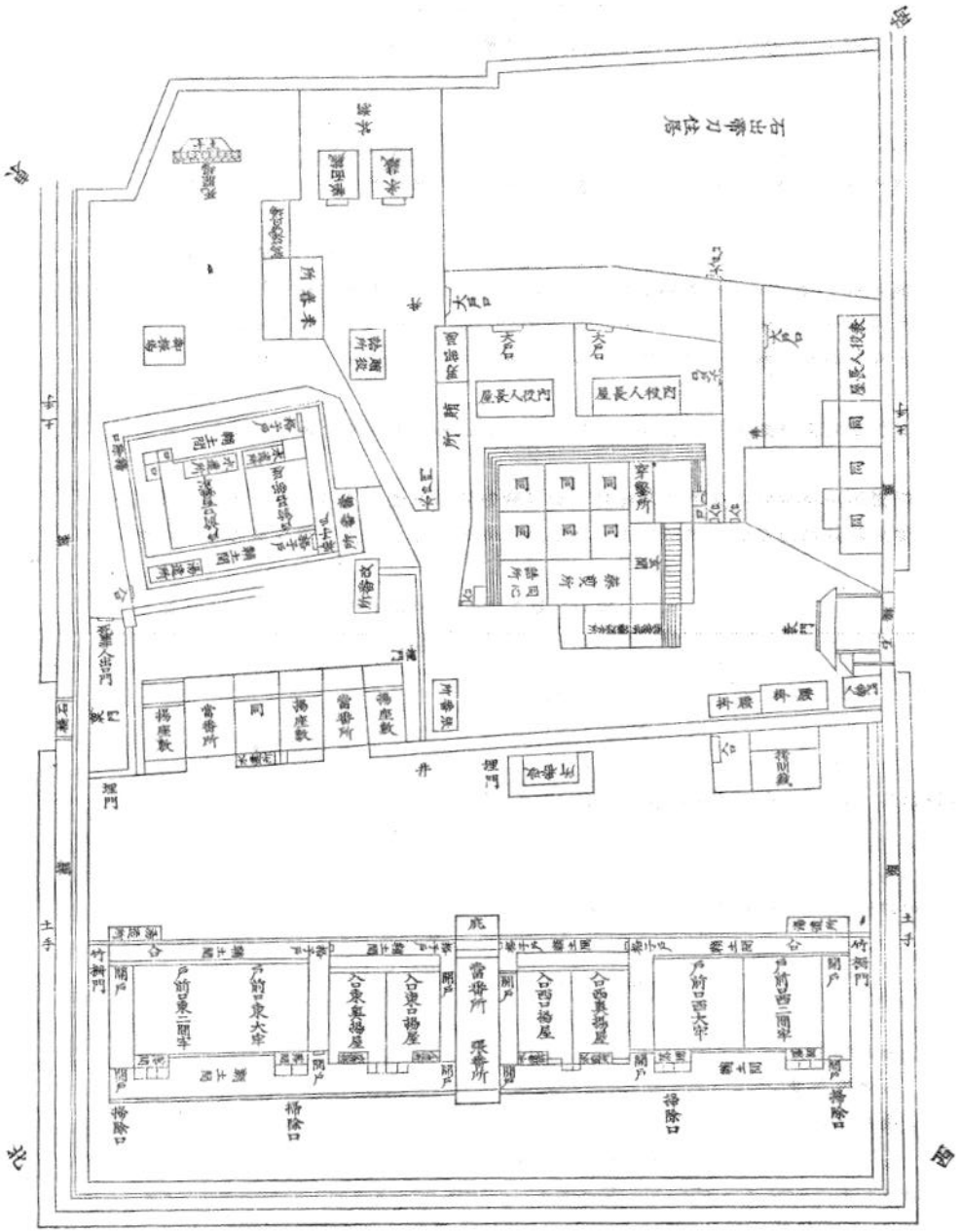

図20　牢屋敷平面図（古事類苑）

明治大正期に編集刊行された百科全書『古事類苑』の「法律部」（一九〇二年刊）に収録されている小伝馬町牢屋敷の平面図。

東西の「大牢」（庶民の男を収監）と「二間牢」（無宿牢とも）、御目見以上の旗本とそれに準じる僧侶神職を収監する「揚座敷」、御目見以下の御家人と陪臣・僧侶神職・医師を収監する「揚屋」など各種の牢が見える。

そのほか囚獄（牢屋奉行）石出帯刀の役宅や「死罪場」（処刑場）、死罪となった囚人の死体で刀剣の試し斬りを行う「御様場《おためしば》」、拷問を行う「拷問蔵《ごうもんぐら》」も。

国立公文書館蔵

左の図21をご覧いただきたい。このような状態では、健康な囚人でも、体調を崩し病気になってしまうに違いない。牢獄内の悲惨な様子を綴った資料はいくつかあるが、まず『大日本監獄協会雑誌』第一号・第三号（一八八八年刊）に掲載された眞木喬「旧政府監獄の一班」を見てみよう。『大日本監獄協会雑誌』とは、政府の司法制度と監獄制度の改良整備を支援するために、明治二十一年（一八八八）に創立された大日本監獄協会の機関誌である。

（上略）囚人の身に及ふ艱難《かんなん》は如何《いか》ばかり歟《か》、夏にして臭汗背を浸すも浴する所なく、虱《しらみ》、蚤《のみ》、蚊、虻《あぶ》、血を飲むの欲を逞《たくまし》ふし、冬にして寒を防くの術《てだ》てなく、凍風身を氷らさんとすること幾干《いくばく》そ（中略）偶《たまたま》、病痾《びょうあ》に罹《かか》れは浅草若くは品川の溜めに送遣せられ病狗に対するか如き治療を受け（下略）

耐えがたい暑さとシラミとノミそしてカやアブの襲来。それにもまして苦痛なのは、防ぐ術《すべ》のない寒さ。重病の囚人は、浅草と品川に設けられた溜へ送られ治療を受けたが、そこでの治療はさながら病んだ犬に施されるようなしろものだった（とても十分とは言えない）という。

次は『牢獄秘録』から、牢内の病に関する記述を。『牢獄秘録』は、成立年月日も

図21　牢獄内の図（徳川幕府刑事図譜）

明治二十六年（一八九三）に出版された藤田新太郎編『徳川幕府刑事図譜』に収録されている小伝馬町牢屋敷の牢獄内の図。図の上方、畳を高く重ねた上に座しているのが牢頭（牢名主《ろうなぬし》）で、その下に居並ぶのが牢内役人たち。平《ひら》の囚人たちはスシ詰め状態で立たされている。図中央では、新入りの囚人が「キメ板」で殴打され、右隅には罰として格子に縛り付けられている囚人の姿も。左隅に座している十数人の囚人は「客分」で、牢名主や牢内役人の「知己」（ねんごろな知り合い）や金銭等の「土産」（ツル）を多く持参した者たちだ。平囚人たちより優遇されている様子がうかがえる。

国立国会図書館蔵

著者もさだかでないが、江戸時代の牢獄の実状を「細大漏らすところなく、秘事に属することまで掲げてある」（『刑罪珍書集II』尾佐竹猛解題）貴重な文献である。

牢内の病気とは、みな牢疫病《ろうえきびょう》なり。これは数年《すねん》人々をこめ置き候故、自然と人の身の臭気《しゅうき》こもりて、此の臭気を鼻に入れ候ゆゑ、皆牢疫病に成るといふ。

牢内の病気を牢疫病と言い、それは牢内に長年（「数年」）にわたって籠もった臭気が原因だという。

臭気が病のもと。天保十年（一八三九）五月十九日、幕府の蘭学者弾圧事件（蛮社《ばんしゃ》の獄）に連座して小伝馬町牢屋敷の百姓牢に投獄された高野長英《ちょうえい》（一八〇四—五〇）も、同様のことを記している（『わすれがたみ』）。

頃しも五月中浣《ちゅうかん》（＝中旬）の事なれば、暑気旺盛なるに、今歳は取分《とりわけ》暑さ強く（中略）まして日光も透射せず、風気も流通せぬ陰欝《いんうつ》の処に、数十人鱗次充塡《りんじじゅうてん》して有る（＝鱗《うろこ》のように隙間なく並んでいる）なれば、其熱さ堪難く、病人の臭気、汚穢《おわい》不浄の諸気に交り、一種異様の臭気となり、牢内に散満する物から、其臭《くさ》さ譬《たとえ》ん様なく、久敷《ひさしく》此内にあらんには、中々存活《なかなかぞんかつ》せんとは思はれず。

すし詰めになった囚人たちの汗や体臭、病人が発する臭い。それらが「汚穢不浄」(牢内の便器からたちのぼる臭気)と混交して形容しがたい悪臭となって襲いかかる。これではとても生き続けられない、というのである。

前近代には汚染された臭気が病を引き起こすと信じられていたが、さすがに臭気だけで死に至ることはない。

牢疫病について、『刑罪珍書集II』所収の『牢獄秘録』に懇切な解説(尾佐竹猛によるものか)が添えられている。

> 牢疫病とは、今日の言葉でいふ伝染病のことである。牢内では病気が流行しようが、死人が出来やうが、消毒するでなく、清潔にするでなく、四方を閉ぢこめて日光を見ることなく、空気もろく〳〵通はないから、陰惨極まりなき牢屋のこととて、此所《ここ》へ入れられたら最後、弱い者は直ぐ病気になつて了《しま》う。其の上食物が粗悪と来て居るから、一度病気になれば癒《なお》らない。
> 強壮な者でもだん〳〵衰弱して病気になり、ウン〳〵唸《うな》るやうになつても、唯一《ただひと》人《り》介抱して呉れる者も面当《めんどう》を見てくれる者もない。尤《もっと》も牢附の医師が居つて、病人は溜へ預けられるけれども、そこへ行くまへに斃《たお》れる者が多い。又溜預けにな

つた所で、大した違ひがないから、病気になれば死ぬと覚悟しなければならぬ。徳川時代に牢死者が多かつたのは当然で、生きて居るのが不思議な位だ。

すなわち牢疫病とは伝染病の一種であり、牢内の劣悪な状態（不衛生、日照不足、換気の悪さ、粗悪な食事等々）と身体の抵抗力の低下が原因で、すくなからぬ囚人が病死するに至ったという。「生きて居るのが不思議な位」というのも、当時の牢獄の情況を振り返れば過剰な表現とは言えないだろう。

当然、病弱な人や神経過敏な人は牢内では暮らせなかった。

長英は、すぐれた蘭学者だった小関三英《こせきさんえい》（一七八七―一八三九）が、蛮社の獄で投獄されるのを恐れ自害したことに触れ、その理由をこう記している。「常さへ不寝の病に悩み、夜毎に阿片《アヘン》酒など用ひ、漸々《ようよう》に安眠する身なれば、獄内に在ては、迚《とて》も存活し難しと察しけん」（『わすれがたみ』）。

実直で小胆者のうえ不眠症で毎晩阿片酒を飲まなくては眠れない三英は、とても獄中では生きられないと思って、みずから命を絶ったのだろうというのである。

皮膚病の蔓延

囚人たちは「牢瘡《ろうがさ》」にも悩まされた。牢瘡とは疥癬《かいせん》などの皮膚病を言う。

疥癬はヒゼンダニという小さなダニが皮膚に寄生して起こる皮膚病。ヒゼンダニは人間の体温が最も適しており、手首や手のひら、指の間、ひじ、わきの下などに疥癬トンネルと呼ばれる横穴を掘り、その中に卵を産みつけ、卵は幼虫から成虫に成長する。このため皮膚には疥癬トンネルや赤いブツブツが出来、激しいかゆみを伴う。ヒゼンダニは肌や手の接触でうつり、他人の寝具や衣類を用いてうつることも（公益社団法人日本皮膚科学会の「皮膚科Q&A」から）。

過密収容と不衛生な環境の牢獄内はまさにダニ増殖の天国。牢瘡と呼ばれるほど疥癬が蔓延《まんえん》したのも当然であった。

幕末から明治半ばにかけて活躍した絵師、河鍋暁斎《かわなべきょうさい》（一八三一―八九）も牢瘡に悩まされた。明治三年（一八七〇）十月、暁斎は、政府高官をからかう戯画を描いた罪で大番屋《おおばんや》（本牢に送るかどうか予審を行うための仮牢）に拘禁された。ひと口にからかうと言っても、それは尋常な戯画ではなかった。なにしろ三条実美《さねとみ》が外国人に肛姦されている場面を描いたのだから。当時の大番屋は小伝馬町の本牢に勝るとも劣らぬ過密状態（次頁の図22）。暁斎は数十日で衰弱し、医師の診断で宿預《やどあずけ》（自宅療養）を許されたが、大番屋収監中に牢瘡に罹ったのである（『暁斎画談』）。

暁斎は三週間ほどで快復し、十二月末に再び入獄。翌明治四年一月に本牢である東京府囚獄（もとの小伝馬町牢屋敷）に身柄を移され、一月末に笞《むち》五十の刑を受けて釈放

図22　東京府の獄屋内の図（暁斎画談）

捕縛された暁斎が拘禁されたのが「東京府の獄屋」。東京府とはいえ、明治三年当時は幕府時代の大番屋がそのまま用いられていた。大番屋は、捕縛された被疑者を町奉行所与力が下吟味（予審）を行うために拘禁する仮牢で、茅場町や材木町ほか江戸府内に七、八ヶ所あったという。有罪の可能性が濃厚とみなされた者は、ここから本牢である小伝馬町牢屋敷へ送られた。図は、のちに暁斎が描いた獄屋（大番屋）内のありさま。大番屋は中二階の構造で、上段は揚屋扱いの者（御家人・陪臣・僧侶・医師など）・軽罪の者・老人・女性を収容し、下段の格子内には、重罪の者・無宿者などが詰め込まれている。絵の右面、帳場風の台の上は監視場兼指図場で番屋下役が詰め、その下方では医師が囚人を診察し、囚人が三人ずつ洗顔している。左面下方には、格子越しにヤカンで湯を与える下役の姿が。右面中央、左右から腕を引っ張られ、弱りきった表情をしているのが暁斎。

国立公文書館蔵

された。

釈放後、暁斎は伊豆の修善寺温泉で疲弊した身体を癒やした。あわせて牢瘡も治療したのであろう。

旗本の妻や娘たちも

庶民が収容される大牢や二間牢での生活が過酷なものだったのは、あらためて繰り返すまでもない。しかし旗本とその妻女のための牢である揚座敷にしても、お世辞にも居心地が良かったとは言えない。

揚座敷の獄囚の罪状と判決を記録した『揚座敷帳』をひもといてみよう。

勘定所の役人で評定所留役《ひょうじょうしょとめやく》を務める稲生猪三郎の妻「きち」二十八歳は、天明八年（一七八八）五月晦日に揚座敷に入り、同年七月十一日に死罪を申し渡された。彼女は、夫の従者（「供侍」）の高康久蔵と密会したばかりか、夫の金子や衣類を持ち出して久蔵と出奔（駈け落ち）。京都で数ヶ月過ごしたのち江戸に戻ったところを捕らえられたのだった。

聞いただけでも興味をそそられる話だが、注目したいのは、旗本の妻の奔放な罪状ではない。注目点は揚座敷の居心地。「きち」が六月二十四日に、揚座敷は暑くて耐えがたいので百姓牢に替えてほしいと願い出たことである。

旗本の妻が百姓牢すなわち格下の（身分違いの）牢への移動を懇願するほど、揚座敷内は蒸し暑かったのである。

牢替えを願ったのは「きち」だけではない。寛政十一年（一七九九）十一月九日に出奔の罪（なぜ出奔したのかは未詳）で揚座敷に入り、同月二十三日に病気療養のため「宿預」（自宅療養）となった橋本弥之助（小普請《こぶしん》）の妻「よき」二十二歳も、自宅療養を許される前の十一月十五日に牢替えを願い出ている。

揚座敷で、彼女は湿瘡《しつそう》（疥癬）と「積気《しやつき》」のため気鬱状態だった。どうやら揚座敷の環境がわざわいしたらしい。揚座敷に比べれば御目見以下の御家人が入る牢とはいえ、揚屋は広くて保養に適し、行水もしやすかった。

彼女は「湿瘡が治り精神状態が改善したら揚座敷に戻りますから、ぜひ保養のため揚座敷格として揚屋に牢を替えてほしい」と願い出たのである（願いは許可されたが、前述のように宿預となり出牢した）。

旗本の妻や娘が〝分相応の〟揚座敷を嫌った理由はもう一つあった。

山田専之助（小普請）の妻「たせ」二十八歳は、文化十四年（一八一七）七月九日に揚座敷入り。翌文政元年（一八一八）十月十六日に身柄を親類に引き渡され、「永く押込」すなわち終身外出が許されない身となった。

彼女はどんな罪を犯したのか。残念ながらそれは省略して、彼女が揚座敷から揚屋に移りたいと願った理由に注目してみよう。

理由は例によって揚座敷の狭さ（「手狭」）と耐えがたい暑さ（「残暑も強く暑気難凌《しのぎがたし》」）。そしてもう一つ、揚座敷では身の回りの世話をする女囚に事欠くことだった（「附人《つきびと》女囚人に差支《さしつかえ》候間」）。

小伝馬町牢屋敷では、「女部屋」と呼ばれる女牢には、通常、西の揚屋の一部が当てられていた。つまり揚屋は広くて暑さもしのぎやすいだけでなく、揚屋に移れば適当な女囚の附人を見つけることができたのである。

平生は複数の下女を使っていた旗本の妻女にとって、女囚とはいえ、食事や洗濯などの世話をしてくれる女手は不可欠だったに違いない。「たせ」の一件では、夫の伯母の「ゆい」も揚座敷入りしたが、彼女もまた揚屋への牢替えを願い出ている。理由は揚座敷は狭く、そして「附人女囚人」がいないためだった。

二十　囚人、渡辺崋山と吉田松陰

渡辺崋山の獄中生活

次に揚屋《あがりや》に入れられた男たちの話を。前述のように揚屋は御目見《おめみえ》以下の幕臣（御家人）や陪臣《ばいしん》（藩士など）等が収監される牢である。

三河国田原《たはら》藩士の渡辺崋山《かざん》（一七九三―一八四一）は、幕府の対外政策を批判したとして、天保十年（一八三九）五月十四日から十二月十九日まで、小伝馬町牢屋敷に収監された（蛮社《ばんしゃ》の獄）。同じく投獄された町医者の高野長英《ちょうえい》が百姓牢だったのに対し、陪臣の崋山は揚屋に入れられている。

崋山に対する判決は、在所田原での蟄居《ちっきょ》だった。獄中そして出獄後蟄居中に書いた手紙から、崋山の獄中での生活がうかがえる。

天保十年五月十七日、入牢四日目の崋山は、もと幕臣（御家人）で、崋山の画業の弟子である椿椿山《つばきちんざん》にあてた手紙で「私事先《まず》平気に罷在《まかりあり》候間、病難もうすく可有之《これあるべく》候」

と近況を伝えている。しかし六月五日の立原杏所《たちはらきょうしょ》（水戸藩の漢学者立原翠軒《すいけん》の子で南画家）あての手紙では、「盛夏炎燠《えんいく》、窖中《こうちゅう》人を殺し可申」と、猛烈な暑さで衰弱している様子。

同月九日には田原藩医の鈴木春山《しゅんさん》に「毎日聞見する処、先真の地獄にて、誠に能《よ》き稽古仕候」と。一ヶ月足らずの獄中生活で日々地獄さながらの情景に接し、お蔭で（人間として絵師として）貴重な経験を積んだというのだ。続いて「昨今大になれ候て、夜中も蚊喰れながら寐《ね》入《いり》申候。勇気盛にて候。御喜び可被下《くださるべく》候」とも。今では蚊に喰われながら熟睡できるようになったので、ご心配なく。まだまだ元気ですというところか。

劣悪な環境の中でも比較的元気だったのは、小藩とはいえ家老の職にあり、海外事情に通じ、画家としても著名だった崋山が牢内の囚人や役人から大切に扱われたからだろう。

六月十一日、親友の小寺市郎右衛門（田原藩の江戸留守《るす》居役《いやく》）に崋山はこう伝えている。「室中同居のもの皆私より下席にて候間、我まゝ一倍仕候。始より私名前承知致、皆先生〳〵と称し、役人などもいろ〳〵風流の事聞に参り申」。揚屋の囚人たちは皆格下で、しかも前々から崋山の名を知っているから、崋山を「先生」と呼ぶ。役人だって、詩歌や書画について質問に来るという。そんな獄中での暮らしを、崋山は

「申さばきうくつなる湯治に御坐候」と書いている。自由を奪われ制約が多い（窮屈な）湯治に来ているようなもの、というわけ。

地獄の中で温泉気分？　湯治というのは崋山のブラックジョークだろうが、他の囚人より格段に待遇が良かったのは事実で、揚屋入りしたとき十五両の金を持ち込み、その後も見舞の金品が届いたこともあって、崋山は入牢後間もない五月二十一日に「牢隠居」になっている。このため平《ひら》の囚人が一畳に六人ほどだったのに対して、崋山は一人で一畳を占めていた。ちなみに崋山が入れられた奥の揚屋は十八畳ほどの広さだったという（佐藤昌介『渡辺崋山』）。

宛名も日付も明らかでないが、崋山が獄中で書いた手紙には、牢医（小伝馬町牢屋敷の医師）についても記されている。

それは崋山と同じ牢に入れられた無量寺の住職（順宜）が「牢熱」（獄囚が罹《かか》る熱病）を発症し様態が重い旨を述べたくだり。牢医が診療したが、医師は病人を助けようという意欲に欠ける（「牢医更に骨折不申《ほねおりもうさず》」）ばかりか、汚がって牢内で脈を診るのを嫌い、牢に入らずに帰ることも多かったという（「唯口先きにて何のかのと申候得共、牢内きたながり候間、入つて脈を診し候を厭ひ、柙外《おりのそと》にて帰ること多く」）。

加えて牢医の薬は、疥癬の薬も風邪や熱病の薬も同じ鍋で大量に煎じられたもので、薬方（処方）にも間違いがある。このため重病人も牢医が与えた薬を用いる者はなく、多くは外から取り寄せた売薬を飲んでいるとか（「薬は四五百人も一所に煎じ候故（中略）旁《かたが》た重病にても牢医の薬を給《たべ》る者牢内には無之《これなく》、大抵買薬に御坐候」）。

同じ件（蛮社の獄）で投獄された六人のうち、一人が死亡、三人が「大熱病」になった。隣の牢に入っていた無量寺住職の倅《せがれ》（順道）も朝食時に卒倒したのち死亡していた。崋山は、手紙の最後に「右故病気計《ばか》り甚だ恐れ申候」（なにより病気になるのが心配である）と書いている。牢内で病に倒れたら助からないと覚悟していたのであろう。

出獄後も崋山を苦しめた疥癬

病に倒れたらそれまで。獄中では気が張り詰めていた崋山だったが、出獄後の手紙では打って変わって身体の不調を訴えている。

崋山は、十二月十八日に町奉行所で在所田原での蟄居を申し渡され、翌日江戸の田原藩邸に移り、翌天保十一年正月（一月）十三日に江戸を発って、田原に護送された。ところが獄中で身心とも憔悴《しょうすい》した影響で胃腸が衰弱。同月二十日に田原に到着する間に下痢を繰り返した。

箱根峠では風雪激しく「忽《たちまち》腹痛雷鳴致下痢甚」、掛川宿では「冷汗絶倒仕候」（松《まつ》崎慊堂《ざきこうどう》あて三月四日書状）といった惨憺《さんたん》たる状態だった。しかも罪人として警固の者に見張られ、錠付の駕籠《かご》に乗せられていたので、大小便とも窮屈な駕籠の中で済ませなければならなかったという。

田原到着後、崋山は二月六日に親類の雪吹伊織方に移り、同月十二日に池ノ原屋敷を下賜され、老母と妻そして三人の子どもたちと同居することになった。以下の手紙はいずれも池ノ原（現・愛知県田原市田原町）の幽居で書かれたものである。

蟄居中の崋山を苦しめたのは、獄中で罹った湿瘡（疥癬）だった。

崋山は、二月二十三日、一木平蔵（旗本の用人で、画の弟子）あての手紙に「湿瘡甚悪症、漸《ようやく》初冬に起出、歩行いかやうにも出来候様に相成候」と書いている。初冬は陰暦の十月。崋山は獄中に居たときから悪性の疥癬で歩行も不自由だったようである。ようやく歩けるようになったと書かれているが、疥癬は快方に向かうどころではなかった。

二十五日の真木定前（田原藩士）あての手紙には、その症状が次のように書かれている。「湿瘡足底へすき間なく出来、うみ出又惣身粟粒《あわつぶ》一面にて、かゆき事絶言語《ごんごにぜっす》、夜中不寐、手帋《てがみ》もつかれ出来かね申候」。足の裏には隙間なく疥癬のブツブツができて膿《うみ》を出し、全身にも粟粒のようなブツブツが。強烈なかゆみで夜も眠れず、憔悴して手紙も思うように書けないというのである。

三月四日の手紙で松崎慊堂に「湿瘡益甚、今以平臥仕候」（まだ起き上がれないほど）

と書いた崋山は、三月八日の手紙（明石藩主の侍医藤村宗禎あて）でも、「湿瘡未平癒不仕、匍匐《ほふく》致雪隠《せっちん》へ参候程之事」と病状を記している。湿瘡がひどくて便所へも這《は》って行くほどだった。

出獄後の崋山を悩まし続けた湿瘡が、いつ頃完治したのかは、さだかでない。いずれにしろ崋山の余命は長いものではなかった。天保十二年（一八四一）十月十一日、崋山は割腹自殺を遂げる。

幽居中、崋山は藩から五人扶持を給されていたが、家族の生活はそれでは到底足りない。窮状を救うために弟子の福田半香《はんこう》らが崋山の作品を販売して金に換えたが、それが幕府で問題になっているという噂を耳にした崋山は、藩主三宅康直《みやけやすなお》に迷惑が掛からぬよう、みずから命を絶ったのである。四十九歳だった。

ちなみに崋山に五日遅れて入牢した高野長英は、「永牢」（無期禁固）の刑を申し渡されたが、五年後の天保十五年（一八四四）六月末日、火災に乗じて脱獄。逃亡生活の末に、嘉永三年（一八五〇）捕吏に隠れ家を襲われ、四十七歳で自害して果てた。

長英は、牢屋敷で働いていた「非人栄蔵」に頼んで、夜中に牢屋敷内の「御様場《おためしば》」（死罪になった罪人の死体で将軍の刀剣の試し斬りをする場所）付近に火を付けさせたという。『嘉永撰要類集』牢屋敷之部に、「非人栄蔵儀　去々年辰年（＝天保十五年）六月中　永牢囚人長英より頼受　火道具等隠持　夜中用向有之躰に仕成表門より立入　御様場脇え附火致し候」と見える。

吉田松陰の獄中記（一）——劣悪な衛生状態

高野長英と渡辺崋山。小伝馬町牢屋敷に投獄され、獄中の生活について記録を残した人物と言えば、もう一人、吉田松陰の名を挙げなければならない。

吉田松陰（一八三〇—五九）は、長州藩士の家に生まれた幕末の思想家で兵学者、それにもまして松下村塾で多くの若者たちを育てた教育者として知られている。

松陰は三十年の短い生涯で、二度、小伝馬町牢屋敷で獄中生活を体験した。一度目は嘉永七年（一八五四）、長州藩の足軽身分の金子重之助と共に、下田に再来航した米国船で海外密航を企てたが失敗し、四月から九月にかけて小伝馬町の獄舎に入れられたときである（九月十八日、在所蟄居の判決が下り、松陰と金子は萩へ送還され、それぞれ萩の野山獄《のやまごく》と岩倉獄《いわくらごく》に収監された）。

二度目は、五年後の安政六年（一八五九）に幕府の吟味を受けるため入獄したとき。松陰は、七月九日から獄中生活を送り、十月二十七日、老中間部詮勝《まなべあきかつ》の襲撃計画などの罪で、小伝馬町牢屋敷で斬罪に処せられた。

ここで取り上げるのは、一度目の獄中体験を記した『江戸獄記』である。

嘉永七年（十一月二十七日に改元して安政元年）の四月十五日から九月十八日までの

六ヶ月（この年は閏七月あり）小伝馬町牢屋敷の揚屋に収容され幕府の取り調べを受けた松陰は、『江戸獄記』に小伝馬町牢獄の様子を詳しく記し、その長所短所を挙げて、自身の感想も添えている。とりあえず衛生面や医療に関する記述を紹介しよう。

まずは短所。獄中で発症する病の多くは熱病である（「獄中の病大抵熱病」）というのは崋山と同じだ。重病人や牢死が多いことも指摘している。小伝馬町牢屋敷は囚人が三百人を超えることはすくないが、浅草と品川の溜《ため》にそれぞれ二百人以上の病囚が収容されているという（計七百人以上）。溜にも入れず牢内で病死する囚人の数は、東の二間牢《にけんろう》、西の大牢《たいろう》、二間牢（いずれも庶民が入る牢）が格段に多く、三牢で毎日三人以上いる（「三牢にて日々三人に下らず」）。すくなく見積もっても年間千人以上。松陰は「是れ余が親しく視る所なり」（この目で見たから間違いない）と述べているから、当時の牢死者数の実状だったと思われる。

一方、揚屋と女牢《おんなろう》・百姓牢の牢死は三牢よりずっとすくなかったと記している（「揚屋・女牢及び百姓牢には、牢死人甚だ少なし」）。「獄中陰湿の地にて、疫癘湿瘡《えきれいしっそう》の気流行する」とも。日照と風通しが悪く湿度が高い獄中では、疫病や疥癬などの皮膚病が流行しやすいというのだ。

はたして九月十八日に在所蟄居の判決が下されたのち、松陰と共に藩邸に引き渡された金子は、獄中で病み、腰も立たない状態で出牢した（『回顧録』）。

九月二十三日から十月二十四日まで、ひと月かけ、厳重かつ非情な警備で萩まで護送される間にも、金子の病状は悪化するばかり。肺や胃腸も弱っていたが、なにより顕著なのは湿瘡、すなわち疥癬の症状だった。

途中、蒲原《かんばら》宿(現在の静岡県静岡市のうち)で診察した医師は、「容躰書」に「惣身湿瘡相発《あいはっし》　腰下別段腫物致濃(膿)潰候」「寒熱往来元来湿瘡より之御発病と相見得申候」(『護送日記』)と記している。疥癬が全身に広がり、下半身は膿が潰れた悲惨な状態。寒気と発熱を繰り返しているが、それも湿瘡が原因だというのである。十月二十日に診察した高森《たかもり》宿(現在の山口県岩国市のうち)の医師は「瘡毒《そうどく》全身に蔓《ひろが》り殊に肺中に侵刺之症に相見へ」(同右)と診断した。通常「瘡毒」は梅毒のことだが、この場合は「湿瘡の毒が全身に広がり」という意味だろう。

萩に到着後、金子は藩の百姓牢である岩倉獄に繋がれ、翌安政二年(一八五五)正月十一日に二十五歳で絶命した。

吉田松陰の獄中記(二)——江戸の獄は〝快適〟だった

次に長所。劣悪な衛生状態で年間千人以上が病死する小伝馬町の牢獄。しかも海外密航を企て投獄された同志の命を奪った牢獄のいったいどこに長所があるというのか。

松陰が、にもかかわらず長所を挙げたのは、『江戸獄記』が、江戸から国許に送還され、萩の野山獄での生活を体験したのちに書かれたからだろう。野山獄に比べ、江戸の獄舎はさまざまな点ですぐれているというのである。

小伝馬町の牢獄で松陰が第一に感心したのは、医療の体制が確立している点だった。――牢屋敷には本道医者（内科医）が当直していて、朝夕夜間を問わず、急病人があれば、願い次第に来診する。外療（外科医）は当直していないが、二日おきに来て、しかも急病人があれば、夜間でも外科医の宅に呼びにやることになっている――。

問題は来診した医師が実際にどのような診療を施すかなのだが（前述のように崋山は牢屋敷の医師たちのいい加減さを問題にしていた）、松陰は、このような制度があるというだけで讃嘆を惜しまない。なぜなら萩の牢獄では、囚人が病になってもなんら医療が施されず、それどころか二十年以上も獄中にいる囚人から、「絶食三日を過ぐるに非ざれば敢へて官府に届け出でず、医員を招くことを許さず」と聞かされていたからである。

食事を一切受けつけない状態（もはや危篤状態である）が三日続かないと、藩にも届けず医者にも診せない、そんな藩の無慈悲な牢獄と比べると、小伝馬町の幕府の牢獄は感動的なほど慈悲深いと感じられたのだろう。

意外なのは、松陰が小伝馬町の獄中は表も裏も格子《こうし》で日照も悪いので、夏はしのぎやすい（「裏表共に格子なる故、夏月、夜甚だ涼し。且つ日影遠き故、昼日も甚だ熱ならず」）

と記していること。崋山が獄中は蒸し暑くて耐えがたいとこぼしていたのとは対照的だ。同じ揚屋でも崋山は奥の揚屋、松陰は東口揚屋と、入った牢が異なるためかもしれない。

冬はどうか。松陰は、自分は冬季の獄中を体験していないので伝聞であると断ったうえで、「冬月は紙にて格子を張りつぶす故、亦甚だ暖なりと云ふ」（冬は暖かい）と書いている。

松陰は、小伝馬町の牢獄で七つ時（午後四時頃）の夕食時に重病人に特に給される煎薬についても、薬効ありとしている。

「大病人あれば、願に因りて別煎を給する者、此の時持ち来る。余大病、亦別煎を服す。此の薬最も效あるを覚ゆ。渋木生も亦云ふ」。崋山の牢の囚人たちは牢屋の医師の薬を信用しなかったが、松陰は重病のとき用いてよく効いたというのだ。一緒に入牢した金子（渋木はその偽名）も同感だったと。ちなみに軽輩の金子が入れられたのは、揚屋ではなく無宿牢（翌日百姓牢に牢替え）だった。

このほか松陰は、八つ時（午後二時頃）に給される粥が熱病予防の赤小豆粥《あずきがゆ》であることも特記している。

おそらく松陰が過ごした揚屋と金子がいた百姓牢とでは、衛生状態も待遇も違っていたのだろう。その証拠に、野山獄に収監中、松陰は江戸の獄中生活を振り返って、こう書いている。「今我れ野山獄に居る、閑静書を看《み》るに可なりと雖《いえど》も、江戸獄の愉快に如《し》かず」（『回顧録』）。野山獄は閑《しず》かで読書に耽ることができるが、それでも小伝馬町の獄中の愉快さ（快適さ）には敵《かな》わないと訳せるだろう。

小伝馬町の牢獄で松陰はなにがそれほど愉快だったのか。それは施設の違いなのか、それとも松陰が特別な待遇を受けたからなのか。〝愉快さ〟の理由を求めて、われわれは松陰が初めて揚屋に入ったときの場面に戻らなくてはならない。

二十一　牢名主と牢内役人――獄中自治とリンチ

松陰の入牢式

嘉永七年（一八五四）四月十五日、北町奉行所で奉行の取り調べを受けたのち、吟味中揚屋入《あがりや》りを命じられた松陰は、駕籠《かご》で「鄆街獄」（小伝馬町牢屋敷）へ護送された。牢屋敷に着いたときは、もう日が暮れていた。

以下『回顧録』に基づいて、揚屋入りの手順を簡略にたどってみよう。

鍵役の牢屋同心が揚屋入りの者が一人いると告げると、揚屋の中から（名主が）「諾」（「へい」）と答える。囚人は北町奉行の担当の吉田某で、年は二十五歳と告げると、再び「諾」。鍵役が「この囚人は御掛り（北町奉行）から手当《てあて》の旨を申し伝えられているので、あつく手当をするように」（意訳）と述べると、またまた「諾」。「手当」とはなにか。松陰は「是を手当囚人と云ふ」と注記している。手当囚人とは重要な罪人のこと。だから大切に扱え（優遇せよ）というのであろう。

さて、獄内に入ると、松陰は板間で衣服を脱ぎ（刃物などを所持していないか確かめるため）、それで頭を覆う。すると名主が「きめ板」と呼ばれる板で背中を打ち、担当の奉行の名と罪状を尋ね、さらに「善く聞け、日本一三奉行入込《いりこみ》東口揚屋とは茲《ここ》なり、命の蔓《つる》を何百両携《たずさ》へ来るか」（原文）と問う。「命の蔓」（ツルとも）すなわち牢内で無事過ごすために欠かせない金をいくら持ってきたかというのだ（金銀の持ち込みは禁止されているはずなのだが）。

松陰が「余下田に在りて縛《ばく》に就く、物皆官に没す、身一銭あることなし」（下田で捕縛され金品はすべて没収されたので、一文も所持していない）と答えると、「奉行慈悲ありと雖《いえど》も、獄中慈悲なくんば何ぞ性命を保全することを得んや、汝何ぞ自ら愛せざる」（奉行がいくら大切に扱えと言っても、お前の命は俺たち次第。命が惜しくねえのか）。松陰が「然りと雖も如何ともすべきなし、且つ余罪死自ら分とす、遂に死を畏《おそ》れず」（そう言われても、ないものはない。それに自分は死ぬつもりなので、死を恐れていない）と言うと、名主は（威《おど》しはきかないと判断したのか）、言葉をやわらげて、「汝、朋友・故旧・親戚の書を発して金を請ふべきなきか」（手紙で頼めば金を送ってくれる友人や親戚はいないのか）。「必《ひっ》し難しと雖も、無きにしも非ず」（確約はできないが、いないこともない）と答えると、名主は「然らば明日急に書を発せよ」（ならば明日さっそく手紙を出せ）と言い、また「きめ板」で松陰の背中を二度打った。

以上がいわば新入りの入牢式。その後囚人たちに履歴を聞かれ、米国船で密航を企てた経緯等を詳細に語ると、みな感激した（「衆皆感激す」）と松陰は記している。

翌日、松陰は江戸で学んでいた長州人の白井小助に手紙を書き、やがて金が届いた。お蔭で松陰は平《ひら》の囚人ではなく「御客」となり、さらにその後、「若隠居」→「仮坐《かりざの》隠居」→「二番役」→「添役《そえやく》」と牢内で昇進を重ねた。当然待遇も良くなったはず。このため江戸の獄中では愉快だったというのである。

ところで名主とはいったい何者。若隠居、二番役、添役とはどのような立場なのか。

獄中序列――牢名主と牢内役人

名主とはどのような存在か。この場合の名主は牢名主を指す。小伝馬町の牢名主は歌舞伎や時代劇にも登場し、稀《まれ》に日常会話の中でも「ロウナヌシ」という言葉が用いられるので、耳にしたことがある読者も多いはずだ。

牢名主とはなにか。『日本国語大辞典』には、「江戸時代の牢屋で、囚人の長として牢内を取締まったもの」の称で、「各房ごとに器量のあるもの一人を選んで官が任命した。役付囚人を指揮し、牢内の規律の維持、特に逃亡・自殺を警戒し、また官憲との連絡に当たったもの」とある。

平松義郎『近世刑事訴訟法の研究』では、「狭義の牢および揚屋の各室ごとに、囚人のうちから牢名主一名を官より任じ、牢名主は、さらに、以下の役囚人を選任し、牢内の規律の維持、とくに逃走を警戒せしめ、また官憲との連絡に当らしめる制度で、一種の囚人自治制である」。

『嘉永撰要類集』牢屋敷之部に、牢名主の選出方法に関する勘定奉行と町奉行のやりとりが載っているので、これも挙げておこう。

嘉永六年（一八五三）五月二十四日、勘定奉行の本多加賀守（安英）の問合わせに対して、町奉行の池田播磨守（頼方）は、次のように答えている。

「犯した罪の軽重は関係ありません。重要なのは、在牢期間が長いか入牢経験が豊富で牢法を熟知し、囚人たちの扱いがうまく牢内の取締りができること。そのような者を町奉行所の牢屋敷担当与力と囚獄《しゅうごく》の石出帯刀《いしでたてわき》が選び出し、名主役を申し付けます。任命権は彼ら（担当与力と囚獄）にあり、誰を牢名主にしたかを町奉行に報告する必要はありません。あくまで彼らの判断に任せ（「手限《てぎり》にて申付候儀にて」）、町奉行に伺う案件ではないのです」（意訳）

すなわち石出帯刀と町奉行所の担当与力が各牢の囚人の中からしかるべき者を牢名主に任じ、牢名主がさらに役付の囚人を選び、牢名主&役付囚人（牢内役人とも）が、その他多数の平囚人たちを支配して、牢内の規律を維持する仕組が形作られていたのである。

＊牢名主の選出方法については、寛政四年（一七九二）に申し渡された「牢内掟書」（『南撰要類集』牢屋敷之部）に「牢名主人数相増　以来在牢日順を以　古きものを順々可申付候」とあり、牢名主の人数の増加（牢名主の交替が頻繁になったのであろう）に伴って、適当な〝人材〟が確保できず、在牢日数の順で機械的に選ばれるようになった（年功序列！）様子がうかがえる。おのずと牢名主の質は低下したと思われる。

牢名主と牢内役人には、それぞれ左のような役目があった（南和男「町奉行―享保以降を中心として―」より）。

牢名主　一人　牢内の総取締り
名主添役　一人　名主の添役で名主不在中は名主の代理
角役《すみやく》　一人　戸《と》前《まえ》口にいて囚人の出入りに注意する
二番役　一人　新入の囚人に牢法を言い聞かす

＊右の四人を戸前番または戸前役人といい、また牢名主を除いた三人を上座と称

した。

三番役　一人　薬一式の掛り
四番役　一人　囚人から剝ぎ取った衣類を預かる役
五番役　一人　食物を入れる「盛相《もっそう》」の改め役

＊右の三人を中座、以下を下座と称した。

（下座）本番　一人　食物の運搬役
（下座）本番助　一人　盛相その他を洗う台所役
詰之《つめ》（本）番　一人　雪隠《せっちん》（便所）の番
詰之助番　一人　右の補助
五器口《ごきぐち》番　一人　食事の世話掛り

以上は公認された牢内役人。ほかに「隅の隠居」（以前入牢して牢名主をしていた者）・「大隠居」（戸前役人の休んだ者）・「若隠居」（中座役人の休んだ者）・「隠居並」（下座役人の休んだ者）・「穴の隠居」（牢内の共有金を預かる役）・「穴の助番」（食物を預かる）等がいたが、これらは牢内で勝手に名付けた者であるという。

このほか前述の寛政四年「牢内掟書」に、「客座・中座・大隠居・小隠居抔《など》と唱え名主之知人抔を為居候由　以来堅く致間敷《いたすまじく》候」とある。すなわち「隠居」等は、名主が「知人」（よしみのある囚人）を厚遇するために設けた一種の名誉職で、奉行所はこれを禁止していた。

吉田松陰はまず「客分」や「若隠居」といった名誉職に就いたのち、「二番役」「添役」など牢内役人に選ばれたのである。

牢名主一名と牢内役人十一名。これが公認された人数だが、ほかに自主的に設けられた名誉職もあり、獄中の序列はなかなか複雑だ。

さて、これら囚人自治制の〝指導部〟がはたして獄中の囚人たちを監視するだけでなく、囚人全体のために役立っていたかというと、それははなはだ疑問である。

囚人に神と慕われた牢名主・高野長英

高野長英《ちょうえい》は、永牢《ながろう》の判決を下され小伝馬町の百姓牢に収監されていたが、医師であると同時に囚人たちの信望が厚く、牢名主に任命された。

長英脱獄の経緯を伝える「高野長英逐電《ちくてん》之事」（『天保雑記』所収）には、「兼て長英は世才ありて人の気をたぶらかす事にたくみなれは牢中是を信ずる事神のごとく　大暑抔には人のいたむ事をなげきて窓を穿《うが》つ事を願ひ」とある。長英が牢内で神のように慕われたのは、人を誑《たぶら》かすのに長けていたからだけではない。酷暑の夏、彼は風が入るように窓を作っていただきたいと訴願したという。囚人たちにとって、頼りになる人物だったのである。

長英自身も、入牢当時、讒言《ざんげん》によって無実の罪に陥れられた彼を、「牢内大小頭目《とうもく》」すなわち牢名主と牢内役人たちが憐れみ、なにかと労《いたわ》ってくれたと書いている（『わすれがたみ』）。彼らだけでなく、長英はさまざまな罪を犯して獄中にいる囚人たちについて、その〝美点〟を挙げている。

此処《ここ》に有者は、皆是殺人放火の潑皮《はっぴ》（＝ごろつき）、落魄無頼《らくはくぶらい》の悪棍《あくこん》（＝悪党）なれば、物の情を知るべうもなく、互ひに励み励まされ、心の底を鬼となし、今病んで死するにも、自若《じじゃく》として呻吟《しんぎん》せず。今引《ひか》れて斬らるゝにも、莞爾《かんじ》と笑つて出《いで》行《ゆき》ぬ。

獄中の者たちは、みな殺人や放火の罪を犯した悪党だが、死を恐れて悶々とする風も見せず、首を斬られるために牢から出るときも笑顔を浮かべている。そんな連中を、長英は戦乱の世に従容《しょうよう》として死地に赴いた忠臣義士に喩え（「昔戦争の世の中に、忠臣義士の死を恐れざる有様は、斯社《かくこそ》あらめ」)、人心柔弱な泰平の世に、彼らの死を恐れぬ姿はいっそう殊勝に見えて「いとゞ憐れを催しぬ」と書いている。

悪党を賛美するわけではないが、彼らの中に泰平の世の武士や男たちが失った侠気や勇猛さが息づいているのを長英は感じ取ったのである。言い換えれば、そんな長英だからこそ、囚人たちから神のように慕われたのであろう。

地獄の沙汰も金次第

もっとも、長英は牢名主の役得で蓄財し、脱獄したときは二、三百両の大金を懐中していたという(「高野長英逐電之事」)。彼もまた、新入りの囚人から「命の蔓」などの名目で金を搾り取ったのだろうか。

獄中の人情と侠気。とはいえ牢名主や牢内役人たちの誰しもが長英のように慕われたわけではない。

再び「旧政府監獄の一班」(明治二十一年『大日本監獄協会雑誌』第一号・第三号所収)を開いてみよう。

のちに広島県、大阪府の典獄(監獄長)等を歴任した著者の眞木喬は、「牢名主及隅の隠居など重罪犯の者等　自ら十二人の役人と称し獄中の畳を奪ひ堆積し之に高座す」と、牢名主・牢内役人が「十二人の役人」(牢名主一名と牢内役人十一名)と称して、牢内の畳を積み重ねて座していた様子を述べたのち、新入りの囚人を「きめ板」で殴打した入牢作法にも触れている。殴打の軽重は、新入りの「持参金の多寡《たか》」（命の蔓の金額の多少）と「衣服の美悪」によって異なっていたとも（上等な衣服は剝ぎ取られ金に換えられた）。

地獄の沙汰も金次第。まったく追い剝ぎ同然の連中で、このような牢名主・牢内役人が支配していた江戸時代の獄中は「其規律なき思ふべし」、無法地帯だったと評している。

＊牢名主や牢内役人たちが畳を独占し、何枚も重ねた上に座しているのは時代劇などでお馴染みの光景だが（これぞ小伝馬町牢屋敷！）、どうやらこれも奉行所は禁じていたようだ。

寛政四年の「牢内掟書」にこう記されている。「品々名目（氏家注・牢内役人の各種名称のこと）を付　右名目より畳厚薄居り　所之広さ狭さも自由に致来《いたしきたり》　候由　囚人共と同様に可有之処　右躰之甲乙　以来堅　致間敷《かたくいたすまじく》候」。畳や専有面積は、牢内役人も平の囚人も平等でなければならないというのだ。もちろんこのような町奉行のありがたい指示は、牢屋敷では無視された（ごく短期間は遵守されたかもしれないが）。それでは多数の囚人たちを抑えることができないという牢名主の一言で、牢屋敷の同心たちや奉行所の担当与力、そして囚獄の石出帯刀も、従来通りの状態を黙許（見て見ぬふり）したと思われる。彼らがなにより恐れたのは、管理できなくなった囚人たちの暴動や脱獄であり、そのためには牢内の厳しい序列と自治は不可欠とされたのである。

金品を貪《むさぼ》り取るだけならまだしも、彼らは金にならない囚人に対しては、残虐な性情をむき出しにした。「残悪、暴戻《ぼうれい》妊婦の腹を割て赤児と併《あわ》せて其血を啜《すす》ることを嗜む十二人役人等」という表現から、眞木がいかに彼らを唾棄《だき》すべき禍根《かこん》と見なしているかがうかがえる。

実際に残虐行為が行われたのだろうか。寛政十二年（一八〇〇）二月、町奉行の小田切土佐守（直年《なおとし》）と根岸肥前守（鎮衛《やすもり》）は、牢名主と牢内役人らに非道なふるまいがあるという風聞を、老中と若年寄に連名で報告している（出典は町奉行の記録『南撰要類集』第二十九ノ下）。

それによれば、密かにリンチが行われるのは、牢名主・牢内役人が恨みを抱く者（「遺恨有之もの」）が入牢したときで、その手口は以下のようなものだという。

裸身之囚人を土間え下し　牢内に積置候糠《ぬか》味噌之上水《うわみず》を全身え塗付け　夜中衣類

を為着《きせ》不中差置《もうさず》候故　寒中なとは一夜に病気なるものは半死半生に成候由　翌日に成衣類を為着《きせ》候得は　直に吹出もの致し種物《しゅもつ》に成候旨

（入牢の際に裸になって所持品を改められた新入りの囚人を、裸のまま土間に置き、糠味噌の上澄み液を全身に塗りつける。夜中に裸のまま放置するので、寒中などは病気の者は半死半生になってしまう。しかし翌日衣類を着せると、今度は糠味噌の上澄み液のせいで吹き出物が生じ、やがて膿《うみ》を含んだ腫れ物に）

着ても着なくても苦しむ責め方。簡単な方法でいかに大きな苦しみを与えられるかを熟知する悪党ならではのやり方と言える。ほかに聞いただけで嘔吐を催すような方法も。

扨《さて》大便為給《たべさせ》候儀　有之《これあり》候由　これを給候もの　大かたはは れ病出　相果候由

（大便を食べさせることもある。こうすると、多くは腫れ病を発して死ぬという）

生塩《なまじお》を多分為給　其後水を呑せさる儀も有之　是等は病人には不相成候得共　甚難儀致し候由

（塩をたくさん食べさせ、水を飲ませない。病にはならないが、苦しみは甚だしい）

ほかに「背を割候」と呼ばれている責め方も。これは「囚人共大勢にて打擲《ちょうちゃく》致し候由」（大勢で殴る）と単純明快な暴行である。

報告書は、このような行為は夜中に行われる場合が多く、また無宿牢に多いとも記している（「多分夜中右躰之儀に及ひ候旨　尤無宿牢之方に多分右躰之事有之」）。

さまざまなリンチの手口

実状はどうだったのか。牢屋敷担当の与力に内々で調査するよう命じたところ、牢屋敷の同心らは、そのような場面は見たことも聞いたこともないと答えたという。監督責任を問われるのを嫌ったのだろう。

ところが四年前の寛政八年（一七九六）の「風聞書」にも、獄中の陰惨なリンチの手口が記録されていた。

「風聞書」は「牢内にて囚人共内に役人有之　新入之もの御座候節は　手《て》荒成《あらなる》致取扱候趣に付　様子承合候処　右之趣に御座候」という文章で始まる。牢名主や牢内役人が新入りの獄囚を手荒く扱うということなので、調査したところ以下の通りだった、というのである。

まず挙げているのは、気に入らない新入り（「役人之心に不任《まかせざる》もの」）に暴力をふるうケース。

新入りの住所や名前がわかると、牢名主が牢内の囚人たち（「相牢《あいろう》致罷在候もの」）に、この新入りに恨みがある者がいるかと尋ねる。いない場合は、隣の牢の名主に同様のことを尋ねる。

もし隣牢の囚人の中に、新入りに恨みを抱いている者がいる場合は、隣牢の名主から新入りがいる牢の名主に恨みの理由（「遺恨之訳」）を伝え、これを聞いた牢名主が納得すれば、新入りに対して制裁が加えられる。

どのような制裁か。名主は牢内役人のうち角役・二番役の者に命じ、新入りを打擲する。ひどく痛めつけると新入りは声を上げ、それを聞いた牢番が来て、「なにを騒いでいるのだ」（「何故騒敷《さわがしき》」）と咎めるが、そのときは牢名主が「牢内の掟を破った者がいるので懲らしめています」（「牢法を相背候もの有之間　仕置致し候」）と答える。

牢番は制裁を見のがすどころか、「牢内の掟に背くとはけしからぬ。厳しく懲らしめろ」（「牢法相背候儀不埒《ふらち》に候間　厳敷《きびしく》仕置致候様」）と申し付け、打擲されている新入りに手鎖《てぐさり》（手錠）を掛けることも。

はたしてその通りか。牢屋同心などを糺《ただ》したところ、そのような制裁は密かに行われているので、私どもにはわかりませんとの回答だった。ただし制裁を受けている者に当番の同心が独断で手鎖を掛けることについては、「決て無御座候《ござなく》」（絶対にありえません）と完全否定。

以下「風聞書」には、当時の町奉行坂部能登守（広吉《ひろよし》）が得たさまざまなリンチの方法とそれぞれについての牢屋同心らの回答が記載されている。

牢内に茶を入れる樽を茶樽という。制裁を受ける者をうつぶせに押さえつけて（「押伏せ置」）水を入れた茶樽を背中に乗せる。そして二人で茶樽を持ち上げ、背中の上に落とす。

例によって同心たちは「はじめて知りました」（「唯今迄相知不申」）と答えたが、以後は茶樽をやめ、茶は手桶に入れ割蓋《わりぶた》（二枚以上から成る蓋）をして牢内に入れるよう改めると述べた。割蓋でふさいだ手桶なら上から落としても衝撃が小さいからだろう。〝茶樽落とし〟が行われているのを事実上認めたのである。

次はキメ板を用いた虐待。キメ板については吉田松陰『江戸獄記』に詳しい。松陰によれば、キメ板は長さ二尺五、六寸（七五～七八cm）・幅三寸（約九cm）・厚さ五分（約一・五cm）の杉板で、新入りや牢内の掟に背いた者を打つだけでなく、キメ板に錐《きり》で品名を刻んで買物の注文をするなど、さまざまな用途があった。このため「キメ板一つにて獄中の治をなす」と言われ、名主と添役以外は勝手に使うことを許されなかったとか。

寛政九年の「風聞書」に記されているのは、複数のキメ板を用いた責め方である。

キメ板を五、六枚ほど下帯（ふんどし）で束ねると、角物《かくもの》（角材）のようになる。これで背中を打つ。

事実かと尋ねられた同心らは、キメ板について、長さ二尺ほど・幅五寸・厚さ三、四分の桐の板であると説明している（松陰の見たキメ板とは異なる。何種類かあったのだろう）。そして今後夜中はキメ板を取り上げたいと述べているから、キメ板を束ねたリンチが獄吏の目の届かない夜間に行われているのを承知していたと思われる。

獄中の制裁（虐待）では、雪隠（便器）の蓋まで責め道具と化した。

雪隠の蓋は栗板で詰蓋《つめぶた》と呼ばれている。うつぶせに押さえつけ、詰蓋で二の腕を打つ。

栗材は硬くて腐りにくい。それだけに栗板で作られた詰蓋で打たれると衝撃は大きかったはず。同心たちは一言も反論せず、今後、詰蓋には栗の厚材ではなく、杉の四分板を用いると述べている。

雪隠の蓋で打つのも酷いが、雪隠の汚物を食べさせるのも残虐の極みである。意訳ばかりではとご不満の読者もいらっしゃるだろうから、このくだりはまず原文で。

落間《おちま》と申所え連参《つれまいり》　ツル漉《こし》と唱候古盛相《もっそう》え両便を汲取　為給《たべさせ》候由に御座候

「落間」とは一段低くなった土間のような所で、図21（２４９頁）から落間に雪隠があったことがわかる。「ツル漉」は、新入りがツルを払うために呑み込んで来た小粒《こつぶ》（一分金、二朱金などの小形の金貨）を出させる際に用いる古い盛相（「もっそ」とも。円筒形の曲物《わげもの》でこれに飯を盛る）。その底を抜いて仕着帷子《しきせかたびら》の裂《きれ》を張り、排泄物をふるいにかけるようにして小粒を漉し取るので「ツル漉」と呼ばれた。

すなわち原文は「落間に連れてきて、ツル漉用の盛相で雪隠から大小便を汲み取り食らわせる」と訳せる。ちなみに盛相の形状については、松陰が「モツソとは竹柄杓《たけびしゃく》の柄《え》なきものなり」（『江戸獄記』）と的確に記している。

図23　新入りの入牢式（鑑定徳川律法）

田《た》島象二《じましょうじ》著『鑑定徳川律法』（一八八〇年刊）収録の「大牢舎内図」に描かれた新入り入牢の場面。着衣を剥がれ尻を「キメ板」で敲《たた》かれているのが新入りの囚人。彼らは、牢名主と牢内役人たちの前で、犯した罪（入牢に至った経緯）を述べさせられ、あわせて用便の仕方（「詰《つめ》のおしえ」）ほか牢内の掟（牢法）をたたき込まれた。田島象二はジャーナリストで、歴史学者でも法制史の研究者でもないが、徳川時代の牢獄や刑罰について当時の文献をもとに幅広く紹介、解説している。

国立公文書館蔵

無理やり食べさせるのは、大小便だけではなかった。「風聞書」には、ほかに「巴《は》豆《ず》」や「蕃椒《ばんしょう》」も食べさせるとある。蕃椒はトウガラシ、巴豆はトウダイグサ科ハズ属の植物で強烈な瀉下《しゃか》作用がある。どちらも一定量を超えて摂取させれば耐えがたい苦痛をもたらすだろう。

「汁留《しるどめ》」という責めも。これは味噌汁など塩分のあるものを与えず飯ばかり食べさせる方法である。このほか昼夜落間に立たせたり、冬季に水を入れた四斗樽に入れたり。さまざまなリンチが行われていた。

「風聞書」には以上のようなリンチを牢屋同心に隠れて行うための方法まで記されている。たとえば牢内の者を打擲するときは、その十日前に牢名主が「病気の者がいるので薬を与えたい」と申し出、敲《たた》き殺したあとで病死した旨を報告するという（先日申し上げた病人が介抱の甲斐なく亡くなりました）。

＊『牢獄秘録』の「解説」には、岡っ引きが囚人として入牢した際の虐待や過密な牢内で囚人を間引きする「作造り」の方法が詳しく記されている。いずれも牢名主の指示で（あるいは承認を得て）、牢内役人が執行する〝自治的な〟処刑だった。新入りの囚人が岡っ引きであると判明すると、牢内役人の指示で梚に

大便を盛り無理やり口に押し込む。それでも岡っ引きに対する囚人たちの怨恨はおさまらず、結局夜中に敲き殺してしまったという。牢名主や牢内役人たちは、岡っ引きへの復讐を叶えることで、囚人たちの信望を得ようとしたのかもしれない。「作造り」では牢名主や牢内役人の気に入らない囚人が真っ先に犠牲になった。牢内の人減らしのために、キメ板で撲《なぐ》り陰嚢を蹴って一夜に二、三人片づけられることも。殺害後二、三日してから急病で死んだと届け、牢医者が検死して死体は運び出される。その際、牢名主は「お手洗」と称して医者にこっそり二分金を渡したとか。

二十二　牢法

牢法という掟

明治半ばに書かれた「旧政府監獄の一班」は、江戸時代の牢獄を「規律なき」と評している。金や復讐のために残虐なリンチが繰り返されたそこは、まさに無法地帯そのものと言える。

しかしそんな無法地帯にも、さまざまな掟や慣習があった。娑婆《しゃば》のそれとはひと味もふた味も違う獄中の掟や慣習は「牢法」と呼ばれ、牢名主と牢内役人は、平《ひら》の囚人たちを牢法に従わせることで、牢内の秩序を維持し、囚人たちの暴動や逃亡を抑えていたのである。

牢法はおのずと牢屋奉行（小伝馬町牢屋敷では囚獄《しゅうごく》の石出《いしで》帯刀《たてわき》）や牢屋同心など「官」の利害と一致するところがすくなくない。残虐なリンチは好ましくないが、すし詰めの囚人たちの不満の爆発を抑えるために、牢法はいわば必要悪でもあった。

思い出してほしい。「風聞書」にも、夜間に悲鳴を聞いて駈け付けた牢番の同心に、牢名主が「牢法を相背候もの有之間　仕置致し候」（牢法を破ったので懲らしめているところです）と悪びれることなく述べ、同心もまた「牢法相背候儀不埒《ふらち》に候間　厳敷《きびしく》仕置致候様」（牢法に背くとは不埒な奴。厳しく懲らしめてやれ）と答えると記されていたではないか。囚人たち、とりわけ無宿牢の囚人には手がつけられないワルが多く、牢名主が厳重に押さえつけないと収拾がつかない。このため同心たちは、残虐な面を承知しながら、牢法の存在、ひいては牢名主・牢内役人による獄中の〝自治〟を認めざるをえなかったのであろう。

牢法については、松陰も『江戸獄記』で触れている。

獄中の規則に、至つて厳正詳密観るべきもの甚だ多し。今是れを詳《つまびら》かにするに暇《いとま》あらず。大抵無宿牢には真の牢法あり、百姓牢は半牢法と云ひ、揚屋《あがりや》は無法と云ふ。渋生《しぶせい》久しく百姓牢に在り其の法を諳《そら》んず。独り渋生を起《たた》して共に其の得失を論ずることを得ざるを惜しむのみ、哀しいかな。

――小伝馬町の獄中には厳重で事細かい規則が多い。これらの規則を牢法と言い、無宿牢の牢法が最も厳しい。対して（無宿牢のように手のつけられない悪党がいない）百姓牢の牢法はゆるめで、(武士や僧侶などを収監する)揚屋には牢法と呼べるほどのものはない。渋生(金子重之助)は百姓牢に入れられたので、牢法を諳記《あんき》していた。残念ながら金子は病に倒れ、共に牢法の得失を議論することができない――。

松陰は牢法を否定していない。無宿牢のそれが「真の牢法」で、百姓牢のは「半牢法」、揚屋には牢法と呼べるほどのものがないので「無法」という表現からもそれがうかがえる。人並みすぐれて楽天的なのか、松陰は、自身が体験していない本格的な牢法の暗部を十分理解していないようである。

牢法(一)――新入り囚人の通過儀礼

牢法とは具体的にどのようなものなのだろうか。

それは、「特殊の集団なるがゆえに、極めて特異な慣習、懲戒法を発展せしめたのである」(『近世刑事訴訟法の研究』)というように特異な内容の慣習法であり、同時に文書ではなく、庶民の独特の語り口で新入りに伝授される一種の口伝でもあった。独特の語り口が、堅気のものでないのは言うまでもない。

ともあれ牢法をいくつかご覧いただこう。まずは「新入のしゃくり」。新入りに犯した罪を述べさせる際に用いられる慣習的な語りだ。

牢法は『獄秘書』『牢内深秘録』等に記載されているが、それぞれ文言が若干異なる。以下の文言は『牢内深秘録』に記載されたもの（伊能秀明「江戸小伝馬町牢屋敷の世界」所収）にしたがった（なお促音の「つ」「ツ」は小字で表記した）。

しゃば（娑婆）からこしやアがった大まご付め、はっつけ（磔）、そっ首を下ヶやアがれ、御牢内は御頭《おかしら》、御《お》角役《すみやく》様だぞヱ、、壱番目にならびやアがった一二、一六ぴんぞろ（一候）とり、大坊主野《や》良《ろう》め、うぬ（汝）がような大まご付は、夜盗もしゐへめへ、火も付ヶゐヱめへ、かっさき（割裂）のたいまつ（松明）もいけろくろく（碌々）にやふり（振）へめへ、本多あたまに銀ぎせる（煙管）、櫛や笄《こうがい》髪差のちょッくら持をしゃアがったか、大勢ひで申事　まだまだそんなこッちゃあるめへ、又は堂宮、金仏本尊か、橋々の鉄物《かなもの》でもひっぱづしやアがって、通り古鉄買へ、真鍮銭の下馬に小安くもおっぱら（払）やアがって、弐文四文のよみがるた（読み骨牌《カルタ》）か　さつまいも（薩摩芋）の食にげ（逃）か、夜《よ》鷹《たか》のあげにげ（揚逃）でもしゃアがって、両国橋をあっちへこっちへまご付て、大家の初るいも（芋）源に付出されて、こしやアがったろう、すく（直）な杉の木、まがった松の木、いやな風にもなひ（靡）かんせと、御役所て申通り、明白に申あけろ

牢獄外の一般人の世界（娑婆）から来た新入りの入牢者に対して、「大まごつき」

「はっつけ」「大坊主野郎」など罵《のの》りの言葉を浴びせたのち、「てめえのような奴は、夜盗も放火もかっぱらいもできまい。煙管や櫛かんざしの持ち逃げでもしたに違えねえ」と、犯した罪の軽さを嘲笑（牢内では重罪者のほうが尊敬される）。

するど牢内の囚人が声をそろえて、「いやいや、もっとつまらねえやつさ。寺社や橋から金物を剝がして古鉄買いに安く売ったか、博奕《ばくち》のわずかな負けを払わなかったか、薩摩芋の食い逃げをしたか。それとも夜鷹（最下級の娼婦）にはした金を払わず、両国橋をうろうろしていたところを捕らえられたのさ」。

最後に「すぐな杉の木、まがった松の木、いやな風にもなびかんせ」（ここに来たらいやでも牢の掟に従うしかないという意味）と申し含め、娑婆で犯した罪を詳しく白状させる。

牢法（二）――便所の使用法

次は牢内の便所の使用法について。「詰《つめ》のおしえ」と呼ばれる牢法である。

是新入、しゃば（娑婆）じゃアなん（何）とゆふ、かうか（後架《こうか》＝厠《かわや》）といふか、せんちん（雪隠）といふか、よくき（聞）け、しゃば（娑婆）じゃかうかともせっちんともいほふが、御牢内じゃあ名が替り、詰の神様といふ、詰には本番、本介番とて、弐人役人かありて、日に三度夜に三度、塩磨《しおみがき》にする所だ、穴のそっぽう（側方）さぐ（探）くって、竪八寸に横四寸、前にう（打）ったが金かくし（陰嚢隠）、廻りにう（打）ったがまっこふぶち（抹額縁）、其まっこふぶち（抹香縁）へくそ（屎）でも小便てもしかけやアがりゃ、我れ（汝）がしゃば（娑婆）からきてきた（着て来た）壱枚わんほう（縕袍《おんぼう》）でふか（拭）にゃアならねへ夫《それ》も屎でも小便でもたれたりア、権兵衛なら権兵衛、八兵衛なら八兵衛と、うぬ（汝）がせいめい（姓名）なのり（名乗）てこしゃアがれ、夫れも弐人役の受答のねへうちに、古道具やの神酒徳利か、六尺棒を呑だ人足を見たやうに、にょッきり立をして居ると、御牢内格式の畳仕置申付るぞ

「新入りよ。娑婆じゃあ後架や雪隠というかもしれねえが、よく聞け。御牢内では便所を〝詰の神様〟という」――。

入牢式を終えた新入りは、次に牢内役人のうち「詰の本番」から、牢内の用便法を教えられる。詰は便所へ行くことで、大便を大詰、小便を小詰。便所そのものは「詰の神様」と呼ばれた。「詰の本番」「詰の介番」（詰番、助番とも）は便所を管理する牢内役人で、便所の清掃のほか、囚人たちが便所を清潔に使用するよう目を光らせた。

牢内の便器は、穴がタテ八寸・ヨコ四寸（二四cm×一二cm）と小さく、新入りに対

して便器の周りを糞尿で汚さぬよう厳しく言い聞かせている。汚したら、娑婆から着て来た衣服で汚れをぬぐい取れ、とも。

便所を使うときは、まず名乗らなくてはならない。詰番の許しがないうちに突っ立っていると（用便しようとすると）、「畳仕置」（詳細不明）となる。

牢獄の小さすぎる便所。そういえば五稜郭の戦いで敗れたのち、榎本武揚《たけあき》らと共に東京府に護送され、軍務局糺問《きゅうもん》所に投獄された大鳥圭介も、『獄中日誌』に、「牢中圊《かわや》一個処にて其孔《あな》甚小なり　前件人数多きゆへ打々大小便を以て汚し　孰某孰某と争論を起せり」と記している。牢内の圊（便所）は孔（穴）がとても小さく、大小便で汚れやすい。すると「誰が汚した、いや誰だ」と争いが起きるというのだ。

小伝馬町牢獄の「詰のおしえ」は、便所を汚さないだけでなく、このような諍《いさか》いを未然に防ぐための牢法だったのであろう。

牢法（三）——早朝、食事時、罪人が処刑に向かう時

このほか『牢獄秘録』には、次のような牢法が記されている。

■大牢《たいろう》では、毎朝七つ半時（午前五時）に、一人が大音声で「寺社御勘定御役人中」と節を付けて二度言うと、牢内の囚人全員が、「エ、イ」と声を上げ、二《に》間牢《けんろう》では

六つ時（午前六時）に同様に一同声を上げる。

■朝夕の食事のときは一同「御《お》有難《ありが》たう」と言う。ちなみに新しい入牢者を引き渡されたときも牢名主は「お有難う御座ります」と言う。女牢《おんなろう》の女名主なら「ハイ御有がたう」。

■「御仕置者」（死罪の者）が打首のため牢から呼び出されたときは、両人が、両手で「シツ〱」と言って死罪の者を押し出す。そして鎰役《かぎやく》の牢同心が「大牢二間牢外に御沙汰はない」（他に打首の者はない）と言うと、まず大牢と二間牢の名主が「エ、イ」と言い、続いて両牢の囚人一同が「エ、イ」と声を上げる。

テンポ良く語られる「新入のしゃくり」や「詰のおしえ」とは趣を異にするが、牢名主や牢内役人が音頭を取ったあとで全員が朗唱する情景は、同じく演劇的だ。

だからこそというわけではないが、小伝馬町の牢獄を舞台の上に再現した歌舞伎『四千両小判梅葉《しせんりょうこばんのうめのは》』は、テーマの珍しさもあって、観衆をひきつけた。

『四千両小判梅葉』は、河竹黙阿弥《かわたけもくあみ》作。明治十八年（一八八五）十一月に千歳座《ちとせ》で初演。幕末に起きた御金蔵破りの事件に取材し、大牢内の囚人たちの様子や牢法などがリアルに描かれていると評判となった。

なぜ獄中の世界をリアルに再現できたのか。それは千歳座の興行師だった田村成義が小伝馬町牢屋敷に勤務した経験があり、獄中の様子や慣習、囚人たちの語り口を熟知していたからだという。

二十三　囚人と猫

囚人と猫と鼠

不潔で、すし詰め状態。熱病や疥癬《かいせん》が絶えず、リンチもしばしば行われた小伝馬町の牢獄。しかしそれは小伝馬町に限ったことではない。同様の現象は、同時代の西欧の牢獄についても指摘されている。

たとえばスティーブ・ジョーンズの『罪と監獄のロンドン』（友成純一訳）をひもといてみよう。

「現代に生きる我々のうち、いったいどれだけの人間が、一九世紀の囚人たちが味わった苦痛を堪え忍べるだろうか。あの信じ難いまでに過酷な食事内容、監房の不潔さ、骨の髄まで凍えてしまう寒さ……」というのは江戸の牢獄そのままだし（寒さの点では小伝馬町の牢獄のほうがましだったかもしれない）、一人当たりの囚人に許された面積の狭さも、小伝馬町の牢獄と変わらない所もあったようだ。同書は一八一七年に書かれた獄中記から、ロンドンの最も過密な牢獄では、縦六メートル・横二メートルほどの部屋で二十人の囚人が寝た事実を挙げている。

そして悪臭についても。小伝馬町の牢では牢内にこもった悪臭が牢疫病を引き起こしたとする『牢獄秘録』の記事はすでに紹介した。ロンドンの牢獄でも事情は同じだった（「この腐敗菌の塊から立ち上る悪臭を吸い込み」）。

科学技術・産業・軍事力などあらゆる面で先進国だったイギリスの首都においてすら、かくのごとし。「監獄熱」（発疹チフス）や疥癬などに罹《かか》る囚人が多かったのは言うまでもない。

スティーブ・ジョーンズはまた「監獄での過酷な生活を少しでも和らげてくれるのは、鳥や鼠を飼うことだった」と、囚人が鼠や雀に餌を与えて飼いならした例を挙げている。

鼠や雀どころか。小伝馬町の牢獄には猫を飼う囚人がいた。

〝飼い主〟は吉兵衛という永牢《ながろう》の囚人で、百姓牢の名主を務めていた。囚人が猫を飼うのは如何《いかが》なもの（問題あり）と、牢屋見廻り与力などに調査させた結果が、寛政七年（一七九五）十月二十五日に、北町奉行小田切土佐守と南町奉行坂部能登守が連名で老中戸田采女正《うねめのかみ》に提出した文書、「牢内猫之儀に付申上候書付」（『南撰要類集』所収）に記されている。

この件につき調査させたところ、牢内には前々から鼠が多く、そのため外から猫がやって来ても見逃しています、吉兵衛は永牢で獄中生活が長いこともあって（しかも牢名主）、猫がなついているだけで、猫を外から取り寄せたわけでもなく、飼っているという意識もありません。

吉兵衛の百姓牢に限らず、他の牢にも一、二匹ずつ猫がいますが、（飼い猫ではないので）一匹もいなくなるときもあります。牢内には囚人に家から差し入れられた食べ物の残り物もあるので、猫が自然とやって来て、そのまま居付くのです。

南北両町奉行は、右のような調査結果を述べたあとで、「牢内に猫有之候儀如何に御座候得とも　鼠防無之候ては差支候趣御座候」と意見を添えている。猫は鼠を防ぐために必要なので、見逃してもいいのではないでしょうかというわけ。結局、吉兵衛は咎められず、牢内の猫も従前通り放置されたようである。

鼠が多いので自然に集まる猫たち。飼っているわけではないとは言いながら、吉兵衛はもちろん他の囚人たちも、よほどの猫嫌いや猫アレルギーでない限り、娑婆からやって来た猫に精神的に癒されたに違いない。いや、癒されるだけでなく、羽目板《はめいた》を齧《かじ》り衣類を食い破る鼠を退治するその勇姿に拍手喝采したのではないだろうか。

囚人を助ける猫。しかし調査結果では、猫だけでなく鼠にも注目しなければならない。なぜなら、牢内の鼠の被害について「牢内鼠多御座候処　湿瘡《しっそう》相煩候もの数多有之衣類え膿《うみ》血等付有之候得は喰破」と書かれているからだ。鼠は差し入れの食物だけでなく、湿瘡（疥癬）を病む囚人の衣類に付いた膿血に引き寄せられて牢内に集まってきたらしい。

牢名主になつく猫、囚人と猫という〝ホッとする〟話の背景に、獄中の想像を絶する悲惨な状況があった。

二十四　幕府の「仁慈」──褒美、衣食住、緊急釈放

囚人への褒美

高野長英《ちょうえい》が書いているように、牢名主や牢内役人たちの中には俠気（オトコギ）に富んだ者がいたし、平《ひら》の囚人たちにも病に苦しむ同居人を憐れみ労《いたわ》る者がいた。世間から疎外され、劣悪な環境の中で明日をも知れぬ日々を過ごす囚人たちの間で、同類相憐れむ人情の花が咲くことも。

町奉行所の記録『天保撰要類集』の「牢屋敷之部」に、「役人囚人」（名主や牢内役人）が「相牢囚人」（同じ牢内の平囚人）を労ったとして「褒美銭」を下された例が記されている。

丑松《うしまつ》は文政十三年（一八三〇）十一月五日に入牢。翌年（天保二年）二月十八日に「名主代り」を申し付けられ牢名主となった。文政十三年九月十五日に入牢した安次《やすじ》は、翌年三月十五日に角役《すみやく》の牢内役人に。二人の篤行《とっこう》が報告された天保二年、丑松は

三十二歳、安次は三十八歳だった。

牢屋奉行（囚獄《しゅうごく》）の石出帯刀《いしでたてわき》と町奉行所与力の米倉作次郎・本多弥太夫が連名で差し出した文書によれば、二人は囚人たちをよく労り、病人には「届物」（差し入れられた食品等）の中から病人向きの食品を選んで食べさせ（「軽き食物を撰《えら》み為給《たべさせ》」）、湯水にも不自由させなかったという。

とはいえそれだけでは「御宥恕《ゆうじょ》」（減刑）や褒美の対象にはなりにくい。褒美を与えられるにはなにより牢死者の減少が不可欠だった。石出らは「去寅年当卯年四ヶ月之牢死人数見合書」（文政十三年正月から四月までの四ヶ月の牢死人数と天保二年正月から四月までの牢死人数を比較した資料）を添付して、丑松、安次ほか計五名の名主・牢内役人へ褒美銭を下されるよう伺を出している。

あとの三人は、文政十二年（一八二九）八月に奥揚屋《あがりや》の名主となった三島徳太郎、天保二年正月に東奥揚屋の名主になった松山馬之助、そして西奥揚屋の添役《そえやく》を務めた伊藤半右衛門。天保二年四月、丑松と安次にそれぞれ三百文の褒美銭が下された（揚屋の三人については不明）。どうやら五人が囚人たちを労った結果、それほど顕著ではなかったが牢死人が減少したらしい。

牢屋敷にとっても町奉行所にとっても、そして幕府にとっても、牢死人の減少は重要な課題だった。牢死人の増加はとりもなおさず牢内の環境の悪さ（不衛生、栄養不足など）や牢名主らによる残虐な行為の結果であり、ひいては町奉行や牢屋敷の役人たちの取締り不足を示しているからだ。

したがって牢名主以下獄中の支配層の情け深さは、石出らにとっても大歓迎。伺書でも、重罪の囚人もやさしく扱われれば獄中の苦しさも緩和され、おのずと牢内の秩序を乱すような悪意も抱かなくなると記している。牢内の秩序を維持するためにも、丑松らにぜひご褒美を、というのである。

病人を懸命に看病する姿は女牢《おんなろう》でも見られた。同じく天保二年の八月、石出らは文政十三年十一月二十二日に西口揚屋に入牢した清瀧・藤江・吉里の善行を報告している。

名前が示すように、彼女たちは新吉原の遊女だった。正確には「新吉原角町《すみちょう》喜右衛門店遊女屋たみ後見勝五郎抱《かかえ》」の遊女で、年齢はそれぞれ十三歳、十四歳、十四歳。これは数え年だから、満年齢で言えば十一歳から十三歳の少女たちである。

同じ牢の四十歳の女囚（「利八女房きの」）が天保二年五月下旬に病に倒れたのを、彼女たち三人が昼夜看病し（「昼夜共心切《しんせつ》に介抱いたし」）、お蔭で「きの」は七月下旬には全快したという。「きの」は目付の牢内見廻りのとき、命の恩人である三人の少女にご憐愍《れんびん》を！（「御憐愍御座候様　仕　度段《つかまつりたきだん》」）と願い出た。このケースでも、石出帯刀らは彼女たちに褒美銭を頂戴したい旨を申し上げている。仲間を労り病人を看病する行為にご褒美があれば、他の囚人たちもそれを見習い、牢内の規律も良くなるに違いありません、と。彼女たちにも各三百文の褒美銭が下された。

幕府による獄中環境の改善——暑さ・寒さ、入浴、医療、衣服

もちろん牢名主や少女たちの情け深い行為だけで、獄中の暮らしが改善されたわけではない。幕府もまた牢獄の環境の改善に努めていた。

たとえば元禄元年（一六八八）六月には、囚獄の石出勘大夫に対し、近頃獄中で死亡する者が多いので、換気を良くするよう所々に格子を設けるように命じている。あわせて囚人の入浴は毎月五度ずつとし、寒気をしのげるように毎年晩秋に一着ずつ支給されていた綿衣を二着にするようにとも（『常憲院殿御実紀《じょうけんいんでん》』）。

八代将軍吉宗の時代にはこんなことが。主人が出奔した理由を糺問《きゅうもん》するためその下男を獄に入れたが、理由を知らないことが判明して釈放された。吉宗が下男から牢内の様子を聴取させたところ、囚人たちの食物が粗悪で乏しいことがあきらかに。吉宗は「囚人といっても罪が確定していない未決囚は罪人ではない」として、囚人を労り食事を改善するよう命じ、その結果、獄中食は改善され、ときには魚肉も添えられるようになったという（『有徳院殿《ゆうとくいんでん》御実紀附録』）。

寛政九年（一七九七）十一月に勘定奉行で関東郡代《かんとうぐんだい》を兼任する中川飛驒守（忠英《ただてる》）

から南町奉行の村上肥後守（義礼《よしあや》）に出した文書（『南撰要類集』所収）からも、小伝馬町牢屋敷の環境改善の跡がうかがえる。ちなみに関東郡代は関東の幕府直轄領の農政を担当する役職で、寛政四年以降は勘定奉行が兼任していた。

文書は、本所にある関東郡代の牢屋の「規矩《きく》」の調査（牢規則の作成のための調査）に当たって、小伝馬町牢屋敷を参考にしようと問合わせたものだった。問合わせに対する町奉行側の回答を見ると、小伝馬町牢屋敷でどのような配慮がなされていたかがうかがえる。

関東郡代と町奉行の問答をいくつか意訳してみよう。とはいえ問合わせと回答の内容は簡潔かつ具体的で、牢獄の内情に通じていない者にはわかりにくい点がすくなくない。もちろん本書の著者も「通じていない者」の一人であり、誤訳の可能性があることをあらかじめ断っておく。

〈問〉暑気の時節、囚人はどのようにして蚊を防いでいるのですか。

〈答〉蚊を防ぐ対策は特にありません。ただ暑気の折は、囚獄から町奉行に伺ったうえ、牢鞘《さや》（牢の外囲）の内に莚《むしろ》を敷き、囚人たちを牢内から出して夕七時（午後四時頃）まで莚の上で涼ませます。また囚人には一人一本ずつ渋団扇《しぶうちわ》を支給します。

〈問〉夏季の行水や入浴の回数は。

〈答〉入浴の際には牢番が見張り、行水もさせます。入浴の回数は、正月と二月は月三度、三月四月は四度、五月から八月までは六度、九月十月は四度、十一月十二月は三度です。ただし湿病などの病人は、日々（湯水を）桶で牢内に運び入れ、牢内で行水させています。


〈問〉寒気の節の対策は。

〈答〉牢の北側の格子に紙を張り（すきま風を）防ぎます。また重病の囚人には、熱湯を入れて口をふさいだ徳利《とっくり》を袋に入れて支給します。


安永七年（一七七八）十二月、囚人に多くの病人が出たため、牢屋敷では病囚専用の牢（養生揚屋・養生牢）を設けたほか、囚獄の石出帯刀と後藤三郎兵衛・中村又蔵（牢屋見廻りの町奉行所与力か）の連名で、病囚に「暖補」を使用させたいとする伺書を提出した（『明和撰要集』牢屋敷之部）。

「暖補」は、一升徳利に熱湯を注いで口を閉じ木綿袋で包んだ暖房具（つまり湯たんぽ）。これを毎年十月から翌年三月まで病人に支給したいというのである。伺は認められ、五十個の「暖補」が作られた（ちなみに製造費は一個あたり銀二匁《もんめ》）。

石出らはまた、養生揚屋や養生牢で病囚たちを介護する「介抱人」を慰労するために、毎月一度彼らの月代《さかやき》を剃ることにしたいとしている（「右介抱人之分毎月月代摘《さかやきつみ》被仰付候様仕度」）。月代を毎月剃るのを許されているのは牢名主だけ。「介抱人」たちはこの特別措置に感謝し、介護の仕事に精を出すだろうというのだ（これも認められた）。

次の問合わせも、牢獄の医療に関するものである。

〈問〉病気の囚人は誰が診察し、薬を与えるのですか。

〈答〉牢名主から病人がいると申し立てがあると、牢番が様子を確かめたのち、牢屋敷付きの医師が診察し、薬を与えます。

小伝馬町牢屋敷の医療体制の評価は、前述のように渡辺崋山と吉田松陰とでは大きく異なっていた。では、牢屋敷を管理運営する石出帯刀はどう述べているだろうか。

安永五年（一七七六）二月に石出が差し出した「囚人療治手当薬煎方之儀申上候書付」（『明和撰要集』牢屋敷之部）によれば。

――病気の囚人には好物を食べさせ、医師が日々調合し「薬煎所」で煎じた薬を毎日三度ずつ鍋に入れて支給している。もちろん病気の症状によって薬方（処方）を替え、中には（高価な）人参を入れた薬も――。医療体制は十分であるという。

しかしなにしろ薬の数（種類）が多いので、不慣れな者が煎じると間違いが生じるおそれもある。以後は熟練の書役《かきやく》（牢屋同心）に薬をよく改めさせるようにしたいとも述べている。担当者のミスで誤った薬を煎じるケースがある事実を、石出自身も認めているのだ。

関東郡代と町奉行はこんな問答もしている。


〈問〉囚人の衣類が着破れたときは、どのような手続きで仕着《しきせ》を支給するのですか。

〈答〉夏と冬の二回、全員の衣類を調査し、その結果を報告させます。衣類が着破れているときは、無宿の囚人には仕着を支給し、宿（自宅）がある囚人には、宿から仕着を届けさせます。宿が貧窮のため仕着を届けられない場合は、仕着の支給を出願させます。夏冬二回のほかにも、鎰役の牢屋同心が見廻って「肌薄之者」（衣類が乏しい者）を調べ、仕着の支給を願わせるようにしています。


〈問〉牢屋の見廻りは、どのような者が、昼夜何度くらい行っていますか。

〈答〉牢屋見廻りの町奉行所与力の指示で見廻りをさせます。回数は日に一度、時間を定めず（「不時《ふじ》に見廻らせ候」）、夜中も見廻ります。見廻りの際は鎰役の牢屋同心が付き添います。

〈問〉囚人たちは、夜は何時頃まで話をさせていますか。

〈答〉六半時（午後七時頃）までに就寝させます。（その後は）話をさせない掟になっています。牢内役人のうち二人が不寝番を務め、鎰役と当番が見廻りに来て声を掛けたとき、「変わりございません」（「相替義無之」）と答えます。

囚人たちの等級別・食事メニュー

中川は、もちろん食事についても質問している。

〈問〉囚人の食事は、朝飯・昼飯ともに汁と菜（おかず）を添えていますか。食事の前後に煎茶などを飲ませますか。

〈答〉朝夕とも飯と汁で、下男《しもおとこ》に運ばせます。牢番の番所で改め、牢番が付き添って牢内に入れます。汁の実は菜・大根・茄子の類で、季節の物（「時之もの」）を入れます。

煎茶は日に二度、手桶に入れ下男に運ばせます。こちらも牢番が改め、下男に付き添って牢内に入れます。

菜はありません。無宿および「役人囚人」（牢内役人）には一人一日三文ずつ、平囚人には二文ずつ「菜銭」（菜の購入代）を支給しますが、宿がある者には支給しません（宿から食物が届けられるから）。

囚人たちの食事は、牢法やリンチ以上に興味深いテーマなので、他の文献で補足しておこう。

『牢獄秘録』によれば、一日の食事は朝五つ（午前八時頃）と七つ（午後四時頃）の二度で、飯はモッソウ（円筒型の曲物《わげもの》）に盛られ、汁はそれより小さめの汁モッソウを付けて、前述のように手桶で運ばれて来る。食事のたびに呑湯も支給された。漬物は大根のぬか漬で、飯は多量の湯で米を炊いたのち、水洗いして蒸した「ゆとりめし」。

飯と汁と漬物。これだけでは栄養不足かもしれないが、家族や知人等から食物の差し入れ（届物）も許されていた。差し入れられる主な食品は、菜飯《なめし》・干魚・菓子類・砂糖・麵類など。菜飯は許されてもただの米飯は許されず（飯は牢内で支給されているという理由で）、米飯を差し入れたいときは、飯の上に菜をすこし振りかけて菜飯として届けたとか。

届物の干物は、牢屋敷内の台所で焼いてから牢内に運ばれた。面白いのは蕎麦の届物。遠い所から運ぶとのびてしまうので、牢屋敷に程近い鉄炮町《てっぽうちょう》の蕎麦屋に注文し、つゆは別に四斗樽に入れて届けたという。

明治二十二年（一八八九）刊行の小原重哉《おはらしげや（しげちか）》『大日本獄制沿革史』に、小伝馬町牢屋敷で囚人に支給された食品とその量が等級別に載っている。要約すると左の通り（数字は囚人一人の一日分）。

【揚座敷《あがりざしき》（五百石未満の旗本等）】

飯　玄米六合（精白すると五合四勺《しゃく》）

豉（味噌）三十目《め》（約一一三グラム）

一汁三菜　汁は豉で蔬（野菜）を煮た羹《あつもの》（味噌汁）

菜（おかず）は、平皿に豆腐または蔬菜　坪（壺皿《つぼざら》）に煮豆または蔬菜　小皿に塩菜（漬物）の三種

雑費料　銭二百文（薪・箸・米搗《つ》き費および豉代　豉は現品支給せず）

【揚屋（御家人、陪臣《ばいしん》等を収監）および平民】

飯　玄米五合（精白すると四合五勺）
豉　三十目
汁と塩菜
雑費料　銭百文

【牢名主・牢内役人】
飯　玄米六合（精白すると五合五勺）
豉　三十目
汁と塩菜
雑費料　銭百文

【女囚名主以下】
飯　玄米三合（精白すると二合七勺）
豉　三十目
汁と塩菜
雑費料　銭百文

揚座敷の旗本の食事はさすがに別格で、飯と汁のほか三種の菜が付き、飯米の量も多い。揚屋の囚人の食事は、質量とも平民（平囚人）と変わりない。玄米五合は一人扶持に相当する量だ。牢名主や牢内役人はそれより一合多い六合。女性の囚人は、牢名主と平囚人の別なく三合。

ほかに毎年七月十五日に南北両町奉行から囚人全員に「鯖魚素麺《さばそうめん》」が支給され、病人でまだ病監（溜）に移されない者には、希望があれば、麦飯の「稠粥《ねばかゆ》」や赤小豆粥が与えられたという。

牢獄の火災事、なぜ囚人は放たれたか

中川飛驒守（勘定奉行兼関東郡代）と村上肥後守（町奉行）の問答に戻ろう。テーマは緊急時の対応。火災のときどのように対応すべきかについて、以下のような問答が行われている。

〈問〉出火の節、余裕があれば（「間合も有之節は」）囚人たちに縄を付けて立ち退かせますか。急な火災で時間がない場合はどうすべきでしょうか。

〈答〉風向きが悪いとき（火の手が近づき類焼の危険性が高いとき）は重病人と逆《ぎゃく》罪《ざい》の囚人は駕籠《かご》にのせ、その他の囚人は鞘（牢の外囲）に出し、数珠つな

ぎに縄を掛けておきます。牢屋敷に火が付くようであれば、風向きを見て、南北町奉行所と回向院《えこういん》に立ち退かせます。急な火災で差し迫った場合は、縄を掛けずに解き放します。その際、（逃亡せずに）鎮火後戻って来た者は、先例通り死刑になるはずの重罪の者でも助命する旨を申し諭します。

小伝馬町牢屋敷では、明暦《めいれき》の大火以来、火災で囚人たちの命が危うくなると、石出帯刀の判断で、囚人の解き放し（切り放し、牢払いとも）が行われた。

明暦三年（一六五七）正月十八日、本郷丸山町本妙寺から出た火は江戸市街のみならず江戸城本丸を焼き払い、犠牲者は十万人以上。小伝馬町牢屋敷にも火の手が迫るのを察した帯刀は、このままでは囚人が焼け死んでしまうと、独断で牢の戸前《とまえ》を打ち破り（牢の鎰《かぎ》は町奉行にあったので）、彼らを避難させた。その際、鎮火後は所定の場所に集まるよう言い含め、万一逃亡したときは、かならず捜し出し、本人はもとより一門（親兄弟、親族まで）成敗する旨を伝えたという（『むさしあぶみ』）。

鎮火後、囚人たちは約束通り所定の場所である浅草新寺町の善慶寺に集合した。帯刀は義を重んじる囚人たちの態度に感じ、老中に伺い、彼らの罪を軽減した。帯刀の行為は将軍にも嘉賞《かしょう》され、以来幕府の牢獄では火災の際に囚人を解き放すようになるのである。

図24　むさしあぶみ

浅井《あさい》了意《りょうい》（一六九一年没）が著した仮名草子『むさしあぶみ』（一六六一年刊）は、明暦大火の惨状を克明に伝える貴重な記録（史料）でもある。

図は、今にも炎に包まれようとしている小伝馬町牢屋敷で、囚人たちが牢から解放されている場面。図の左下で立っているのは囚獄（牢屋奉行）の石出帯刀であろう。牢から出された囚人たちは、慈悲深い石出を神仏のように拝んだのち牢屋敷から出ている。　　国立公文書館蔵明暦の大火当時の帯刀は、石出吉深《よしふか》（一六一五―八九）。歌人として知られ、また源氏物語の注釈書『窺源抄《きげんしょう》』を著した国学者でもあり、隠居後は常軒《じょうけん》と号した（その事績は玉林晴朗「歌人石出常軒と牢屋奉行」に詳しい）。

旧旗本で、維新後は不遇な日々を過ごした大谷木《おおやぎ》醇堂《じゅんどう》（一八三八―九七）が明治半ばに著した『醇堂叢稿《そうこう》』に、たいそう興味深い場面が載っている。時は幕末。醇堂と彼が親しくしていた石出帯刀の間で牢屋敷の場所をめぐって次のようなやりとりが交わされた。その場面を、意訳でご覧いただこう（念のため原文も）。

醇堂は帯刀にこう質問した。

「小伝馬町のように火災の被害を受けやすい市街地に幕府の牢屋敷があるのは理解できないね。類焼のおそれのない場末に移転すれば、焼ける度に建て直す無駄も省けると思うんだけれど、キミはどう思う?」（「か丶る火早き場所に囚獄をたて置る丶こそ其意を得ず　よろしくこのうれゐ無き僻遠の地にうつされたらんには土木を費やす冗無くして如何」）

小伝馬町牢屋敷は、明暦の大火後、幕末まで十数回も火災に見舞われ、囚人の解き放しを繰り返していた。醇堂が右のような不審を抱いたのも無理もない。しかし帯刀は笑ってこう答えた。

「それは小人の心で君子の腹の中を推し量るようなものだね（小人に君子の考えは想像もつかないという意味）。普通の人には思い至らない深い理由があるのさ。わざわざ火災の多い小伝馬町に牢屋敷を設けたのは、囚人たちに対する公儀の仁慈の表れにほかならないのだよ」（「それは小人の心を推して君子の腹中を想像する事にて　管見蠡測《かんけんれいそく》の他眼八目なり　わざわざこの祝融《しゅくゆう》にかゝるは却《かえっ》て大に仁慈の公けなる事にて」）

火災に襲われやすいのがどうして仁慈なのか。帯刀は続けて次のように語ったという。

「牢屋敷に火の手が近づき切羽詰《せっぱつ》まれば囚人たちを解き放って避難させ、三日の間に帰ってくれば罪を一等減じ、帰らなければ（そのまま逃亡すれば）、一等重くすることになっている。つまり火災があれば囚人の罪を軽くしてやることができ、その結果死刑をまぬがれる者もいるだろう。ところが火災のない所に移転すると、減刑の機会を奪ってしまう。牢屋敷が小伝馬町にあるのは、このような情け深いお考えからなのだよ」（「祝融の節々縲絏《るいせつ》を解き放免し三日を期して帰り来れは一等を減じ　帰り来らされは一等をかさぬ　その爲《ため》なり　縁由なくしては其刑を増減するを得さるをもつて　この深き御主意ある也」）。

こう聞かされて醇堂は思わず拍手。事情を知らなかったとはいえ愚問を発したのを謝ったとか（補足すれば、幕府は元治元年〈一八六四〉に隅田川東岸の浜町河岸《はまちょうがし》への移転を計画したが、実現しなかった）。

老中が死刑執行の押印を渋ったわけ

『醇堂叢稿』によれば、五十人以上の子女を産ませた十一代将軍徳川家斉《いえなり》（一七七三―一八四一）は、意外に縁起担ぎで、些細なことにこだわる人だった。

ある日のこと。江戸城内の滝見の茶亭で、家斉は小納戸《こなんど》（将軍の身辺の世話をする旗本）の春日四郎五郎に、花壇の松葉蘭の芽が何本出ているか見てくるよう命じた。

芽が四本萌え出ているのを確認した春日は、しかし「四本出ています」とは申し上げなかった。「四《し》」という数字（というか音）に家斉が過敏に反応して機嫌が悪くなるのを恐れたからである。

ではどのように報告したのか。春日は機転を利かせ、「松葉蘭の芽が二本ずつ二箇所に出ていました」と申し上げ、家斉が機嫌を損じるのをまぬがれたという。

縁起を担ぎ不吉な兆しや言葉に敏感だったのは将軍だけではない。幕府の中枢にある老中たちだって、できれば死とは関わりたくなかったようだ。当時は死や血にまつわる不浄が今日では考えられないほど忌まれていたから、なおさらである。

ところが老中には、三奉行（寺社奉行・町奉行・勘定奉行）や火付盗賊改が扱った罪人の死刑を決定する仕事があった。遠島以上の重罪すなわち磔《はりつけ》・獄門・火罪・死罪等の死刑と（追放刑で最も重い）遠島は、最終的に老中が決定することになっていたのである。今日法務大臣が死刑執行命令書に署名するように、老中は担当奉行から上げられた同様の文書に押印しなければならなかった。

死刑執行の数は今日と比べものにならないくらい多かったから、老中は四、五名が月番で務めたとはいえ、なかには死刑執行の押印にストレスを感じた人もいたに違いない。もっとも、いくら死刑執行の文書に押印しても、そのために〝死神〟と非難されることはなかったようだが。

それどころか、むしろ幕臣の中には、勘定所に勤務した旗本三宅《みやけ》弥作《やさく》のように、囚人の収監費用がかかりすぎると建白書を提出する者もいた。親孝行のご褒美が銭十貫、金一両の六分の一ほどなのに、囚人を三年収監すると金百両以上かかる（本当にそんなにかかったのか、真偽不明）。これって変ではないかと三宅は指摘した。このような意見も、死刑執行を速やかに！　というプレッシャーになったかもしれない（死刑は老中から死罪申渡しの「差図《さしず》」があれば、速やかに執行された）。

死罪申渡しの差図（すなわち押印）は、老中にとって〝気が進まないお仕事〟であったらしい。江戸城内の御用部屋（執務室）で押印を求められた月番老中の困惑した様子を、大谷木醇堂は、活き活きと伝えている。

醇堂云　死刑に極まりしを三奉行連署して御用部屋へ持参し　御用番の閣老に就《つい》て押署を乞ふ時は　まづ大体は今日は何々之御用向有之　押印成り難しと有て辞せらるゝ事也　然れとも又その後御用のすきまを候《うかが》ひ持出して乞ふ時は　さらはとて　ふくろに入たる印形に長く結ひ付たる紐をゆるゆると解くひまに　また御前へ召すとか又外に御用ありて座を立たるゝ時は　其紐をくるくると巻き納めらるゝ事手早くして退坐せらる　かくして兎角《とかく》にとし月を延ばさるゝ事にて　その内には吉凶慶弔の事故ありて減等死をまぬかるゝ事なり

——三奉行が連署して、死刑執行を申し渡す文書に押印を願うと、月番の老中は「今日は別の御用で忙しいので印を押せない」と逃げる。さて老中が暇なときを見計らって再び持参すると、老中は「では」と言って印鑑入れの袋に巻き付けた紐をゆっくり解き始めるのだが……。その間に将軍の御前に召されるとか他の御用が入ると、すばやく袋の紐を巻き戻して、座を立ってしまう。こうして死刑執行は延期され、そうこうするうちに将軍家の吉凶慶弔の儀があって、御赦で罪を軽減され、死刑をまぬがれるケースも――。

どうやら老中たちが死刑執行の押印をためらった理由は、罪人とはいえ自身の決定で死に追いやるのを嫌う縁起担ぎだけではなく、執行を遅らせることで死刑囚に減刑のチャンスを与え、幕府の仁慈を示そうという深慮がはたらいたためらしい。

醇堂は、老中が押印を遅らせるのは幕府の仁慈であることを、町奉行の遠山左衛門尉景元《かげもと》（遠山の金さん）や井戸《いど》対馬守覚弘《さとひろ》から直接聞いたとも書いている（「したしく当時市尹《しいん》たりし遠山左衛門尉景元と井戸対馬守覚弘の両人に聞く所也」）。醇堂はさらに、

かゝる寛大仁慈の深意あるとも聞知らず　猥《みだ》りに後世より盲議して幕府の刑罪厳酷をきわめ　冤枉《えんおう》をも質《ただ》さすこれを措置するなと　見る事も無く聞もせすして喙《くちばし》を容《い》るゝは　これ即ち群盲の評古　予はこれを尤《とが》めて争はす　その見識の狭きをあはれんでその古に暗きを笑ふのみ

――今どきの（明治の）人たちは、このように寛大で慈悲深い面があったのを知ら

ず、幕府の刑罰は残酷で冤罪も絶えなかったと非難するばかりだ。まさに「群盲の評古」と言うべきで、当時（旧幕時代）の実態を知らない連中が勝手に知ったかぶりをしているに過ぎない。こんな連中の言うことを聞きとがめ争っても意味がないので、私は彼らの見識の狭さ、旧幕時代についての無知を鼻で笑っているだけである——。

磔・獄門・火罪等の極刑に象徴される残酷な刑や牢獄の惨状などを挙げて、幕府の刑事政策を完全否定する明治半ばの論調。それを冷笑するように、旧旗本の大谷木醇堂は、幕府の〝寛大仁慈の深意〟を物語る裏話を紹介し、「違うんだな、君たち」と、出版の予定もない『醇堂叢稿』に綴ったのだった。

二十五　「赦」の制度

葬礼と恩赦

大谷木《おおやぎ》醇堂《じゅんどう》は、老中が死刑執行の押印をためらっているうちに、慶弔の御赦で死刑をまぬがれるケースがあったと記している。本当にそうだったのか。次に赦免《しゃめん》の場面を覗いてみよう。

文政十年（一八二七）二月二十日、徳川三卿の一橋家の当主で時の将軍家斉《いえなり》の実父でもある徳川治済《はるさだ》が、七十七歳で没した。法名は最樹院《さいじゅいん》。葬儀の法会《ほうえ》は三月七日から東叡山《とうえいざん》（寛永寺）で催され、十四日まで続いた。「御赦」が行われたのは翌三月十五日で、幕府の正史『文恭院殿御実紀《ぶんきょういんでん》』は、この件について「御法会済ませられしにより　死罪流罪の者二十四人を東叡山より赦《ゆる》さる」と記している。同日、幕府は谷中の里で米二百俵を「非人」（乞食）に施し与えた。治済の葬礼に伴って、罪人の特赦と貧人への法施があわせて行われたのである。

御赦当日の式次第は『最樹院殿御葬式之記』に詳しく記されている。とはいえ原文だけではわかりにくいので、意訳に原文を挟みながら、その場の様子を振り返ってみたい。

(三月)十五日。「非常の赦」が執行され、死罪か流罪がふさわしい囚人二十四人が、(小伝馬町の牢屋敷から)上野に連行され、寛永寺根本中堂の西掾《えん》の下の莚《むしろ》の上に並べられた。

門の前に黒縁の畳二畳を敷いて戒師《かいし》の座とし、その傍らに目付《めつけ》の座を設ける。正午を過ぎた頃、二十四人の罪人を召し出して戒師の座の方を向かせ、石出《いしで》帯刀《たてわき》が二十四人の「名つき」を改める(名簿と違っていないか確認する)。確認が終わると、寿昌院法印《ほういん》(寿昌院は寛永寺の子院の一つ)が(戒師の)座に着く。

さて、町奉行の筒井伊賀守政憲《まさのり》が(赦免される罪人の)名簿を開いて「誰々」と名を読み上げると、返事をする者もあれば、あまりの嬉しさで感極まり言葉にならない者も。しばらくしても返事がないときは、伊賀守が「をるか〳〵」(いるか、いるか)と尋ね、返事をさせてから次の名を読み上げる。

(全員の返事が終わると)伊賀守は高らかに「己れ等こよなき罪にかしつき、死罪流罪にもせさせ給ふべきおきてなるを、此度の御作善《さぜん》に、その罪をゆるし、あまつさへ鳥目《ちょうもく》を賜りぬるぞ、おぼろげのことにな思ひそ」(原文)。伊賀守がこう述べると、牢屋同心が罪人の腰に付けた縄を解き、各人の前に銭差《ぜにさし》にさした銭を置く。

伊賀守が寿昌院に会釈すると、寿昌院法印は立って十念《じゅうねん》をさずけ、町奉行(伊賀守)に会釈。町奉行が目付に会釈して、それぞれ席を立つ。

筒井伊賀守の言葉は、「お前らは死罪や流罪になるはずの重罪人であるにもかかわらず、このたび追善のため特に罪を赦したうえ、銭までくださるのだ。並大抵の御慈悲ではないと承知せねばならぬ」と意訳できるだろう。

『団団珍聞《まるまるちんぶん》』等に執筆したジャーナリストの田島象二《たじましょうじ》(一八五二―一九〇九)が、江戸時代の刑法や牢獄・行刑制度を振り返った『鑑定徳川律法』(一八八〇年刊)に、上野寛永寺と芝増上寺の「御赦場」の図と赦免された罪人に申し渡される文言が載っている(次頁の図25)。

すなわち「其方共儀　死罪流罪にも可相成《あいなるべき》ものなれども　此度御法事に付赦申付候其上鳥目五百文つゝ被下《くださる》　難有可存《ありがたくぞんずべし》」で、これによれば各人に下された銭は五百文だった。

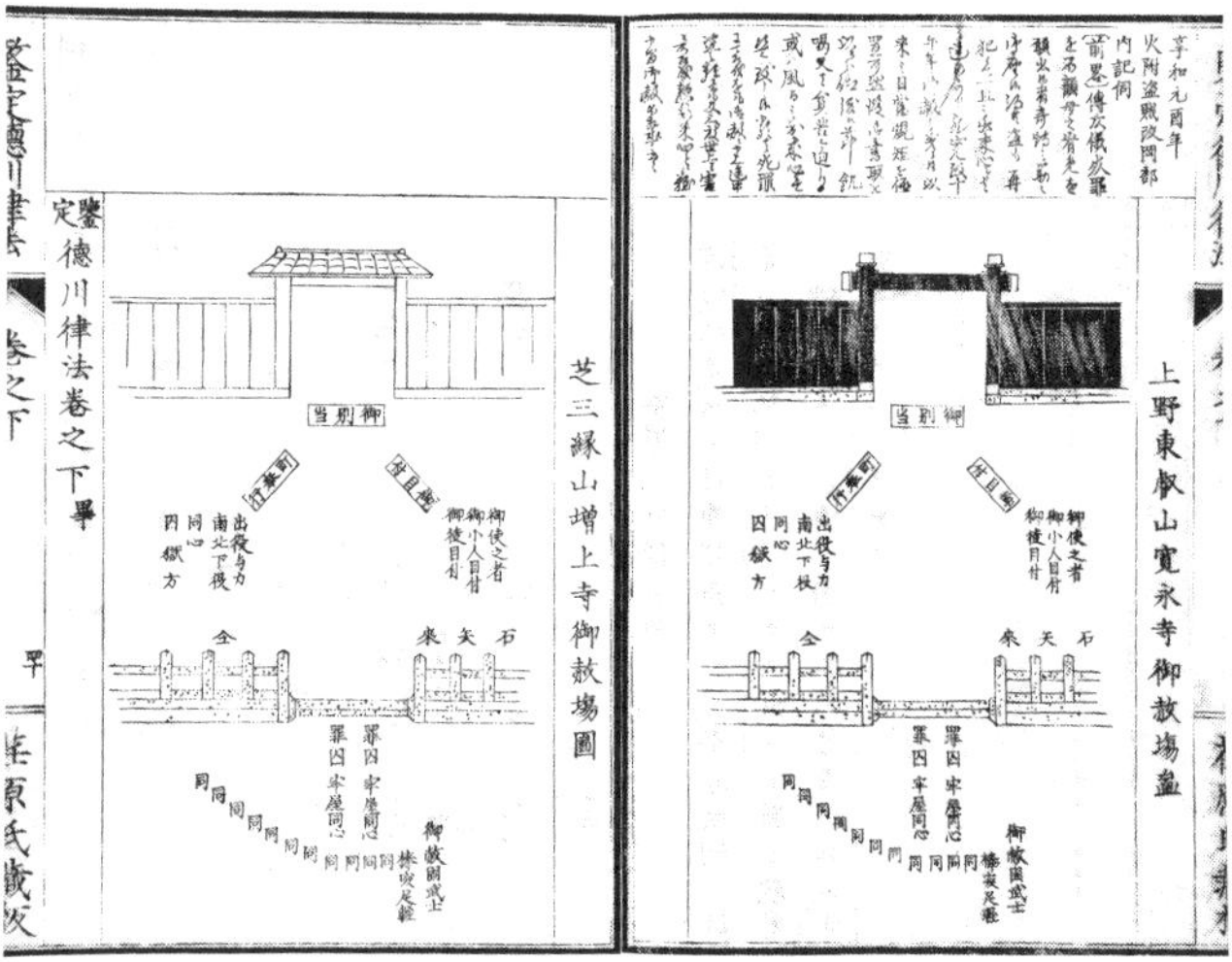

図25 「御赦場」の図（鑑定徳川律法）

上野寛永寺と芝増上寺における赦免の場。町奉行と目付およびそれぞれの配下が着座し、小伝馬町牢屋敷の牢屋同心に連れられた囚人たちが石矢来《いしやらい》の外に並んで赦免を申し渡されるのを待っている。彼らを取り囲むように警固の武士（「御赦固武士」）と足軽（「棒突足軽」）が配備されている。

図の右頁上には、飢えや貧苦に迫られ、あるいはふとした出来心で盗みを犯した類は死罪になるべき者でも御赦の対象になるが、盗みを三度繰り返した類は、出来心とは見なしえないので対象にならないと記した文書が載っている。

国立公文書館蔵

重い罪でもゆるされた理由

赦免の制度は律令時代に始まり、江戸時代においても早くから行われていた。『御仕置裁許帳』からいくつか例を拾ってみよう。

■芝松本町の七兵衛は、嫂《あによめ》（「兄善助女房」）と密通して駈け落ち。延宝八年（一六八〇）十二月二十八日に捕らえられ牢に入れられたが、兄善助の訴えで翌年正月に赦免となった。本来ならば人妻（しかも嫂）と密通すれば死刑だが、ほかでもない、妻を寝取られた兄の訴えで、七兵衛は赦免されたのである。

■元吉原京町の長左衛門は、妻が大工の仁兵衛と密通したとして、仁兵衛の胸部を突き（刺し）、妻を斬り殺した。万治《まんじ》二年（一六五九）八月十三日、取り調べのため入牢。ところが殺された妻の兄弟と伯父、そして傷つけられた仁兵衛が、長左衛門を出家させ亡くなった妻の跡を弔うように訴え、同年九月十八日、長左衛門は赦免となる。

もし妻と仁兵衛の密通が確かであれば、長左衛門は罪を問われず入牢にもならなかったはず。密通と勘違いして殺傷事件を起こしたにもかかわらず、長左衛門は被害者の親類や遺族の訴えで赦免となったのである。

乱心して妻を斬り殺し、赦免になった例も。

■寛文十二年（一六七二）閏六月二十日、麹町二丁目の太兵衛は「気違候て」妻を斬り殺し、牢に入れられた。太兵衛の親類と殺された妻の親兄弟そして五人組は、太兵衛を座敷牢に入れたいと訴え（「座敷籠を作り、入置申度」）、同年七月二十二日、評定所《ひょうじょうしょ》において赦免が申し渡された（自宅で座敷牢に監禁するようにというのであろう）。

■新銀町の研屋《とぎや》の下人市右衛門は、茶碗を打ち付けて傍輩《ほうばい》を即死させ、寛文元年（一六六一）七月二十八日に入牢。しかし死亡した傍輩の父親の訴えで、同年八月八日に赦免になった。

以上は、被害者やその親族、遺族の訴え（訴願）で罪を赦し、あるいは軽減した例だが、改元や将軍の代替わり、諸種の法事の際には、「御祝儀之赦」「御法事之赦」と称して、一括して（より大々的に）赦が行われた。

江戸時代の法事の赦は二種類あった。一つは寛永寺や増上寺に備えられた「赦帳」に刑が確定した囚人（既決囚）の親戚等が赦免を願って登録するもの。法事の際に奉行所がこれを審査し、老中の決裁を経て赦が申し渡された。もう一つは法事の度に未決囚のうちから相応の者を書き出させ赦を申し渡すもので、文政十年三月に上野寛永寺で行われた「御赦」は、後者の例にほかならない（高柳真三「江戸幕府の赦追考」）。

法事の赦については、新井白石や荻生徂徠《おぎゅうそらい》などは否定的で、法制史家の高柳真三氏も、「江戸幕府が、自家の祖先の冥福を願い追善のために、赦の制度を利用して仁恵を施すという、古い仏教的思想を背負った政策であった」とその旧弊さを指摘している。

ともあれ、既決囚人であれ未決囚であれ、赦免された囚人にとっては、この上なくありがたい（幕府の仁慈を実感する）制度だったことに違いはない。それがどれほど有難かったかは、『御仕置裁許帳』の次のような例を見てもあきらかだ。

■天和《てんな》元年（一六八一）十一月十一日。無宿の五郎兵衛が古主《こしゅ》（以前の主人）の家に脇差《わきざし》を抜いて斬り込み、取り押さえられて牢に入れられた。五郎兵衛は三年以前から出入りを止められていたが、古主の後家の所にいる三郎兵衛という者に遺恨があり、斬り込んだのだという。

不届千万《ふとどきせんばん》な所業。しかし天樹院《てんじゅいん》（千姫《せんひめ》）の十七回忌の法事に伴い、翌年二月六日、伝通院で赦免。

■延宝三年（一六七五）六月四日、浪人の久保田加兵衛が、弟の庄右衛門を斬り殺した。弟に金を預け商売をさせたところ、元手を失ってしまったのが原因だった。弟に意見をしたが、悪口を浴びせられたので殺害したのだという。加兵衛は弟殺しの罪で揚屋《あがりや》に入れられた。同年九月十五日、「御法事」（二代将軍徳川秀忠の正室崇源院《すうげんいん》の五十回忌）に伴い、増上寺で赦免。

■貞享《じょうきょう》四年（一六八七）十一月二十日、乞食の長助が、当歳《とうさい》（満〇《ゼロ》歳）ほどの女の赤ちゃんを南伝馬町に捨てた罪で捕らえられ入牢。赤ちゃんは当初鈴木町に捨てられていたが、物を貰うなど日頃渡世の世話になっている鈴木町の厄介にならないよう、捨て子を南伝馬町まで運び、捨てたのだという。不届な所業ではあるが、翌年二月二日、天樹院（千姫）の二十三回忌に伴って伝通院で赦免。

■芝金杉一丁目の平兵衛が、同じ町の喜兵衛の妻に執心し、密通を試みたが断られた。逆上した平兵衛は延宝九年（一六八一）四月六日夜、喜兵衛を討ち果たそうとしたが町の者に脇差をもぎ取られて失敗。しかし懲りずに四月九日にも喜兵衛を討ち果たすと宣言した。喜兵衛の妻の訴えで「法外成所為」を咎められ入牢。とんでもない男。それでも平兵衛は厳有院《げんゆういん》（四代将軍徳川家綱）の法事に伴い、同年五月八日に赦免。

旧主の家に刃物を手に押しかけても、金銭のトラブルで弟を殺しても、人妻に不倫を断られた腹いせに夫の殺害をはかっても……。幕府の法事が執り行われるというだけの理由で、凶悪な男たちは、犯した罪を赦されたのである。

赦免された罪人のその後

もちろん弊害もすくなくない。赦免された罪人がその後まっとうな人生を送るとは限らないからだ。

『御仕置例類集』新類第二輯《しゅう》に見える「無宿幸左衛門」の場合もそうである。罪（罪状は不明）を犯し、入墨《いれずみ》・敲《たたき》の上に人足寄場《にんそくよせば》に送られた幸左衛門は、人足寄場から逃亡して捕えられた。「御法事之御赦」のお蔭で仕置をまぬがれたものの、甲府の地でも悪事をはたらき、再び敲の刑を受ける（「又候《またぞろ》敲に相成」）。それでも悪の習性は止まらない（「以後も悪事不相止」）。店先の手拭いの切地《きれじ》を盗んだり、無宿伝五兵衛が贋《にせ》の南鐐銀《なんりょうぎん》を造るのを手伝ったり。

伝五兵衛から贋銀造りの道具を譲り受け自分でも南鐐銀を造ってみたが、あまりに出来が悪いので誰も受け取らなかった。そうこうするうちに贋銀造りの罪で捕まった幸左衛門。担当の甲府勤番支配は、引廻しのうえ磔《はりつけ》にすべきではという伺を老中に出し、評議の末、文化元年（一八〇四）に伺通りの刑が申し渡された。赦免の結果は、幕府にとっても幸左衛門にとっても、好ましいものではなかったのである。

盗んでも首はとばない九両三分

慶事や法事の際の赦免が幕府の仁慈を制度化したものだとすれば、法の抜け道を見逃がすのは、その非公式なものと言えるかもしれない。

密通の抜け道についてはすでに述べた。同様に盗みに対しても、死罪を避ける巧みな方法が編み出されていた。

『御定書百箇条』では「手元に有之品を与風《ふと》盗取候類」（計画的でなく、手元にあった金品を出来心で盗み取った犯人）は、盗んだ金が十両以上、あるいは盗んだ品が十両以上の値打ちがある場合、死罪としていた（十両未満の場合は入墨と敲）。

金十両とは（あえて換算すれば）今日の百万円くらいだろうか。そのくらいの額の金品を盗んだだけで、死罪というのだ。

〝十両盗めば首がとぶ〟のは酷すぎると受け取られたのか、とりわけ犯人が奉公人や親族、顔見知りの場合、被害者側は、盗まれた金品が十両以上であっても、未満と届け出たという。

絵師、戯作者として知られる山東京伝（一七六一―一八一六）も、町奉行所に同様のウソをついて犯人の命を救っている（曲亭馬琴『伊波伝毛乃記《いわでものき》』）。

寛政七、八年（一七九五、九六）頃、京伝は相模国、駿河国を百日あまり遊歴して、二十両余の揮毫《きごう》料を得て江戸に戻った。ある日、遊歴の旅に従った下僕が、京伝の財布から十両以上を盗み取って出奔。下僕は遊女屋で身分不相応な散財をしたため捕らえられ、盗みを白状した。

さて、主人の京伝を町奉行所に召し出し事実を尋ねたところ、京伝とその父は、「拾金以上は死罪に行る丶と聞て父子商量《しょうりょう》し、盗れたる金は九両三分なるよしを言上しけり」。

下僕が死罪になっては哀れと、京伝は父と相談して、「盗まれたのは十両未満の九両三分です」と偽って申し上げたというのである（十両を百万円とすると、九両三分は九十七万五千円）。

お蔭で下僕は入墨と重敲《じゅうたたき》の刑を科されただけで一件落着となったという。馬琴は「京伝父子の慈善によりて、彼賊僕は首を続《つ》ぐことを得たるなるべし」と記しているが、この種の〝慈善〟は京伝父子に限らず広く行われていたようだ。町奉行所もまたウソと知りながら、これを容認していたようである。

二十六　江戸から明治へ

松陰の「アメリカ式」監獄改革案

嘉永七年（一八五四）十月二十四日、江戸から萩に戻され野山獄《のやまごく》に入れられた吉田松陰は、獄中で読書に耽った。翌年十二月十五日に出獄し生家で蟄居《ちっきょ》の身となってからも、読書の日々は続いた。

嘉永七年十月二十四日から安政四年（一八五七）十一月まで、松陰が読んだ書物の名は、『野山獄読書記』に記録されている。『蒙求《もうぎゅう》』『資治通鑑《しじつがん》』『文選《もんぜん》』『三国志』『令義解《りょうのぎげ》』『延喜式《えんぎしき》』等の和漢の書のほか、山鹿素行《やまがそこう》『配所残筆《はいしょざんぴつ》』、山県大弐《やまがただいに》『柳子新論《りゅうししんろん》』、頼山陽《らいさんよう》『日本外史《にほんがいし》』、藤田東湖《とうこ》『常陸帯《ひたちおび》』、大蔵永常《おおくらながつね》『農家益《のうかえき》』……。そしてなぜか金魚飼育の手引き書『金魚養玩草《そだてぐさ》』まで。

本書で取り上げた『世事見聞録《せじけんもんろく》』も、安政二年三月十八日に読み始め、翌日読了。すでに述べたように「時弊《じへい》を論ずること痛切」という感想を添えている。安政二年は五百十二冊、三年は五百五冊を読破。安政三年六月に十九冊しか読めなかったのを恥じた松陰は、「未曾有の怠惰なり」と記し、七月からは毎月四十七冊をみずからに課している。

多彩で旺盛な読書。繰り返し読まれた書物もある。嘉永七年十一月二十二日に『海《かい》国図志《こくずし》』を読んだ松陰は、翌年二月、四月にも同書をひもとき、さらに五月十二日から「再閲」を始めた。

『海国図志』は、中国清の魏源《ぎげん》が道光二十二年（一八四二）に著した地理書。西洋諸国の情勢を紹介すると共に中国の富国強兵を説き、わが国にも嘉永四年（一八五一）に長崎にもたらされ、欧米の最新情勢を知るための情報源として読まれていた。

松陰は『海国図志』のどの部分に注目したのだろうか。それは同書の「墨利加洲部」の次の箇所に違いない。

〈読み下し〉

各省各府皆な監獄有り　監内左右上下皆な大石を用ひて之を為す　或は数人一房或は一人一房　皆な極めて潔浄亦小窓有りて風を通す　房外四囲欄杆《らんかん》有り　余地以て散歩すべし　管監官　其衣食を体恤《たいじゅつ》し　勧戒《かんかい》するに善言《ぜんげん》を以てし　約束するに事業を以てす　今計るに道光十五年　馬沙些監内犯人作る所の工銀　管監官教

師並に看門兵丁《へいてい》等の工食並ひに各犯衣食用る所を除く外　尚を銀七千二百九十六円を存す　尽く公に撥充《はつじゅう》す

意訳すれば、――アメリカ合衆国では各州に監獄が設けられている。監獄内は清潔で換気は良く、敷地内には受刑者が散歩できる場所もある。監獄の職員（「管監官」）は受刑者の衣食住に心を配り、丁寧な言葉で話し更生に導く。受刑者を拘束して労働に従事させ、その純益は、道光十五年（一八三五年　日本の天保六年）のマサチューセッツ（「馬沙些三」）監獄で、銀七千二百九十六円に達する――。

なぜ松陰がこの箇所に注目したに「違いない」と断言できるのか。

松陰は、安政二年に「福堂策《ふくどうさく》」と題する牢獄改革案を作成した（福堂は牢獄を意味する漢語）。その骨子は。

――罪を犯した士分の者たちを（とりあえず庶民用の牢獄については触れていない）大規模な牢獄に三年を期限に収容し、更生しない場合はさらに三年延長する。それでも改心しない者は、身分を庶民に落として遠島に。更生の主な方法は学習で、獄中で「読書・写字・諸種の学芸」に励まさせる。飲酒は厳禁。医療は、毎月三、四度医師が回診し、急病人があれば、その都度来診する――。

天真爛漫と思えるほど教育的な牢獄改革案。「松陰は、善書によって教導すれば、

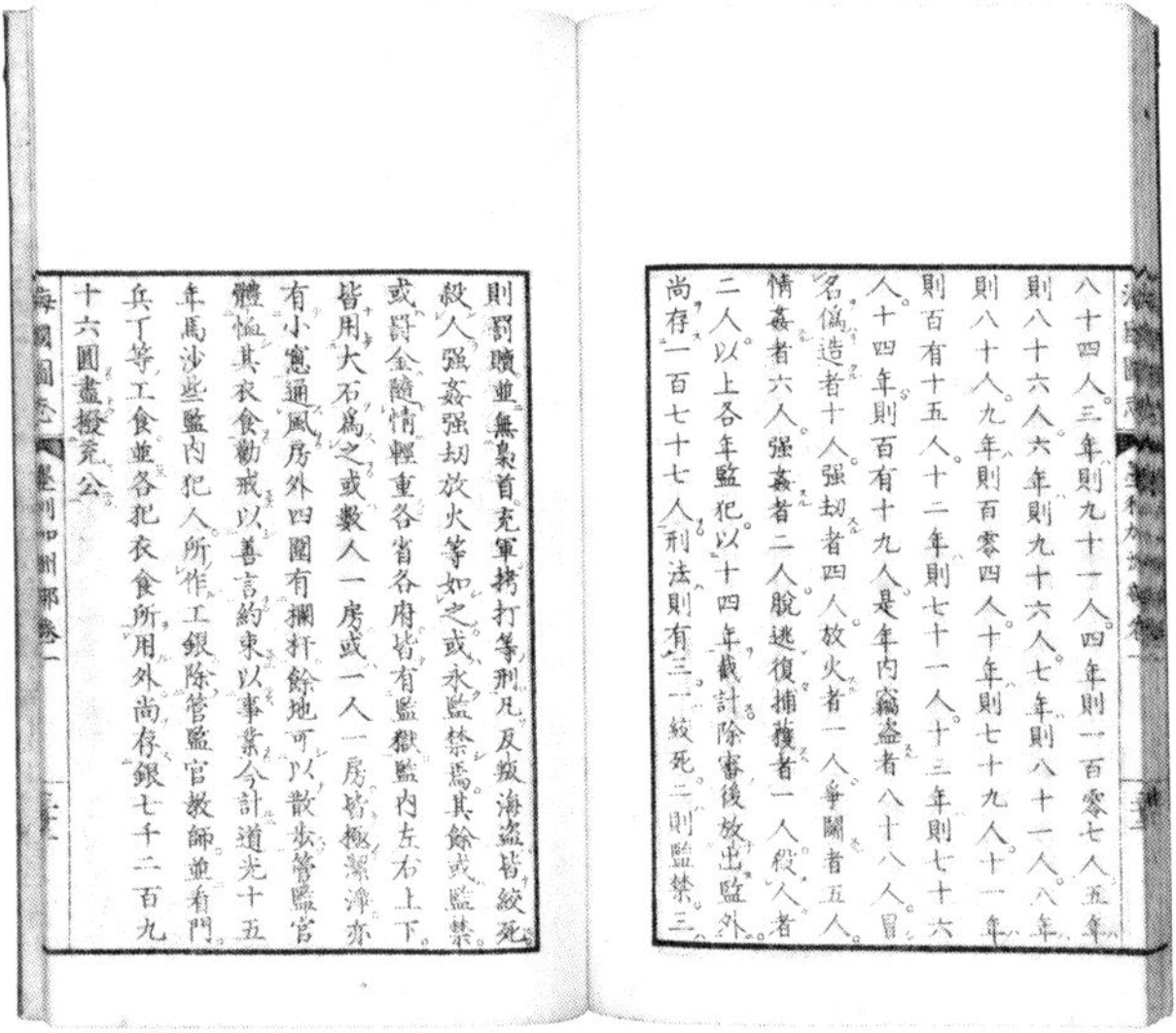

八十四人。三年則九十一人。四年則一百零七人。五年則八十六人。六年則九十六人。七年則八十一人。八年則八十八人。九年則百零四人。十年則七十九人。十一年則百有十五人。十二年則七十一人。十三年則七十六人。十四年則百有十九人。是年內竊盜者八十八人。冒名僞造者十人。強劫者四人。放火者一人。爭鬬者五人。情姦者六人。強姦者二人。脫逃復捕獲者一人。殺人者二人。以上各年監犯。以十四年截計除審後放出監外。尚存一百七十七人。刑法則有三。一絞死。二則監禁。三

則罰贖。並無梟首充軍拷打等刑。凡反叛海盜皆絞死。殺人強姦強劫放火等如之。或永監禁焉。其餘或監禁。或罰金。隨情輕重。各省各府皆有監獄。監內左右上下。皆用大石爲之。或數人一房。或一人一房。皆極潔淨。亦有小窻通風。房外四圍有欄杆。餘地可以散步。管監官體恤其衣食。勸戒以善言。約束以事業。今計道光十五年。馬沙必監內犯人所作工銀。除管監官教師並看門兵丁等工食。並各犯衣食所用外。尚存銀七千二百九十六圓。盡撥充公

図26　海国図志

上図は、アメリカ合衆国マサチューセッツ州の先進的な監獄の姿を紹介している箇所。その内容については本文をご覧いただくとして、注目したいのは図中に見える「監獄」の語（左頁三行目）。明治四年に香港やシンガポールの牢獄を視察し、わが国の獄制近代化を先導した小原重哉が、牢獄を「監獄」と呼んだことはよく知られている。しかし「欧米の施設では囚人を監視すること（および、監視されていると感じさせること）ができるかどうかが重要である。そこで小原は、監視の「監」と獄舎の「獄」を組み合わせ、新たに「監獄」という単語を作った」（ダニエル・V・ボツマン『血塗られた慈悲、笞打つ帝国。』）というのは正しくない。「監獄」はすでに『海国図志』で用いられており、吉田松陰も野山獄中で「監獄」の語を目にしていたに違いない。

国立公文書館蔵

どのような人間であっても、善人になることができると極めて楽観的」（海原徹『吉田松陰』）。「松陰が考えていたのは、近代的な刑務所というよりむしろ私塾に近いもので、そこで自分が不満を抱える武士に対して教師の役を務めようとしたのである」（小林朋則訳　ダニエル・V・ボツマン『血塗られた慈悲、笞打つ帝国。』）というわけだ。

「福堂策」の前書で、松陰は「曾《かつ》て米利幹《メリケン》の獄制を見るに、往昔《おうせき》は一たび獄に入れば、多くは其の悪益々甚しかりしが、近時は善書ありて教導する故に、獄に入る時は更に転じて善人となると云ふ。是《か》くの如くにして始めて福堂と謂《い》ふべし」と述べている。「米利幹」すなわちアメリカの監獄は、以前は囚人をさらなる悪に染めていたが、近年では教導によって更生し、悪人から善人に変じて出獄するようになったというのである。

アメリカの監獄について松陰にこのような知識を与えたのは『海国図志』にほかならず、したがって、松陰は同書の中でも特にアメリカの監獄事情を紹介したくだりに注目したと推測したのである。

『海国図志』に描かれたアメリカの監獄の虚妄

『海国図志』に刺激されて牢獄改革を唱えたのは吉田松陰だけではない。備中国松山藩の財政改革に尽力した山田方谷《ほうこく》（一八〇五―七七）もまた、「獄制改革意見書」で牢獄の制度は「西洋」に学べと訴えている。

「獄中を教化する事　西洋の方にて第一の主意なれば　此等にても先《ま》づ教師を撰ぶべし」（囚人の教化更生は西洋でもっとも重視するところ。わが国もまたふさわしい教師を選んで囚人を教導せねばならない）。「獄中を清潔にし、囚徒は各手業を勉《つと》めしむるは西洋書にも見へたれば、これを主とし」（牢獄内を清潔に保ち、囚人たちそれぞれに仕事をさせよと西洋の書にある。わが国でもこの点を重視しなければ）等々。獄制改革は西洋の制度に見ならうべし（「獄政一件　西洋法に倣《なら》ひ改革可有之」）。

方谷の言う「西洋」がアメリカであり「西洋法」が『海国図志』に紹介されたアメリカの監獄制度であったのはあきらかだ。『海国図志』は、吉田松陰や山田方谷ほか幕末の知識人にすくなからぬ衝撃を及ぼしたのである。

当時のアメリカの監獄は、『海国図志』にあるように理想的なものだったのだろうか。ダニエル・V・ボツマンは、魏源の情報源が主に英語圏の宣教師で、その結果「アメリカに関する記述が非常に詳細」なばかりでなく、多分に美化されていたと指摘している（前掲書）。すなわち、『海国図志』で紹介されたのは、「アメリカの新たな獄制の理想像」に過ぎず、宣教師たちは「キリスト教文明の業績に人々の関心をひきつけようと」、魏源に「空想上の夢物語」を「意図的に教え込んだ」というのだ。

一八三一年にニューヨーク州のシンシン刑務所を視察したフランス人トクヴィル

（彼は帰国後名著『アメリカのデモクラシー』を著した）は、同刑務所における更生に疑問を抱き、一人の地区検事長が「成人犯罪者は何をしても更生するとは思えない。私の意見では、彼らは常習的になってシンシンの刑務所から出てゆくということです」と語ったと記している（永井大輔・高山裕二訳　レオ・ダムロッシュ『トクヴィルが見たアメリカ』）。

トクヴィルに十年以上遅れて、一八四二年一月にアメリカにやってきた英国の作家ディケンズの場合は、アメリカの刑務所を訪れた後、「凄惨な光景によって苦悩に苛まれた」という（同前書）。トクヴィルは、シンシン刑務所で囚人に容赦なく加えられる笞打ちに衝撃を受け、フィラデルフィアの監獄では、他の囚人から隔離され、徹底的に監視され続ける囚人たちの精神的処罰の重さを指摘している。それでも彼は、これこそ「開明的で人間らしい社会が望む罰し方ではないだろうか」と評価しているのだが……。

いずれにしろ当時のアメリカの監獄は、すくなくとも吉田松陰や山田方谷が『海国図志』を通して思い描いたような理想的なものではなかった。

明治維新後の牢獄改革

明治維新後、政府の一員として本格的に牢獄改革を推進する人物が登場する。その名は小原重哉《おはらしげや（しげちか）》（一八三四―一九〇二）。

松陰に四年遅れ、天保五年に備前岡山藩士の次男として生まれた重哉は、京都で南画を学び画人として名を成したが、勤王の過激な活動を咎められ、獄中生活を経験した（重松一義『名典獄評伝』）。

新政府に出仕後、積極的に獄制の改革を訴えた重哉は、明治四年（一八七一）に香港とシンガポールに派遣される。派遣の目的は、英国統治領の香港とシンガポールで、刑務所の実状を視察することだった（通訳兼ガイドとして英国領事館のジョン・ケアリー・ホールが随行）。

彼がそこで見たものは……。行き届いた換気と下水設備。清潔さ、規則正しさ。そして整然と労働に従事する受刑者たちの姿だった。

強烈な印象を受けた重哉は、あらためて改革の必要を痛感し、帰国後、近代的監獄の施設・制度・運営等を記した『監獄則』を著した。その緒言《しょげん》（まえがき）には、「獄ハ人ヲ仁愛スル所以ニシテ人ヲ残虐スル者ニ非ス　人ヲ懲戒スル所以ニシテ人ヲ痛苦スル者ニ非ス」と、あるべき監獄の姿が高らかに謳《うた》われている。重哉はその後、内務省記録課長・警視庁監獄本署長・司法省刑事局次長・大審院詰検事などを歴任し、明治三十五年（一九〇二）五月に貴族院議員に勅任されたのち、同月六十九歳でこの世を去った。

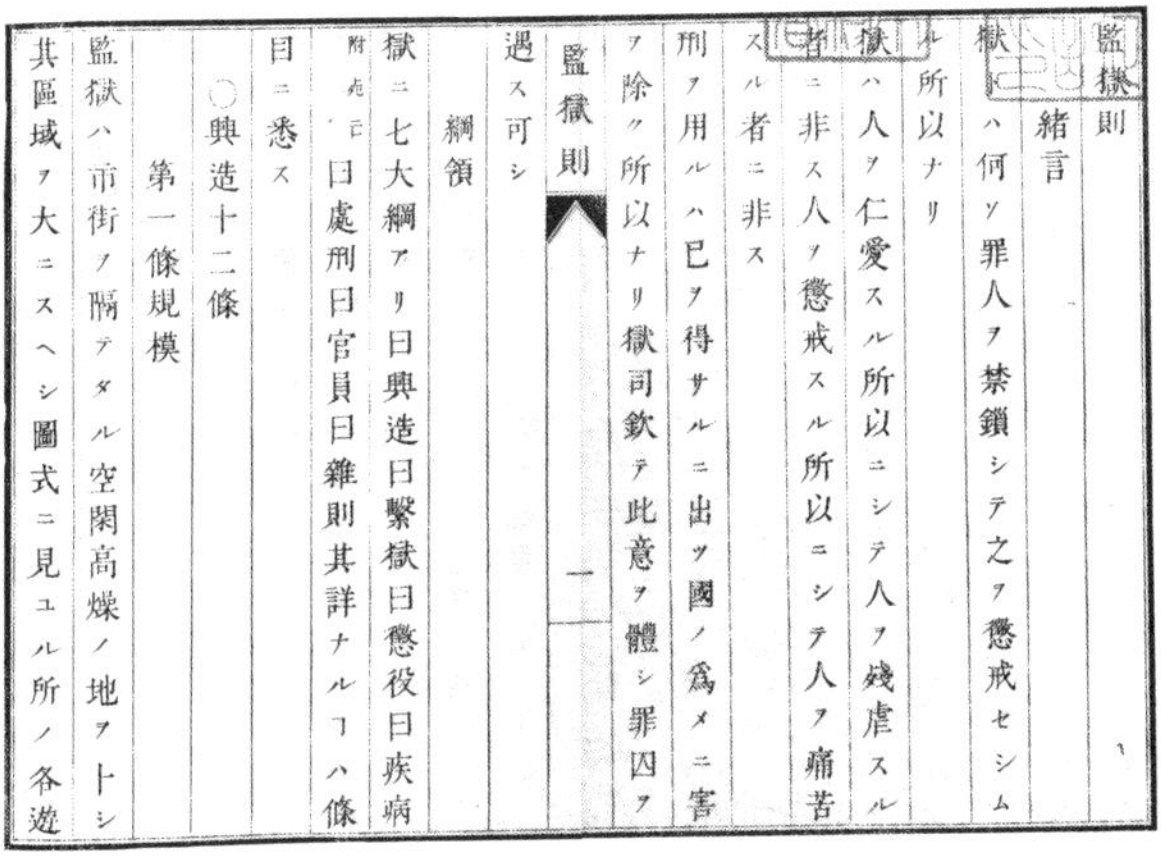
監獄則

緒言

獄ハ何ゾ罪人ヲ禁鎖シテ之ヲ懲戒セシムル所以ナリ

獄ハ人ヲ仁愛スル所以ニシテ人ヲ残虐スル者ニ非ス人ヲ懲戒スル所以ニシテ人ヲ痛苦スル者ニ非ス

刑ヲ用ルハ已ヲ得サルニ出ツ國ノ為メニ害ヲ除ク所以ナリ獄司欽テ此意ヲ體シ罪囚ヲ遇ス可シ

監獄則　一

綱領

獄ニ七大綱アリ曰興造曰繫獄曰懲役曰疾病 附死亡 曰處刑曰官員曰雜則其詳ナルコハ條目ニ悉ス

○興造十二條

第一條規模

監獄ハ市街ノ隔テタル空閑高燥ノ地ヲトシ其區域ヲ大ニスヘシ圖式ニ見ユル所ノ各邀

図27　監獄則

『監獄則』の緒言には、本文で紹介したほかに「獄トハ何ソ罪人ヲ禁鎖シテ之ヲ懲戒セシムル所以ナリ」「刑ヲ用ルハ已《やむ》ヲ得サルニ出ツ　国ノ為メニ害ヲ除ク所以ナリ」と記されている。監獄は「懲戒」のための施設であり、刑は国の害を除くためにやむなく執行されるものでなければならないという。近代的な監獄においては、囚人たちは人道的に扱われなければならず、監獄施設は広大かつ衛生的で、その運営は厳重な規則（秩序）にもとづいていなければならない、とも。以下『監獄則』には、理想的な監獄のあり方が詳細かつ具体的に定められている。

国立公文書館蔵

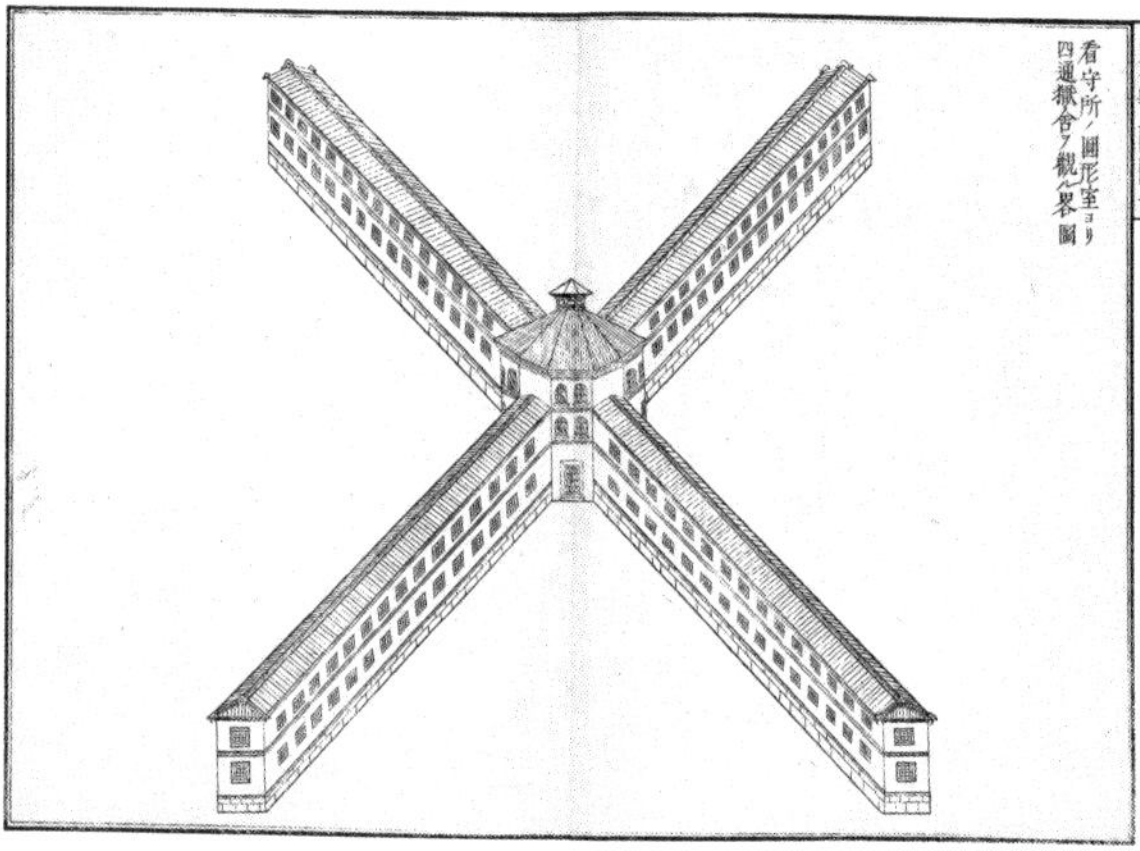

図28　監獄則図式

画人として米華の号を持つ小原重哉は、巧みな筆で監獄設備等の図を描き、『監獄則』の付図である『監獄則図式』に収録した。

図は『監獄則図式』に掲載された監獄の外観。「看守所ノ円形室ヨリ四通獄舎ヲ観ル略図」の説明が付されているように、看守部屋（監視塔）から囚人たちを一望で監視できる構造になっている。

このような構造は、功利主義で知られるイギリスの哲学者ジェレミ・ベンサム（一七四八―一八三二）が提唱した「パノプティコン」と呼ばれるもので、常時監視されているという意識を囚人たちに抱かせる効果があり、近代監獄の設計に大きな影響を及ぼした。

国立公文書館蔵

『監獄則』『監獄則図式』は明治五年十一月に頒布《はんぷ》されたが、監獄新築に巨額の経費を要するため、施行は中止。しかしその構想は、明治七年末に完成した鍛冶橋監倉《かじばしかんそう》の建築などに生かされた。

残酷な刑、拷問の廃止——文明化としての刑罰改革

監獄の近代化だけではない。明治新政府にとって、刑罰の改革も重要な課題だった。幕府が西欧諸国と結んだ不平等条約の改正のために、わが国の文明化（西欧化）を対外的に示す必要があったからである。

とりわけ治外法権の改正のためには、不衛生な牢獄や残酷な刑罰（そして拷問）は早急に改められなければならなかった。治外法権が改正されれば、日本の法を犯した外国人は、日本の監獄に入れられ、刑に処せられるだろう。そのためにも日本の監獄や刑罰は、西欧諸国と相通じるものでなければならなかった。

火刑の廃止（明治元年十一月）、墨刑《ぼくけい》の廃止（同三年十月）に続いて、明治三年に制定施行された『新律綱領《しんりつこうりょう》』（明治政府最初の刑法典）では、刑罰は笞刑《ちけい》・杖刑《じょうけい》・徒刑《とけい》・流刑《るけい》・死刑の五種と定められ、死刑は斬首と絞首だけに。明治六年二月には復讐（敵討ち）が禁止された。

『新律綱領』を修正増補した『改定律例《かいていりつれい》』（明治六年七月施行）によって、刑罰はさら

に緩和される。笞・杖・徒・流の刑は懲役に切り替えられ、懲役終身の刑が設けられた。特に凶悪な犯罪を除き、従来は死刑とされていた罪状に適用するためである。さらに明治十二年一月には梟示《きょうじ》（晒《さら》し首）が廃止に。明治十三年（一八八〇）七月に公布された『刑法』（同十五年一月一日施行）では死刑は絞首刑だけとなり、斬首が廃止された。

それにもまして『刑法』では、「法律ニ正条ナキ者ハ何等ノ所為ト雖《いえど》モ之ヲ罰スルコトヲ得ス」と近代的罪刑法定主義（いかなる行為が犯罪とされ、それに対していかなる刑罰が科せられるかは、あらかじめ法律で定めておかなければならないとする基本原則）が宣言され、『刑法』の内容は、出版物その他で施行前から国民の知るところとなった。

公布直後（明治十三年七月）、滋賀県大津で『刑法』の全文が滋賀県出身の名士高田義甫《よしなみ》によって出版され、十一月には、『刑法』を見なくても、どのような罪を犯せばどのような刑罰が科されるかが一目でわかる『刑罰軽重一覧』が日本橋浜町の同盟舎から出版された。編者は、武蔵国忍《おし》藩の洋学校教授を務め、維新後多くの辞書・字典を編集した青木輔清《すけきよ》である。

ひるがえって江戸時代には、『公事方御定書』（御定書）は極秘文書で、三奉行（寺社奉行・町奉行・勘定奉行）など幕府のごく限られた役職の者しか閲覧を許されなかった。

実際には判例等を調査する担当の役人は『公事方御定書』の写本を所持し（そうでないと仕事にならない）、庶民の間でも大体の内容は知られていたが、タテマエはあくまで極秘。禁を破ってこれを掲載した『青標紙《あおびょうし》』はただちに絶版処分となり（一八四一年）、編者の旗本大野広城は、丹波国綾部《あやべ》藩主九鬼《くき》隆都《たかひろ》に「御預」とされ、綾部の地で監禁中に病死した。

牢獄（監獄）と刑罰の改革、近代的罪刑法定主義を原則とする『刑法』の施行――。罪と罰をめぐる環境は、近代化と共に著しい変化を遂げる。しかし改革と変化がすなわち進歩と改良であるとは断言できない。日本の罪と罰は、明治十年代以降もさまざまな問題を抱えながら歴史を刻んでいくだろう。その多彩な場面は、江戸時代のそれよりさらに複雑で、興味深いものに違いない。

あとがきにかえて――性と病――

最後に〝獄中の性〟にも触れておこう。

武術に長じ、講武所剣術世話心得や歩兵指図役を務めた幕臣信太歌之助《しだうたのすけ》は、明治新政府に叛逆《はんぎゃく》を企てた嫌疑で、慶応四年（一八六八）七月に捕縛され、糾問局で入牢。同年九月から小伝馬町の牢獄へ移され、翌明治二年（一八六九）二月二十五日に嫌疑が晴れて放免されるまで、八ヶ月間の獄中生活を送った。

放免後、親友のはからいで刑法官捕亡司の判事の職に就いた信太は、刑法官副知事だった佐佐木高行《たかゆき》から、未決囚の牢死が絶えない現状の改革を命じられた。信太は小伝馬町の牢獄でどのような改革を行ったのか。彼は、明治四十一年（一九〇八）五月十六日の史談会の例会で、囚人としての体験とあわせて牢獄改革の詳細を語っている（『史談速記録第二百三十八輯』）。その中にこんな談話が。

「私が九月に行きまして十一月から正月二月頃になつて段々寒くなつて来た。火が無いのでありますから、囚人が抱合て寝る。さうすると途方も無い事が初まる。といふのは雞姦手淫《けいかんしゅいん》といふものが盛に行はれる、実に甚しい。それが高じてくるといふと病を引起す。病を引起して牢疾が発しる。腸窒扶斯《チフス》の様なものを発すると落間《おちま》へ投げ込む。瞬く間に死んで仕舞う」（『史談会速記録』合本三十三所収）

小伝馬町の牢中では、寒さをしのぐために囚人同士が抱き合って寝るせいもあって雞姦（肛交）や手淫が盛んに行われ、その結果、健康を害して腸チフスなどに罹《かか》り死亡する者が多いという。信太は牢死が絶えない原因の一つとして、粗悪な食事と換気の悪さ、未決囚の吟味の停滞（軽い罪の者でも判決までに時間がかかるため、獄中死してしまう）などとあわせて、不潔な環境の中での自慰行為や肛交の常習を指摘しているのである。

この問題はおのずと改革の重要な課題となった。信太は、雞姦手淫を厳禁するばかりでなく、「サヤ」（牢屋の外囲）の窓の外に釣燈籠をして牢内を照らし、囚人たちが闇の中で自慰や肛交に耽るのを止めさせた。その結果「ズッと死ぬ者が無くなりました」、牢死者が激減したという。

本書で取り上げなかったのは、獄中の性の問題だけではない。児童虐待（あるいは過剰なしつけ、折檻《せっかん》）や少年少女の犯罪、そして鼠小僧の背景など、展示会で注目されたテーマにも言及していない。これら個別的な犯罪については、別のかたちでまとめるのがふさわしいと考えたからである。

その一方で、本書では展示会で取り上げなかった多くの問題にも光をあてた。そのうち「名誉の喧嘩」ほかは洋泉社の歴史リアルウェブで連載中の「続幕臣伝説」の一部であり、天野長重に関する記述は国立公文書館報『北の丸』第四六・四七号に掲載された「『思忠志集』件名細目」にもとづいている。このほかすでに出版された拙著で用いた史料を再度使用した箇所もあるが、これはそれらが他にかえがたい史料だからにほかならない。

著者は国立公文書館の平成二十六年特別展〈江戸時代の罪と罰〉を企画した後、今年の三月に定年を迎えた。本書はまた還暦記念出版でもある。編集を担当された草思社の貞島一秀氏と国立公文書館の各位、それにもまして風変わりな研究生活を受け容れてくれた家族三人に満腔の謝意を表して、筆を擱《お》くこととする。ありがとう。

平成二十七年十月五日

氏家幹人

【おもな引用資料と参考文献】

◎資料の引用に際しては、読みやすくするために片仮名を平仮名に改めるなど適宜表記を改めた。

世事見聞録（本庄栄治郎校訂　奈良本辰也補訂　岩波文庫）　引用に際しては国立公文書館の蔵本を用いた。
驢鞍橋・反故集（『鈴木正三道人全集』所収）
鳴雪自叙伝（岩波文庫）
渋江抽斎（『森鷗外全集』六所収　ちくま文庫）
奥民図彙（『日本庶民生活史料集成』第十巻所収）
藤寧君遺書（秋田さきがけ叢書五『人見蕉雨集』第五冊所収）
甲子夜話（中村幸彦・中野三敏校訂　平凡社東洋文庫）
窓のすさみ（『近古文芸温知叢書』第七冊所収）
織田系図（『続群書類従』第六輯上系図部所収）
宇野主水記（『改定史籍集覧』第二五冊所収）
時慶記（時慶記研究会編『時慶記』第四巻）
江城年録（『内閣文庫史籍叢刊』八一所収）
武門諸説拾遺（国立公文書館蔵）
千人切（福王系能勢本）（『未刊謡曲集』続七所収　古典文庫）
橋弁慶（奈良絵本）（『室町時代物語大成』第十所収）
牛若千人切（『正本近松全集』第二四巻所収）
公平千人きり（『金平浄瑠璃正本集』第三所収）
玄桐筆記・桃源遺事（『徳川光圀関係資料　水戸義公伝記逸話集』所収）

窓のすさみ追加（『近古文芸温知叢書』第十冊所収）
世間御旗本容気（叢書江戸文庫一二『馬場文耕集』所収）
仮名手本忠臣蔵（日本古典文学大系五一『浄瑠璃集上』所収）
放屁論後編（日本古典文学大系五五『風来山人集』所収）
士道要論（早稲田大学図書館蔵）
青砥稿花紅彩画（白浪五人男）（『黙阿弥全集』第四巻所収）
校合雑記（国立公文書館蔵）
新山田畔書・加賀藩刑事記録索引・御刑法抜書（金沢市立玉川図書館　近世史料館「加越能文庫」）
加賀藩史料（侯爵前田家編輯部編）
家世実紀（『会津藩家世実紀』吉川弘文館）
土津霊神言行録（国立公文書館蔵）
徳鄰巌秘録（国立公文書館蔵）
（高松藩）盛衰記（国立公文書館蔵）
御仕置裁許帳（『近世法制史料叢書』第一所収）
寛政重修諸家譜（続群書類従完成会）
元寛日記（『内閣文庫史籍叢刊』六六所収）
千年の松（日本偉人言行資料『南龍言行録　千年の松』所収）
思忠志集（国立公文書館蔵）
公事方御定書（棠蔭秘鑑）（『徳川禁令考』別巻所収）
諸家高名記（古典文庫第六〇二・六〇三冊）
憲教類典（『内閣文庫史籍叢刊』三七—四三所収）

天保撰要類集・享保撰要類集・旧政府撰要類集抜萃・嘉永撰要類集・南撰要類集・明和撰要集（国立国会図書館デジタルコレクション）
兼山秘策（『日本経済叢書』巻二所収）
元禄御法式（『近世法制史料叢書』第一所収）
仕置方之儀付朱佩章江相尋候問答御控（関西大学東西学術研究所資料集刊九―三『享保時代の日中関係資料』二所収）
寧府紀事（日本史籍協会叢書『川路聖謨文書』二―五所収）
司刑曹遵則（『徳川禁令考』後集第四所収）
寅年中御仕置相済候分寅年より卯年江居越候牢舎人数書付（国立公文書館「多聞櫓文書」）
梅津政景日記（『大日本古記録』所収）
播州龍野藩儒日記（清文堂史料叢書第七二・七三）
小革籠（『名古屋叢書三編』第一八巻の二所収）
恍惚談（七十九翁作　太平主人校訂　太平書屋）
律令要略（『近世法制史料叢書』第二所収）
自心受用集・温知政要（『内閣文庫史籍叢刊』一八所収）
無実之罪ニて入牢仕候松翁・応助父子出牢之儀歎願（国立公文書館「多聞櫓文書」）
冤罪処分之議愛媛県貫属士族服部嘉陳（上書建白）（国立公文書館蔵）＊この建白書は『明治建白書集成』第三巻（筑摩書房　一九八六年）にも収録されている。
棠陰比事（駒田信二訳　岩波文庫）
無冤録述（近代犯罪科学全集一四篇『刑罪珍書集（二）』所収）
洗冤録（国立公文書館蔵）
徳川幕府刑事図譜（藤田新太郎編　一八九三年　国立国会図書館デジタルコレクション）
牢獄秘録（『刑罪珍書集（二）』所収）

わすれがたみ（日本思想大系五五『渡辺崋山　高野長英　佐久間象山　横井小楠　橋本左内』所収）
暁斎画談（国立公文書館蔵）
揚座敷帳（矯正図書館蔵）
渡辺崋山書翰（『渡辺崋山集』所収　日本図書センター）
江戸獄記・回顧録・護送日記・野山獄読書記（『吉田松陰全集』所収　大和書房）
獄秘書（『未刊随筆百種』第九巻所収）
大鳥圭介獄中日記（日本史籍協会叢書別編九『日記　二』所収）
むさしあぶみ（国立公文書館蔵）
醇堂叢稿（国立国会図書館蔵）
最樹院殿御葬式之記（『史籍集覧』所収）
鑑定徳川律法（国立公文書館蔵）
御仕置例類集（国立国会図書館デジタルコレクション）
伊波伝毛乃記（徳田武校注『近世物之本江戸作者部類』所収　岩波文庫）
海国図志（国立公文書館蔵）
獄制改革意見書（手塚豊著作集第五巻『明治刑法史の研究（中）』所収　慶応通信　一九八五年）
監獄則・監獄則図式（国立公文書館蔵）
三浦雅彦『鈴木正三研究序説』（花書院　二〇一三年）
神谷満雄『鈴木正三―現代に生きる勤勉と禁欲の精神』（東洋経済新報社　一九九五年）
ブラック『みかどの都』（金井圓・広瀬靖子編訳　桃源社　一九六八年）
松本明知「比良野貞彦と解剖図譜」（『日本医史学雑誌』第十三号所収　一九六八年三月）
南方熊楠「千人切りの話」（『南方熊楠全集』第二巻所収　平凡社　一九七一年）

奥山けい子「「千人切」考」(『東京成徳大学研究紀要』第十号所収　二〇〇三年)
小浜逸郎『なぜ人を殺してはいけないのか』(洋泉社新書y　二〇〇〇年)
鈴木棠三・広田栄太郎編『故事ことわざ辞典』(東京堂　一九五六年)
馬渕美帆「円山応挙筆〈難福図巻〉について—難の図を中心に—」(『美術史』一四七(一)所収　一九九七年十月)
三浦周行「縁坐法論」(『法制史の研究』下所収　岩波書店　一九四四年)
中村彰彦『保科正之—徳川将軍家を支えた会津藩主』(中公新書　一九九五年)
ベッカリーア『犯罪と刑罰』(風早八十二・風早二葉訳　岩波文庫　一九五九年)
藤井嘉雄『大坂町奉行と刑罰』(清文堂出版　一九九〇年)
小宮木代良『江戸幕府の日記と儀礼史料』(吉川弘文館　二〇〇六年)
氏家幹人「「思忠志集」件名細目」上・下(国立公文書館報『北の丸』第四六号・第四七号　二〇一四年・二〇一五年)
清水克行『耳鼻削ぎの日本史』(洋泉社歴史新書y　二〇一五年)
安高啓明『新釈犯科帳　長崎奉行所判例集』第一巻(長崎文献社　二〇一一年)
手塚豊「会津藩「刑則」考」(手塚豊著作集第五巻『明治刑法史の研究(中)』所収)
高塩博「「律令要略」について—「公事方御定書」編纂期における私撰の幕府法律書」(『國學院法学』五二—三　二〇一四年十二月)
刑務協会編『日本近世行刑史稿』(矯正協会　一九四三年刊の複製　一九七四年)
佐久間長敬『江戸町奉行所事蹟問答』(南和男校注　東洋書院　一九六七年)
同　『拷問実記』『吟味の口伝』(近代犯罪科学全集第一三篇『刑罪珍書集(一)』所収　武侠社　一九三〇年)
川路寛堂『川路聖謨之生涯』(世界文庫　一九〇三年刊の複製　一九七〇年)
アイシェ・ヨナル『名誉の殺人—母、姉妹、娘を手にかけた男たち』(安東建訳　朝日選書　二〇一三年)
小山松吉「佐久間長敬の略歴」(『刑罪珍書集(一)』所収)

椎屋紀芳『自白冤罪はこうして作られる』（風媒社　一九八二年）
平松義郎『近世刑事訴訟法の研究』（創文社　一九六〇年）
眞木喬「旧政府監獄の一班」（『大日本監獄協会雑誌』第一号・第三号所収　一八八八年）
重松一義「河鍋暁斎の戯画と江戸大番屋考」（『法の支配』七五号　一九八八年）
同『名典獄評伝』（日本行刑史研究会　一九八四年）
同『日本獄制史の研究』（吉川弘文館　二〇〇五年）
佐藤昌介『渡辺崋山』（吉川弘文館人物叢書　一九八六年）
南和男「町奉行—享保以降を中心として—」（西山松之助編『江戸町人の研究』第四巻所収　一九七五年）
伊能秀明「江戸小伝馬町牢屋敷の世界—明治大学刑事博物館蔵『牢内深秘録』『徳川幕府刑事図譜』に見る牢法—」（『法律論叢』第六七巻第二・三号所収　一九九五年一月）
スティーブ・ジョーンズ『罪と監獄のロンドン』（友成純一訳　ちくま文庫　二〇一二年）
小原重哉『大日本獄制沿革史』（金港堂　一八八九年）
玉林晴朗「歌人石出常軒と牢屋奉行」（『掃苔』第九巻第一号所収　一九四〇年一月）
高柳真三「江戸幕府の赦追考」（『江戸時代の罪と刑罰抄説』所収　有斐閣　一九八八年）
海原徹『吉田松陰—身はたとひ武蔵野の野辺に—』（ミネルヴァ日本評伝選　二〇〇三年）
ダニエル・V・ボツマン『血塗られた慈悲、笞打つ帝国。—江戸から明治へ、刑罰はいかに権力を変えたのか？—』（小林朋則訳　インターシフト　二〇〇九年）
レオ・ダムロッシュ『トクヴィルが見たアメリカ　現代デモクラシーの誕生』（永井大輔・高山裕二訳　白水社　二〇一二年）